普通高等教育"十三五"规划教材
应用型本科保险学专业系列　　总主编◇徐爱荣

主编／徐英

# 人身保险实训教程

图书在版编目(CIP)数据

人身保险实训教程/徐英主编. —上海：立信会计出版社,2019.5

ISBN 978-7-5429-6127-3

Ⅰ.①人… Ⅱ.①徐… Ⅲ.①人身保险—高等学校—教材 Ⅳ.①F840.62

中国版本图书馆 CIP 数据核字(2019)第 062985 号

责任编辑　王艳丽
封面设计　南房间

## 人身保险实训教程

| | | | | |
|---|---|---|---|---|
| 出版发行 | 立信会计出版社 | | | |
| 地　　址 | 上海市中山西路 2230 号 | 邮政编码 | 200235 | |
| 电　　话 | (021)64411389 | 传　真 | (021)64411325 | |
| 网　　址 | www.lixinaph.com | 电子邮箱 | lxaph@sh163.net | |
| 网上书店 | www.shlx.net | 电　话 | (021)64411071 | |
| 经　　销 | 各地新华书店 | | | |
| 印　　刷 | 上海肖华印务有限公司 | | | |
| 开　　本 | 787 毫米×1092 毫米　1/16 | | | |
| 印　　张 | 19.5 | | | |
| 字　　数 | 427 千字 | | | |
| 版　　次 | 2019 年 5 月第 1 版 | | | |
| 印　　次 | 2019 年 5 月第 1 次 | | | |
| 印　　数 | 1—2100 | | | |
| 书　　号 | ISBN 978-7-5429-6127-3/F | | | |
| 定　　价 | 49.00 元 | | | |

如有印订差错,请与本社联系调换

# 应用型本科保险学专业系列教材

# 编写委员会

## 总主编

徐爱荣

## 编 委

（按姓氏拼音排序）

陈 玲　杜 鹃　李 鹏　凌 云
沈 丹　万晴瑶　徐 英　杨青骥
张 杰　张 蕙　周佳妮

# 前　言

改革开放以来，中国保险业得到了快速的发展，市场主体不断增加，保险费规模持续增长。特别是近年来，保险行业迎合国家"一带一路"发展战略，围绕供给侧结构性改革主线，结合中央战略部署的重点领域和行业发展的关键环节，积极深化改革，迎来了保险行业发展的黄金期。2016年，中国保险费收入为3.1万亿元，跃居世界第二；保险总资产为15.1万亿元，位居世界首位。在此背景下，培养适应时代发展要求的高素质、应用型、创新型保险人才，已成为当前我国高校保险相关专业教育的当务之急。

保险学是一门实务性很强的学科，要求学生不仅要有扎实的理论基础，还需要有较强的实践能力。本书从人身保险业务发展的实际出发，在认真研究人身保险理论与实务的基础上，充分参照中国人寿、中国平安、中国人保等各大保险公司实务操作流程，努力实现教材的科学性、时代性、实务性，使学生能够全面、系统地掌握人身保险业务的基本知识与技能。

本书共分为九章和十二个附录。第一章的主要内容是人身风险类别和人身风险实训；第二章的主要内容是人身保险产品和人身保险产品实训；第三章的主要内容是人身保险合同的主要条款和实训；第四章的主要内容是人身保险理财规划和方案制定实训；第五章的主要内容是人身保险的投保和实训；第六章的主要内容是人身保险核保和承保的要点与实训；第七章的主要内容是人身保险的缴费和实训；第八章的主要内容是人身保险的保全和实训；第九章的主要内容是人身保险的理赔和给付的要点与实训。

本书具有以下三方面的特点。①实用性。实训部分的内容结合了上海逸景网络科技有限公司的实训软件，通过大量的图表演示和系统性的模拟操作，使学生能更直观地掌握人身保险业务的操作程序。②系统性。本书内容涵盖了人身保险的全部业务流程，包括识别风险与选择产品、投保、核保和承保、缴费、保全、理赔与给付，使学生能全面掌握人身保险实务的操作技能。③可读性。本书突出以学生为中心的思想，浅显易懂，在每章开头都设有本章要点，内容安排上也是理论与实务相结合，便于学生在学习时实现理论和实务的有机统一。本书适用于本科院校和成人高校的经济、金融、保险等专业的教学，也可以作为保险业界从业人员的参考用书。

本书由上海立信会计金融学院保险学院徐英副教授主编,在编写过程中参考了大量已出版和已发表的研究成果,并采用了中国人寿、中国平安、中国人保等保险公司的保险产品和条款内容。本书的实训软件操作部分得到了上海逸景网络科技有限公司石峰老师的大力支持,中宏人寿保险有限公司的刘娜以及中德安联人寿保险有限公司的宋莹也为编者提供了相关资料,在此一并向他们致以诚挚的谢意。

立信会计出版社的领导和编辑对本书的出版给予了大力的支持和帮助,在此表示衷心的感谢。

由于编者的水平所限,本书中不完善甚至谬误之处在所难免,敬请各位专家及广大读者不吝赐教,提出宝贵的意见和建议,以便在适当时机进行修正。

编 者

2019年1月于上海

# 目  录

第一章  人身风险及实训 ·············································· 1
  第一节  人身风险的含义及特点 ···································· 1
  第二节  人身风险的分类 ·············································· 3
  第三节  人身风险的管理 ·············································· 5
  第四节  人身风险实训 ················································ 6

第二章  人身保险产品及实训 ········································ 8
  第一节  人身保险产品概述 ·········································· 8
  第二节  人身保险产品分析 ········································ 11
  第三节  人身保险产品的购买分析 ······························ 17
  第四节  人身保险产品示例 ········································ 19
  第五节  人身保险产品实训 ········································ 32

第三章  人身保险合同及实训 ······································ 34
  第一节  人身保险合同的形式 ····································· 34
  第二节  人身保险合同的主体 ····································· 35
  第三节  人身保险合同的客体 ····································· 39
  第四节  人身保险合同条款 ········································ 40
  第五节  人身保险合同实训 ········································ 47

第四章  人身保险理财规划及实训 ································ 50
  第一节  对保险理财规划的认识 ·································· 50
  第二节  对客户信息的了解 ········································ 52
  第三节  客户人身保险需求分析 ·································· 55
  第四节  客户保险规划方案制定 ·································· 61
  第五节  人身保险理财规划实训 ·································· 64

第五章  人身保险投保及实训 ······································ 68
  第一节  人身保险的投保途径 ····································· 68
  第二节  人身保险投保单的构成 ·································· 70
  第三节  人身保险投保单的填写要求 ··························· 75

第四节　人身保险投保实训 …………………………………………… 80

**第六章　人身保险核保、承保及实训** ………………………………………… 83
　　第一节　人身保险的核保 …………………………………………… 83
　　第二节　人身保险的承保 …………………………………………… 96
　　第三节　人身保险核保和承保实训 ………………………………… 100

**第七章　人身保险缴费及实训** ………………………………………………… 107
　　第一节　人身保险新单缴费 ………………………………………… 107
　　第二节　人身保险续期缴费 ………………………………………… 110
　　第三节　人身保险续期保险费缴纳实训 …………………………… 111

**第八章　人身保险保全及实训** ………………………………………………… 114
　　第一节　人身保险保全概述 ………………………………………… 114
　　第二节　人身保险保全服务的内容 ………………………………… 115
　　第三节　人身保险保全服务的要点 ………………………………… 122
　　第四节　人身保险保单保全实训 …………………………………… 126

**第九章　人身保险索赔、理赔及实训** ………………………………………… 131
　　第一节　人身保险索赔基本知识 …………………………………… 131
　　第二节　人身保险理赔的基本原则 ………………………………… 133
　　第三节　人身保险理赔的基本流程 ………………………………… 134
　　第四节　人身保险金的给付 ………………………………………… 141
　　第五节　人身保险理赔与给付实训 ………………………………… 143

附录1　姜海山国寿福禄满堂养老年金保险承保操作手册 ……………………… 150
附录2　王宏文国寿绿舟意外伤害保险承保流程操作手册 ……………………… 170
附录3　张明明国寿康宁终身重大疾病保险承保流程操作手册 ………………… 195
附录4　魏子林国寿康宁定期重大疾病保险续期收费操作手册 ………………… 219
附录5　姜海山国寿福禄满堂养老年金保险续期收费操作手册 ………………… 227
附录6　王军洪福定期两全保险变更基本信息操作手册 ………………………… 232
附录7　王军洪福定期两全保险变更受益人操作手册 …………………………… 238
附录8　王军洪福定期两全保险复效操作手册 …………………………………… 244
附录9　王军洪福定期两全保险保单贷款操作手册 ……………………………… 257
附录10　张明明国寿康宁终身重大疾病保险理赔操作手册 …………………… 265
附录11　王宏文国寿如E综合意外保险计划理赔操作手册 …………………… 280
附录12　李强国寿福禄宝宝两全保险(分红型)给付操作手册 ………………… 295

**参考文献** ………………………………………………………………………… 302

# 第一章 人身风险及实训

**本章要点**

- 人身风险的含义及特点
- 人身风险的分类
- 人身风险的风险管理
- 人身风险实训

> 俗话说:天有不测风云,人有旦夕祸福。人的一生当中面临着各种各样的风险,这些风险可能会给我们带来人身以及经济等方面的损害。我们通过认识风险的含义以及风险类别,可以选择合适的方法进行风险管理。

## 第一节 人身风险的含义及特点

人的一生会面临许多人身风险。人身风险的发生不但会使人的生命和身体受到损害,还会导致经济收入的减少或中断,甚至还会造成精神和心理上的创伤。因此,正确认识人身风险对减少损失具有重要的现实意义。

### 一、人身风险的含义

人身风险是指由于人的生、老、病、死所引起的风险以及在物质生产或日常生活中由于各种自然灾害、意外事故、人为灾难所引起的人身伤亡风险。

人身风险包括两个方面:一是作为自然人,受生、老、病、死这一自然规律的支配而导致的人身风险,如自然死亡、疾病死亡、身体伤残等;二是作为社会人,在物质生产或日常生活中遭遇各种自然灾害、意外事故、人为灾害而导致的人身风险,如地震、车祸、火灾等造成的死亡或残疾。

## 二、人身风险的特点

### (一) 客观性

人身风险是客观存在的,人的生、老、病、死是自然规律,任何人都无法抗拒。随着科学技术的进步和医疗水平的提高,一些过去对人类来说会致命的疾病得到了彻底的根治或有效控制;随着人类认识风险、管理风险和控制风险能力的增强,一些自然灾害、意外事故导致的人身风险也部分得到了控制,虽然旧的风险消除了,但是新的风险又会产生。因此,人身风险是客观存在的,是不可能完全消除的。

### (二) 损失性

无论是何种原因导致的人身风险,都会造成损失。人身风险损失主要表现在两个方面:一是收入的终止或减少,如家庭收入来源者的死亡、残疾、患病、失业或退休都会导致家庭收入的终止或减少,从而对家庭生活造成不同程度的影响;二是额外费用的增加,如因死亡而发生的丧葬费用以及因疾病、受伤而支出的医疗费用、护理费用,这些都会导致家庭额外费用的增加。

### (三) 不确定性

人身风险的发生具有不确定性,其不确定性通常包括以下四个方面。
(1) 损失是否发生的不确定。
(2) 损失发生的时间的不确定。
(3) 损失发生的地点的不确定。
(4) 损失程度的不确定。

### (四) 可测性

对于某一个体而言,人身风险的发生是无法预知的,但是就某一群体或者某一地区人口总体而言,人身风险的发生具有一定的规律性,它服从于某种概率分布,运用概率论原理对这种概率分布加以统计和研究,就能测定出一个比较准确的风险发生率,如死亡率、生存率。

### (五) 发展性

随着人类社会自身进步和科技的发展,虽然一些旧的风险已经消除或得到良好的控制,但是同时也产生和发展了新的风险,尤其是高新科技的开发和运用使人身风险的发展性表现得更为突出。例如,飞机作为交通工具带来的飞机失事风险、核试验带来的核污染、生化武器的研究及其创造的新病毒等都已成为新的人身风险,威胁着人类的生命安全。

**专栏1-1**

## 2018年的自然灾害与人为灾难

2018年,全球自然灾害和人为灾难造成的总经济损失约为1550亿美元。其中,自然灾害造成的损失为1460亿美元,人为灾难造成的损失为90亿美元。

2018年,全球范围内超过11 000人因灾害事件而死亡或失踪。其中,9月份在印度尼西亚苏拉威西岛发生的地震造成的伤亡人数最多,超过3 500人死亡或失踪。

(资料来源:瑞士Sigma杂志)

## 第二节 人身风险的分类

按照保险公司风险管理的对象分类,人身风险一般可分为生命风险、健康风险和失业风险三类。

### 一、生命风险

生命风险是指与人的生存与否有关的风险,包括死亡风险和生存风险。

#### (一)死亡风险

死亡风险主要是指早逝风险,即死亡发生时还有其他人依赖死者收入的风险。早逝之所以会造成收入损失风险,主要原因是那些由于死者死亡而承受损失的人还活着。如果一个人没有家庭负担,其死亡就不会对别人造成影响,那么他就不存在经济损失风险,也就无所谓采取什么防范经济损失的保护措施。但在现实生活中,这种情况毕竟是少数,人生活在家庭、社会之中,一个人生命的终结往往意味着相关人的悲哀与损失。具体来说,死亡可以导致两方面的经济损失:一是与死亡本身相关的费用,主要包括丧葬费用、死者所欠债务以及死亡传递成本(如遗嘱查验费用和遗产税);二是死者生前所获收入的丧失,这是一种潜在的损失。此外,还有与死者相关人精神和心理上的损伤,这种损失是无法用金钱来衡量的。

#### (二)生存风险

生存风险主要是有关老有所养的风险,具体是指那些退休时没有积蓄或者没有足够的积蓄来满足退休期间个人或家庭生活费用之需的风险。人都会面临退休,这意味着收入来源的中断。同时,人在走向衰老的过程中,身患疾病或者遭受伤残的风险程度也相应地不断提高。因此,人们在收入充裕的时候需要积累一部分积蓄以备老年退休生活所需。

### 二、健康风险

健康风险是指对身体健康或健全程度有影响的风险,包括疾病风险和残疾风险。这类风险对个人或家庭经济方面的影响主要表现在两个方面:一是医疗费用风险,疾病和伤害都可能会给个人及其家庭带来灾难性的医疗费用负担;二是收入损失风险,疾病或者残疾不但会减少收入来源,而且病人在生病期间和残疾者在残疾期间对收入的需求还会提高。

#### (一)疾病风险

疾病风险是指由疾病、生育及意外事故等方面引起的人身风险。疾病风险是一种危害严重、涉及面广、复杂多样且直接关系到每个人基本生存利益的风险。首先,疾病风险具有严重性。疾病风险会对人体健康造成伤害,也可能会造成暂时性或永久性劳动能力的丧失甚至死亡。其次,疾病风险具有普遍性。疾病风险对于每个人或每个家庭而言都是无法避免的,发生频率也高。再次,疾病风险具有复杂性。人类已知的疾病种类繁多,每一种疾病又因个体差异而表现各异。此外,环境污染、社会因素、生活方式、精神心理因素等各种原因可能导致一些未知疾病或潜在疾病。最后,疾病风险具有社会性。由于有些疾病具有传染性,这类疾病风险不仅会直接危害个人健康,而且会波及整个地区乃至社会。

### (二)残疾风险

残疾风险是指由于疾病、意外事故等导致人的机体损伤、组织器官缺损或出现功能障碍等的可能性。从经济的角度看,残疾所带来的问题可能比真正的死亡更为严峻,因为如果是家庭收入主要来源者残疾,那么其家庭的部分收入来源不仅中止,而且家庭总体消费支出还会增加(如残疾者的医疗费用、生活自理辅助设备的购置等),残疾给残疾者家庭所带来的经济问题显然比较严重。

## 三、失业风险

失业风险是指由于经济形势变化导致的非自愿失业,使家庭主要收入者的收入能力终止或暂时中止的风险。失业风险对个人或家庭经济的影响表现为收入损失风险,由于失业可以通过继续教育和职业培训等手段实现再就业,而且也不会导致高额的医疗费用和护理费用的支出,因此,失业风险对个人和家庭的影响程度远低于生命风险和健康风险。

**专栏1-2**

### 中国癌症发病率

2017年2月,国家癌症中心发布了中国最新癌症数据,汇总了全国347家癌症登记点的数据。由于此统计一般滞后3~4年,所以这次最新公布的是2013年的发病和死亡数据。2017年的报告显示,2013年每天约有1万人被确诊为癌症患者,平均每分钟就有7人被确诊。与2012年相比,中国癌症新发人数继续上升,从358万人增至368万人,增幅为3%;同年,世界新发癌症病例约1409万人,中国新发癌症病例占比为1/4。其中,城市/地区前10位高发癌症种类以及大城市死亡率前10位癌症种类分别见表1-1和表1-2。

表1-1 城市/地区前10位高发癌症种类

| 排序 | 名称(男性) | 名称(女性) |
| --- | --- | --- |
| 1 | 肺癌 | 乳腺癌 |
| 2 | 胃癌 | 肺癌 |
| 3 | 肝癌 | 肠癌 |
| 4 | 食管癌 | 胃癌 |
| 5 | 肠癌 | 甲状腺癌 |

(续表)

| 排序 | 名称(男性) | 名称(女性) |
|---|---|---|
| 6 | 前列腺癌 | 肝癌 |
| 7 | 膀胱癌 | 宫颈癌 |
| 8 | 胰腺癌 | 食管癌 |
| 9 | 淋巴癌 | 子宫癌 |
| 10 | 脑癌 | 脑癌 |

表1-2 大城市死亡率前10位癌症种类

| 排序 | 名称 | 死亡率 |
|---|---|---|
| 1 | 肺癌 | 54.19% |
| 2 | 肝癌 | 21.80% |
| 3 | 胃癌 | 19.33% |
| 4 | 肠癌 | 19.08% |
| 5 | 乳腺癌 | 12.78% |
| 6 | 胰腺癌 | 8.96% |
| 7 | 食管癌 | 8.56% |
| 8 | 淋巴癌 | 4.71% |
| 9 | 白血病 | 4.60% |
| 10 | 胆囊癌 | 4.44% |

(资料来源:国家癌症中心网站)

## 第三节 人身风险的管理

人身风险可以通过非保险方式和保险方式进行风险管理。

### 一、非保险方式

#### (一) 风险自留

风险自留是一种传统的防范人身风险的对策,主要通过个人或家庭的储蓄、投资等方式累积资金和利用家庭、亲戚、朋友之间的互帮互助,来降低人身风险所造成的经济上的损失。风险自留的方式只适用于发生频率低、损失程度小的人身风险。

对于个人和家庭来说,风险自留方式有其局限性,具体表现在三个方面:一是现有的投资方式(如股票、债券、不动产、外汇、黄金投资等)具有一定的投资风险,投资收益既受到宏观经济形势、资本市场成熟度的影响,也受到个人的投资理财知识以及信息不对称性的制约;二是随着家庭结构由传统家庭向核心家庭转变,家庭之间、亲戚朋友之间的互助功能大大削弱;三是对于一般的工薪阶层,依靠个人储蓄、投资来化解过早死亡风险、疾病风险和残疾风险并不是最充分和最有效的对策。

### (二) 防病健身

防病健身是防范人身风险的常用对策。随着财富的积累和创造,人们越来越意识到健康的重要,如果没有健康,一切将失去意义。因此,对于个人来说,可以通过培养良好的生活习惯和饮食习惯、加强体育锻炼、定期体检等方法增强体质,降低死亡、疾病等人身风险;对于企业来说,可以通过不断改善工作环境、加强安全生产来尽量减少职业病和意外伤害等人身风险。

## 二、保险方式

### (一) 社会保险

社会保险是应对养老风险、医疗风险、工伤风险、生育风险、失业风险的一种法定对策,对稳定社会秩序、安定人民生活起到了积极的作用。但是,社会保险作为防范人身风险的对策有以下缺陷:一是社会保险保障的对象不广,并不是每一个人都能享有社会保险的保障;二是社会保险保障的额度并不高,它只是一种基本的生活保障;三是社会保险保障的风险范围不广,在生活中还有很多人身风险无法通过社会保险的方式获得保障。

### (二) 商业保险

这里的商业保险是指商业人身保险,是通过缴付保险费将人身风险转嫁给保险公司,在风险事故发生时或者达到约定的年龄或期限时,保险公司按照合同的约定给付保险金的一种商业保险。与其他应对人身风险的对策相比,人身保险是一种社会化的、适用广泛的、受到法律保护的、科学的应对人身风险的对策。随着保险公司险种的多样化、保险责任范围的不断扩大、保险服务质量的不断提高,商业人身保险已成为应对人身风险的主要对策。

## 第四节 人身风险实训

### 一、人身风险评估实训

**任务 1** 选择三个不同的职业,分组讨论每个职业面临的人身风险。

**任务 2** 以分组的形式为个人的健康风险评估设计一份调查问卷。

### 二、人身风险的风险管理实训

**任务 1** 选择某一个省市或地区,以分组的形式详细介绍该省市或地区的养老保险、医疗保险、生育保险、工伤保险和失业保险的规定和做法。

**任务 2** 分组讨论如下案例:企业退休职工赵某,每月退休金大约2 900元,参保了上海市城镇职工基本医疗保险。赵某因患糖尿病需要常年服药治疗,平时均在药店自行购药服用,药物花费为每月平均 1 000 元左右。2017 年 11 月,赵某因糖尿病并发症住院治疗近半个月,产生医疗费用 5 600 元。请分析,赵某能从其参保的城镇职工基本医疗保险中报销多少医疗费用? 对于赵某而言,这样的医疗保障是否足够?

## 本章小结

(1) 人身风险是指由于人的生、老、病、死所引起的风险以及在物质生产或日常生活中由于各种自然灾害、意外事故、人为灾难所引起的人身伤亡风险。

(2) 人身风险的特点包括:客观性、损失性、不确定性、可测性、发展性。

(3) 按照保险公司风险管理的对象分类,人身风险一般可分为生命风险、健康风险和失业风险三类。

(4) 人身风险可以通过非保险方式和保险方式进行风险管理。其中,非保险方式包括风险自留和防病健身;保险方式包括社会保险和商业保险。

## 关键概念索引

人身风险　　生命风险　　健康风险　　失业风险　　非保险方式　　保险方式　　社会保险　　商业保险

## 复习思考题

1. 简述人身风险的含义。
2. 简述人身风险的特点。
3. 按照保险公司风险管理的对象分类,人身风险可以分为哪几类?
4. 比较应对人身风险各种对策的优劣。

# 第二章　人身保险产品及实训

 **本章要点**

- 人身保险产品的概念和构成要素
- 人身保险产品的作用
- 人身保险产品分析
- 人身保险产品购买分析
- 人身保险产品示例
- 人身保险产品实训

> 随着经济的不断发展、生活水平的不断提高,人们对保险的需求也日益增加。为了选择合适的保险产品,有必要首先了解保险市场上人身保险产品的类别、特征、保险责任以及适用情况。本章详细介绍了人身保险产品的概念、构成要素和特征,并对各个产品做了购买分析,同时还结合市场具体产品分析了其保险责任,以便于人们认识人身保险产品并做出合理的购买选择。

## 第一节　人身保险产品概述

### 一、人身保险产品的概念

人身保险产品是以人的生命或身体作为保险标的,以人的生(生育)、老(衰老)、病(疾病)、残(残疾)、亡(死亡)等为保险事故的一种保险产品。其基本内容包括:投保人与保险人订立保险合同确立各自的权利和义务,投保人向保险人缴纳一定数量的保险费;在保险期限内,当被保险人发生死亡、残疾、疾病等保险事故或被保险人生存到约定年龄或约定期限时,保险人向被保险人或其受益人给付一定数量的保险金。

人身保险产品主要包括人寿保险产品、人身意外伤害保险产品和健康保险产品。

## 二、人身保险产品的构成要素

人身保险产品的构成要素一般包括保险责任和除外责任、保险费率、保险费缴付方式、保险期限、保险赔款或保险金给付方式等。

### (一) 保险责任和除外责任

保险责任是在保险合同中约定的由保险人承担责任的保险事故范围,在保险合同中有专门的保险责任条款。除外责任是指保险人不承担责任的事故范围,通常在保险合同中列示,如战争、犯罪、自杀、故意行为等。不同保险产品的保险责任和除外责任范围各不相同。

### (二) 保险费率

保险费率是保险人按保险金额向投保人收取保险费的比例。在保险实务中,保险费率通常是以百分率或千分率来表示。保险费率的确定是依据保险标的的风险程度、损失概率、保险责任范围、保险期限和保险人的经营管理费用等因素来综合考虑的。

### (三) 保险费缴付方式

保险费缴付方式一般有固定缴费方式和灵活缴费方式两种。固定缴费方式是指保险费的金额、缴纳时间和缴纳次数都是确定的,并且在保险合同中载明。固定缴费方式可分为趸缴和期缴,其中,趸缴就是指一次性缴纳全部保险费;期缴是指按固定的期限缴纳,如年缴、季缴和月缴。灵活缴费方式是指保险期间内的任何时间缴纳任何金额(有最低限额)的保险费,缴纳次数也无一定限制,但在投保时必须缴纳首期保险费。

### (四) 保险期限

保险期限是从保险合同的保险责任开始到保险责任终止的期间。人身保险合同的保险责任开始时间一般由寿险公司和投保人在保险合同中约定。

### (五) 保险赔款或保险金给付方式

在保险有效期内发生保险责任范围内的损失或事件时,保险人应按照合同的约定向被保险人或受益人支付保险赔款或保险金。保险金的领取方式通常有三种方式:一是一次性领取全部保险金;二是以年金形式分期领取保险金;三是将上述两种方式混合使用,即保险金的一部分一次性领取,剩余部分以年金形式领取。

## 三、人身保险产品的作用

人身保险产品的主要作用体现在以下三个方面。

### (一) 对个人和家庭的作用

人身保险产品可以满足人身安全保障需求,可以为个人或家庭提供一定层次上的经济安全保障,在人们遭受伤残、疾病、死亡等身体风险事故的情况下获得保障。

(1) 经济保障。人们可以通过人身保险把个人、家庭的人身风险转嫁给保险公司。在缴纳确定金额的保险费以后,发生死亡、伤残、疾病、衰老等人身风险时,便能从保险公司领取一笔保险金以保证家庭生活的稳定,避免因家庭主要劳动力成员发生保险事故而造成家庭收入减少或支出增加,甚至使生活陷入困境等情况的发生。

(2) 投资手段。由于保险公司要对长期人身保险中缴纳的保险费计算利息,满期给付的保险金大大高于缴纳的保险费,所以投保长期人身保险往往被作为一种投资手段。由于人身保险具有经济保障作用,不具有投机性、无风险、收益稳定,因而往往被人们选择。投保人可以将人身保险的保险单作为抵押向保险公司借款,所以人身保险单具有现金价值,可以视为个人金融资产。

(3) 保险单所有人和受益人可享受税收减免。一般税法规定,在被保险人死亡时给付的保险金可以免征所得税,受益人获得的保险金还可以全部或部分免征遗产税。此外,如退保金、红利、两全保险期满生存的给付,可以免交所得税的收入金额相当于所缴付的保险费金额。对年金收入也只征收适量的所得税,即只对其中的利息收入部分征税。

### (二) 对企业的作用

人身保险产品可以承保企业雇员的人身风险,使企业正常的经营和财务稳定得到保障,它对经营规模较小、抗风险能力相对较低的中小企业尤为重要,可以用作员工福利,有助于提高企业在人才竞争中的优势。

### (三) 对社会的作用

人身保险产品对社会的作用主要体现在以下三个方面。

(1) 有助于稳定社会生活。人身保险是社会保障体系的重要补充,世界各国都把建立健全社会保障体系作为现代国家的重要标志之一。人身保险产品能够在很大程度上消除人们的后顾之忧,补偿其因人身风险所遭受的经济损失,从而促进全社会的持续发展。

(2) 有助于扩大社会就业。人身保险行业是以人为本的服务行业,需要大量的人力资本,因此,人身保险行业的发展可以为社会解决一定的就业问题,从而为整个社会的稳定发展做出贡献。

(3) 有助于解决社会老龄化问题。我国已于 2000 年进入老龄化社会,并且我国的老龄化速度要快于世界老龄化速度。虽然社会保障体系在处理老龄化问题时有其特有的优点,但是单靠社会保障体系并不能完全解决老龄化问题。作为一种商业保险,人身保险与社会保障相比具有无法比拟的优势,可以作为社会保障体系的有效补充。通过两者的有机结合、取长补短、互为补充,构建一个全面、有效的社会保障体系,从而可以更好地解决老龄化问题。

## 专栏 2-1

### 买了保险就是不一样

张先生是一位电工,平时工作有一定的危险性,经常需要攀高作业。张太太比较担心他的安全,就想给张先生买一份人身意外保险。张先生不同意,认为没有必要购买保险,是浪费钱。张太太因为之前了解过人身意外保险的好处，所以就决定瞒着张先生为他买了一份人身意外保险。张太太在平安保险公司购买了一份一年期综合意外保险，主要保障张先生工作、生活中的多种意外，还提供门诊与住院医疗保障，另有意外住院误工费、护理津贴及紧急医疗救援服务，保额高达50万元。

之后某一天，张太太接到电话说自己的丈夫出了意外，需要动手术，让张太太赶紧去医院交费。张太太想起自己买的人身意外保险，就赶紧打电话给平安保险公司，平安保险公司接到电话后立即赶到医院，帮助张太太垫付了手术费用，度过了眼前的困难。幸亏手术及时，张先生总算没有大碍，张先生醒来后，张太太把保险的事情告诉了张先生。张先生说，还好妻子没有听自己的话，买了意外保险，不然还真不知道该怎么办！

（资料来源：百度文库）

## 第二节 人身保险产品分析

人身保险产品包括人寿保险产品、人身意外伤害保险产品和健康保险产品。

### 一、人寿保险产品

人寿保险产品可以分为保障型人寿保险产品、储蓄型人寿保险产品和投资理财型人寿保险产品。

**（一）保障型人寿保险产品**

保障型人寿保险产品包括定期寿险产品、终身寿险产品和两全保险产品。

1. 定期寿险产品

1）定义

定期寿险又叫定期死亡保险，是人寿保险业务中产生最早、最简单的一个险种。它提供特定期间的死亡保障，如1年、5年、10年、20年，或到被保险人的某个年龄为止。被保险人在特定期间内死亡时，保险人按照合同约定支付保险金；如果特定期限届满，被保险人仍然生存的，则保险人不再承担保险责任。定期寿险为非储蓄型产品，通常没有现金价值。

2）特征

（1）费率低、保障高。定期寿险不包含储蓄因素，因此，在相同保险金额的投保条件下，其费率低于其他任何一种人寿保险产品。

（2）具有可续保性和可转换性。可续保选择权允许保险单所有人在保险期限届满时续保，且不必提供可保性证明，但在每次续保时，保险人要根据被保险人所达到的年龄来调整其保险费率，并且保险人通常对续保的期限及被保险人续保时的年龄有一定的限制。可转换性是指保险单所有人具有把定期寿险保险单变换为终身寿险保险单或两全保险保险单的选择权,在转换时也不必提供可保性证明。

（3）容易产生逆选择。因为定期寿险有产品费率低、保障高的特点,因此,一定期限内风险较高的人更愿意购买定期寿险产品。

2. 终身寿险产品

1) 定义

终身寿险又称终身死亡保险。它提供被保险人终身的死亡保障,即不论被保险人何时死亡,保险人都向其受益人给付保险金。如果被保险人生存到100周岁,则保险人向其本人给付保险金。

2) 特征

（1）费率中含有储蓄因素,保险单具有现金价值。

（2）保险金给付具有必然性。终身寿险是以死亡为保险事故,而人的生命是有限的,因而每一张有效保险单发生保险金给付是必然的。

（3）保险单具有灵活性。终身寿险保险单可以在需要时转化为保险费减额缴清保险单,也可以利用保险单红利把保险单转化为保险费缴清保险单。

3. 两全保险产品

1) 定义

两全保险又称生死合险,既保障被保险人的生存又保障被保险人的死亡,是指被保险人在保险期限内死亡或生存到保险期满时保险人均按照合同约定给付保险金的保险。两全保险产品既能保障被保险人退休后生活的需要,又可以解除由于被保险人死亡而给家庭生活所带来的后顾之忧。因此,它是人寿保险产品中最受欢迎的一个险种。

2) 特征

（1）承保责任最全面。两全保险是生存保险和死亡保险相结合的产物。

（2）保险费率较高。由于两全保险必然发生给付,因此,在相同条件下,两全保险的费率比生存保险和死亡保险的费率高,是人寿保险产品中保险费率最高的险种。

（3）保险单具有现金价值,储蓄性明显。两全保险有时被称为储蓄保险。在两全保险中,由于保险单的现金价值随保险合同的生效而逐年增加,且增幅较大,因此,它具有较强的储蓄功能,可以作为强制储蓄的手段。

（二）储蓄型人寿保险产品

储蓄型人寿保险产品包括生存保险产品和年金保险产品。

1. 生存保险产品

1) 定义

生存保险是以被保险人在保险期满或达到某一年龄时仍然生存为给付保险金条件的人寿保险。只要被保险人生存到约定的时间,保险人就给付保险金。若在此期间被保险人死亡,则保险人不承担给付保险金的责任,也不退还已缴的保险费。单纯的生存保险一般不单独办理,保险人也不设计只提供生存保障的保险单。它往往与其他险种结合,以满足人们多方面的需求,如与定期寿险产品结合形成两全保险产品。

2) 特征

(1) 如果保险期间内被保险人死亡则视为未发生保险事故,保险人不负保险责任,也不退还已缴纳的保险费。因此,保险公司依照合同向生存者给付的保险金,不仅包括其本人所缴纳的保险费及其衍生的利息,还包括保险期内死亡者所缴纳的保险费及其衍生的利息。

(2) 人们投保生存保险的主要目的是在一定时间之后被保险人可以领取一笔保险金,以满足其生活等方面的需要。例如,子女教育保险可以使其子女在读大学时有一笔教育基金。

(3) 生存保险是为保障被保险人今后的生活或工作,以满足其未来的消费开支,类似于一种储蓄。

2. 年金保险产品

1) 定义

年金保险是指在约定的期间或被保险人的生存期间,保险人按照一定周期给付年金领取者一定数额的保险金。这种周期可以是年、半年、季或月,但以月为主。人们购买年金保险的目的主要是为了保障其晚年的经济收入,因而通常称年金保险为养老保险。

2) 特征

(1) 年金保险以被保险人(年金受领者)生存至约定时期为给付条件。

(2) 年金保险积累的资金主要提供被保险人养老使用。

(3) 年金保险不需要被保险人进行体检或健康声明。

(三) 投资理财型人寿保险产品

投资理财型人寿保险产品包括分红寿险产品、变额寿险产品和万能寿险产品。

1. 分红寿险产品

1) 定义

分红寿险是指签订保险合同的双方事先在合同中约定,当投保人所购险种的经营出现盈利时,保险单所有人享有红利分配权的一种保险。因此,分红寿险是一种准投资型保险。寿险公司经营时必须将分红寿险与非分红寿险分设账户,独立核算。

2) 特征

(1) 分红寿险保险单的持有人能享受到保险人的经营成果,参与其利益分配。在被保险人获得保险单提供的风险保障的同时,保险单持有人每年均可从保险人那里得到当年度的红利分配。我国监管机构规定,保险人应至少将分红业务当年度可分配盈余的70%分配给客户。因此,分红保险是一种附带投资功能的保障险种。

(2) 分红寿险的保险单持有人在多缴保险费、享有投资功能的同时,也承担了一定的投资风险。寿险公司每年的红利是根据当年度保险人的资金运用和业务经营情况进行核算的。因此,当寿险公司经营状况良好时红利就高,当经营状况不理想时红利就低,甚至为零。

(3) 分红寿险的保险费率较高。寿险产品的定价主要是依据预定死亡率、预定费用率和预定利率来进行的。对于分红寿险,考虑到保险单红利的分配,保险人在对这三者进行预估时比非分红寿险更趋保守,所以分红寿险的费率要高于非分红寿险。

(4) 分红寿险的保险金与退保金中含有相应的保险单红利。当投保人领取分红寿险的保险金时,除双方约定部分的保障外,还包括保险单中未领取的累积红利及利息;当投保人退保时,其领取的退保金中同样含有相应的保险单红利及利息。

2. 变额寿险产品

1) 定义

变额寿险是一种死亡保险金和现金价值随分立账户资产的投资业绩上下波动的终身寿险。在我国,变额寿险通常被称为投资连结保险,简称投连险。

2) 特征

(1) 保证最低死亡给付金额。变额寿险的保险金额由两部分构成:一部分是合同规定的基本保额,它不受寿险公司投资业绩好坏的影响,一般的变额寿险保险单都规定了一个最低死亡给付金额,而另一部分保险金额是变动的,随分立账户资金运用效果的好坏而变动。若分立账户的资产投资全部亏损,保险人会保证最低的死亡给付金额。

(2) 保险金不确定。投保人所缴纳的保险费扣除规定的销售费用、管理费用、死亡保障费用后存入投保人选定的投资账户中,进行投资运作,保险单的死亡保险金和现金价值与所选择投资账户的投资业绩直接挂钩。

(3) 所有的投资风险转嫁给客户。变额寿险保险单允许保险单持有人根据自己的投资收益目标和风险偏好选择投资账户和投资组合,而且至少每年可以变动投资选择。保险人对不同的投资账户采取不同的投资策略。保险人只负责死亡风险和费用风险,投资风险全部由保险单持有人承担。不论分立账户的投资业绩如何,保险人不承诺投资账户的最低投资收益。

3. 万能寿险产品

1) 定义

万能寿险是一种缴费灵活、保险金额可调整的人寿保险产品。万能寿险的投保人只要支付一个最低金额的第一期保险费,以后就可以在保险期内的任何时间支付任何金额的保险费,并且可以根据需要提高或降低保险金额,前提是保险单积存的现金价值要足够支付以后各期的成本和费用。

2) 特征

(1) 保险费缴纳灵活,保额可调整。万能寿险最大的特点在于其灵活性,即保险费缴纳的选择性和保险金额的可调整性。投保人在投保以后可以根据人生不同阶段的保障需求和财力状况,调整保险金额、保险费及缴费期,增加保险金额时需要提供可保性证明。这种缴费方式的缺点是容易造成保险单失效,因此,保险人通常会根据保险单向投保人寄送保险费通知单,以提醒其在保险单失效前缴费。

(2) 设立独立账户,承诺最低保证利率。万能寿险是介于分红寿险与变额寿险之间的一种投资型寿险。投保人所缴的保险费分为两部分:一部分用于保险风险保障,另一部分用于投资。寿险公司为每个投保人设立了独立的投资账户,对账户内的资金进行投资运作。通常万能寿险提供一个最低保证利率以保证投保人的最低投资收益水平,当个人账户的实际资产投资收益率低于最低保证利率时,则按最低保证利率结算计息。

(3) 业务经营透明度较高。寿险公司定期向投保人公开组成账户价格的各种因素。投保人每年可以得到一份保险单信息状况表,用以说明保险费、保险金额、利息、保险成本、其他各项费用以及保险单现金价值的数额与变动状况等。

## 二、人身意外伤害保险产品

### (一) 定义

人身意外伤害保险是指被保险人因遭受非本意的、外来的、突发的事故,致使身体遭受伤害致残或死亡时,保险人按合同约定给付保险金的一种人身保险。

### (二) 特征

1. 保险费低,保障大

人身意外伤害保险的保险费一般为保险金额的千分之几或更低。被保险人只需缴纳少量的保险费就可获得较大的保险经济保障。

2. 保险期限短

保险期限一般不超过1年,有的甚至几天或几个小时。航空意外险的承保期限仅为一个航程。

3. 承保条件一般较宽

人身意外伤害保险对被保险人不必进行体检,也有针对高龄者的产品。

4. 采用定额给付方式

当被保险人因意外伤害而死亡时,保险人一次性支付全部保险金额的死亡保险金,合同终止;当被保险人因意外伤害致残时,根据伤残程度按比例赔付伤残保险金,但赔付总数不超过保险金额;被保险人在保险期间内多次遭受意外伤害时,保险人对每次意外伤害造成的残废或死亡均按合同规定给付保险金,但给付总额累计不超过保险金额。

## 三、健康保险产品

### (一) 定义

健康保险是指以被保险人的身体为保险标的,在被保险人因疾病或意外伤害事故所发生的医疗费用损失或导致工作能力丧失所引起的收入损失以及因年老、疾病或意外事故导致需要长期护理的损失时提供经济补偿的保险。

健康保险通常分为四类:一是以疾病为给付保险金条件的疾病保险;二是以约定的医疗费用为给付保险金条件的医疗保险;三是因意外伤害、疾病导致收入中断或减少为给付保险金条件的收入损失保险;四是因年老、疾病或意外事故导致需要长期护理提供经济补偿的长期护理保险。

## (二) 特征

### 1. 承保条件严格

健康保险的承保条件一般比寿险要严格,保险核保人对投保健康保险的被保险人要仔细审查各种风险因素,必要时要对其进行体检。为防范道德风险,合同中还增加了免赔额条款、观察期(或等待期)条款、比例给付条款和给付限额条款等。

### 2. 合同具有补偿性

健康保险的保险金支付既有补偿性又有定额给付性,但大多数健康保险合同属于补偿性合同。

### 3. 复杂性

健康保险中的疾病保险和医疗保险都涉及医学上的专业技术,风险具有可变性和难预测性,尤其是随着人类疾病的种类越来越多,医疗技术日益提高,医疗器械和药品不断更新,使得健康保险风险的识别和度量、费率的厘定变得十分复杂。同时,被保险人医疗费用支出中还存在不少的人为因素,使得健康保险的理赔难以准确把握。

**专栏 2-2**

### 《2018 年中国人身保险产品研究报告(消费者版)》发布

2018 年 7 月 29 日,由中国财富网、《保险研究》编辑部联合主办,中国财富研究院承办的《2018 年中国人身保险产品研究报告》(以下简称《报告》)发布会在京举行。中国财富传媒集团党委书记、董事长葛玮介绍称,中国财富传媒集团联合专业团队历时 1 年 3 个月推出的《报告》,致力于客观、公正地研究评估保险产品,把一般公众不容易看懂、看透的条款通俗化、直观化,解读各类保险产品的概况,将保险产品"卸妆"后的面目呈现给消费者。

中国财富研究院研究员张庆丰在现场对《报告》的内容进行了详细介绍,《报告》借助庞大的人身险产品库,使用统计分析和建模研究的方法,对保险市场在售的 3 700 多个主流人身保险产品进行对比研究,重点对各类人身险产品的责任设计、条款撰写等各项指标进行对比,解析当前人身保险产品的设计特征、发展趋势,从风险保障角度分析了消费者选择保险产品的思路,并对不同产品价格进行了科学评级,以帮助消费者了解最新的市场动向,合理认识产品差异,分析出更适合自己的、性价比更高的产品,进而推进保险消费者权益保护和知识普及,推动人身险市场的良性发展。中国人民大学财政金融学院保险系主任魏丽指出,《报告》有三大亮点:第一,通俗易懂,把保险中那些艰涩、难懂的条款和术语都做了通俗化的处理,有助于消费者理解;第二,提出了很多重要的理念,如"定寿的保险单贴现""选择维度"等;第三,《报告》中对于分红险的处理比较合适,"分红型不宜突出强调是一个险种,而是一种处理方式,是对保险公司优于定价假设的那部分经营利润,有 70% 的部分是可以作为可分红利润",这个概念需要让消费者清楚。

(资料来源:光明网)

## 第三节 人身保险产品购买分析

### 一、人寿保险产品购买分析

**（一）定期寿险产品购买分析**

（1）根据需求选择期限。例如，为了偿还房屋贷款可购买专门的信贷定期寿险，或者同时选择几款不同期限的产品组成保额递减的险种。

（2）根据收入选择保额。投保人选择保险金额除了要参考实际需要外，还需与其支付能力相适应，不应盲目地选择高额产品；投保的目的是维护家庭原有的生活水平，而不是通过保险来让家人由贫变富。定期寿险的年保险费最好不要超过投保人年收入的1%。

（3）保留灵活性。因为许多其他的险种也具有定期寿险的功能，所以投保人在不确定未来是否会购买其他险种的情况下，不妨先买年限短一些的或者保额低一些的寿险产品，以便与其他理财方式进行衔接。

（4）重点阅读保险责任条款。投保人应该全文阅读保险条款，而不要贪图省事盲目签名；阅读保险责任条款时要注意以下情况：有的寿险公司只保身故不保高残；寿险公司在投保后对疾病身故设有观察期，有的寿险公司的观察期为180天，有的寿险公司的观察期为1年；观察期内被保险人疾病身故的，有的寿险公司只退还保险费，有的寿险公司可以退10%的保险金额。

**（二）终身寿险产品购买分析**

（1）上有老、下有小，家庭责任较重的被保险人适合购买终身寿险，但应该避免与定期寿险重叠。

（2）终身寿险适合收入比较稳定、保险费负担能力比较强的人。

（3）终身寿险很多情况下是最适合遗产规划的险种。其原因主要有两点：一是它在被保险人死亡后才给付保险金；二是保险金给付指定的受益人，可以完全按照被保险人的意愿分配，且受法律保护，免征遗产税。

（4）终身寿险适合计划以退休金当作退休生活费或其他用途的被保险人。终身寿险单具有较强的储蓄性和灵活性，被保险人在退休时可将保险单转换成年金保险单，作为退休生活费的保障。

**（三）两全保险产品购买分析**

（1）两全保险产品适合具有较强经济实力且有长期投资理财意愿的人群。

（2）两全保险大多为分红保险，但应理性看待红利。

（3）两全保险产品的缴费方式通常较灵活，投保人可根据自己的经济能力及需求进行选择。

（4）购买两全保险时需有明确的目的，例如，解决养老问题或进行投资；给孩子做教育金或给孩子留下保险金。

### (四) 年金保险产品购买分析

（1）年金的领取方式可"量身定制"。目前，年金的领取方式有定额领取、定时领取和趸领三种。定额领取是指被保险人按单位时间（如每年或每月）确定领取额度，直至将保险金全部领取完毕；定时领取是被保险人在约定的领取时间根据保险金的总量确定领取额度；趸领是被保险人在约定的领取时间把所有的保险金一次性全部提走。

（2）慎选即缴即领型年金保险产品。与社保养老金相比，年金保险的年金领取时间比较灵活，其起始领取时间一般集中在被保险人50周岁、55周岁、60周岁、65周岁四个年龄段。但是，即缴即领型年金保险因为缺乏资金积累时间，产品现金价值较低，通常需很长的时间才会"返本"。

### (五) 分红寿险产品购买分析

投保人选择购买分红寿险产品时，应当了解分红寿险可分配给投保人的红利是不确定的，没有固定的比率，其分红水平主要取决于寿险公司的实际经营成果，不要将分红寿险产品同其他金融产品等同或进行片面的比较。

### (六) 变额寿险产品购买分析

投保人选择购买变额寿险产品时应当详细了解投资连结保险的费用扣除情况，包括初始费用、买入卖出差价、死亡风险保险费、保险单管理费、资产管理费、手续费和退保险费等；变额寿险产品的投资回报具有不确定性，投资风险完全由投保人承担；产品说明书或保险利益测算书中关于未来收益的测算纯粹是预估性的，实际投资可能赢利或出现亏损。

### (七) 万能寿险产品购买分析

如果投保人选择购买万能寿险产品，投保人应当详细了解万能寿险的费用扣除情况，包括初始费用、死亡风险保险费、保险单管理费、手续费和退保险费等；万能寿险产品的投资回报具有不确定性，投保人要承担部分投资风险；产品说明书或保险利益测算书中关于未来收益的测算纯粹是预估性的，最低保证利率之上的投资收益是不确定的。

## 二、人身意外伤害保险产品购买分析

### (一) 及时购买

由于人们随时都面临出现意外的可能，所以购买意外伤害保险不能等待，只要条件允许就应当及时购买。

### (二) 最好附加意外医疗费用保险

因为意外伤害保险的责任是身故和残疾，对于因意外伤害而产生的医疗费用不承担责任，而实际中绝大多数意外事故都会导致医疗费用的支出，因此，在投保意外伤害保险时最好选择附加投保意外事故医疗费用保险。

## 三、健康保险产品购买分析

### (一) 重大疾病保险产品购买分析

购买重大疾病保险产品时要注意保障疾病的范围；重大疾病保险保障的是重大人身风

险,而小病需要自己承担费用;在确定保险金额时,不能只考虑疾病本身产生的费用,还需涵盖收入补偿和家庭的必需支出;重大疾病保险多为提前给付型或多次给付型,一旦发生赔付,保险公司可能不会再承保。

**(二) 商业医疗保险产品购买分析**

没有社会医疗保险的人可以用商业医疗保险作为替代。如果有社会医疗保险,商业医疗保险可以作为社会医疗保险的有益补充,它可以扩展医疗费用报销,减少医疗自费部分。商业医疗保险可以作为重大疾病保险的补充,要注意区分定额给付型医疗保险和费用补偿型医疗保险。

**(三) 长期护理保险产品购买分析**

长期护理保险侧重于提供长期护理保障,其保障范围可分为医护人员看护、中级看护、照顾式看护和家中看护四个等级。产品类型主要有日额津贴、费用补偿、服务提供等单一或相互交叉的形式,给付期限有1年、数年、终身等几种不同的选择。长期护理保险一般都有保险费豁免保障,在缴费期间,被保险人一经确定需要长期护理,保险公司将豁免以后各期保险费。长期护理保险保单都是保证续保的,有些甚至保证终身续保,保险公司不得在保险单更新时针对个人提高保险费率。

**(四) 失能收入损失保险产品购买分析**

失能收入损失保险有免责期的规定,即在残疾失能后不能立即领取收入补偿,而必须在超过一定期限后才能开始领取。失能收入损失保险可以补偿不幸者的收入损失,对收入占家庭收入主要部分的"顶梁柱"来说,选购这样的产品是对家庭负责任的一种表现。

## 第四节 人身保险产品示例

### 一、人寿保险产品示例

**(一) 定期寿险产品示例**

产品名称:新华人寿定期寿险(A款)。

1. 产品条款(节选)

1) 投保范围

(1) 被保险人范围:凡1周岁以上、65周岁以下,身体健康,能正常工作或劳动的人,均可作为被保险人参加本保险。

(2) 投保人范围:被保险人本人、对被保险人有保险利益的其他人可作为投保人,向新华人寿保险股份有限公司(以下简称本公司)投保本保险。

2) 保险责任

在本合同保险责任有效期内,本公司承担下列保险责任。

(1) 被保险人于合同生效1年内因疾病导致身故或身体高残,本公司按保险合同载明保险金额的10%给付身故或身体高残保险金,并无息返还所缴保险费,本合同效力终止。

(2) 被保险人因意外伤害或合同生效1年后因疾病导致身故或身体高残,本公司按保险合同载明的保险金额给付身故或身体高残保险金,本合同效力终止。

3) 保险责任开始

本公司所承担的保险责任自本公司同意承保、收取首期保险费并签发保险单的次日零时开始生效,开始生效的日期为生效日,生效日每年的对应日为生效对应日。

本合同的保险期间为10年、15年、20年或30年,投保人可选择其中之一,但以保险期间届满时被保险人年龄不超过80周岁为限。

4) 保险金额和保险费

本合同最低保险金额为1万元人民币。

投保人在缴纳保险费时可选择趸缴(一次性交清)或年缴的方式;年缴方式的缴费期间分别为5年、10年、15年、20年或30年,投保人可选择其中之一;但以缴费期满时被保险人年龄不超过70周岁为限。

2. 投保案例

小王,30岁,结婚时贷款39万元买房,贷款需20年还清,约2 500元的房贷是家中每月的主要支出。为了在遭遇不幸时避免债务危机的发生,他为自己投保了50万元的"新华人寿定期寿险(A款)",选择了20年的保险期限,缴费期为20年,每年缴保险费1 250元,平均每天缴3.43元,20年累计缴保险费2.5万元。其保险利益为:身故或全残给付50万元,1年内因疾病身故或全残给付51 250元。

(二) 终身寿险产品示例

产品名称:国寿祥瑞终身保险。

1. 产品条款(节选)

1) 投保范围

凡16至65周岁、身体健康者,均可作为被保险人,由本人或对其具有保险利益的人作为投保人投保。

2) 保险责任

在本合同有效期内被保险人身故,本公司按保险单载明的保险金额给付身故保险金,本合同终止。

3) 保险费

保险费的缴纳方式分为趸缴、年缴和半年缴,分期缴付保险费的缴费期间又分为5年、10年、15年和20年,由投保人在投保时选择。

4) 减额缴清保险的选择

在本合同具有现金价值的情况下,投保人可以按本合同当时的现金价值在扣除欠缴的保险费及利息、借款及利息后的余额,作为一次缴清的全部保险费,以相同的合同条件减少保险金额,本合同继续有效。此项选择不适用于次标准体的保险合同。

5) 保险金额增加权益

如果被保险人属于标准体投保,则在本合同有效期内,投保人可于本合同每届满5周年时,申请增加本合同的保险金额而无须核保,所增加的保险金额每次不得超过签单时本合同保险金额的20%,但被保险人年满45周岁的生效对应日以后不再享有此项权益。新增加部分的保险金额,其保险费按增加当时被保险人的年龄的费率计算。

6) 可转换权益

在本合同有效期间内,投保人可于本合同生效满2年后任一年的生效对应日将本合同转换为本公司当时认可的终身保险、两全保险或年金保险而无须核保,但其保险金额最高不超过本合同的保险金额,且被保险人年满45周岁的生效对应日以后不再享有此项权益。转换后的新合同将于转换日开始生效,本公司将按本合同原核保等级、转换之日被保险人的年龄及新合同的费率计算保险费。

2. 投保案例

小李,30岁,投保"国寿祥瑞终身寿险",保险金额为10万元,缴费期为20年,年缴保险费为2 800元,总保险费为56 000元,保障期为终身。若被保险人不幸身故,保险公司给付保险金10万元。

(三) 两全保险产品示例

产品名称:国寿鸿丰两全保险(分红型)。

1. 产品条款(节选)

1) 投保范围

凡年龄为出生30日以上、60周岁以下,身体健康者,均可作为被保险人,由本人或对其具有保险利益的人作为投保人向中国人寿保险股份有限公司(以下简称本公司)投保本保险。

2) 保险责任开始

本合同自本公司同意承保、收取首期保险费并签发保险单的次日开始生效。除另有约定外,本合同生效的日期为本公司开始承担保险责任的日期。

3) 保险期间

保险期间分5年和10年两种,投保人可选择其中一种作为本合同的保险期间,但保险期间届满时被保险人的年龄不得超过65周岁。

4) 保险责任

在本合同有效期间内,本公司负以下保险责任。

(1) 被保险人生存至保险期间届满的年生效对应日,本公司按基本保险金额给付满期保险金,本合同终止。

(2) 被保险人于本合同生效之日起1年内因疾病身故,本公司按所交保险费(不计利息)给付身故保险金,本合同终止;被保险人于本合同生效之日起1年后因疾病身故,本公司按基本保险金额给付身故保险金,本合同终止。

(3) 被保险人因意外伤害身故,本公司按基本保险金额的3倍给付身故保险金,本合同终止。

2. 投保案例

夏先生，30岁，为自己购买了10份5年期"国寿鸿丰两全保险（分红型）"，并一次付清了10 000元的保险费，夏先生可获得以下保险利益和保险保障。

（1）满期保险金：5年后，夏先生可以获得10 630元满期保险金。

（2）红利：假定中等红利水平，5年累积红利为547元。

（3）双重生命保障：3倍意外身故保障或1倍疾病身故保障。如果夏先生不幸因意外伤害身故，保险公司将向受益人支付31 890元保险金；如果夏先生在购买保险单1年后不幸因病身故，保险公司将向其受益人支付10 630元保险金；如果夏先生在购买保险单1年内不幸因病身故，保险公司将向受益人退还10 000元保险费。

（四）年金保险产品示例

产品名称：国寿鸿寿年金保险（分红型）。

1. 产品条款（节选）

1）投保范围

凡年满16周岁以上、60周岁以下的公民均可作为被保险人，由本人或对其具有保险利益的人作为投保人向中国人寿保险公司（以下简称本公司）投保本保险。

2）保险费

保险费的缴付方式分为趸缴、年缴和月缴三种，分期缴付保险费的交费期间分为10年和20年两种，由投保人在投保时选择。

3）保险责任

在本合同有效期间内，本公司负以下保险责任。

（1）自本合同约定的年金开始领取日起至被保险人年满79周岁的年生效对应日止，每年在本合同的年生效对应日，若被保险人生存，本公司按保险单载明的保险金额的5%给付年金。

（2）被保险人身故，本公司按保险单载明的保险金额的2倍给付身故保险金，本合同终止。

（3）被保险人生存至年满80周岁的年生效对应日，本公司按保险单载明的保险金额的2倍给付满期保险金，本合同终止。

2. 投保案例

张先生，30岁时投保"国寿鸿寿年金保险（分红型）"，选择10年期缴费，年缴保险费为13 100元，保额为10万元，60岁开始领取。张先生可获得以下保险利益和保险保障。

（1）养老年金：自60周岁起至被保险人年满79周岁的年生效对应日止，每年在合同的年生效对应日，若被保险人生存，每年给付5 000元养老年金。

（2）身故保险金：被保险人身故，本公司给付身故保险金20万元，合同终止。

（3）满期保险金：被保险人生存至年满80周岁的年生效对应日，本公司给付满期保险金20万元，合同终止。

上述利益是基于公司的假设,实际红利金额是不确定的,要根据分红保险的实际经营情况确定。

**(五) 分红寿险产品示例**

产品名称:国寿瑞鑫两全保险(分红型)。

1. 产品条款(节选)

1) 投保范围

凡年龄为出生 30 日以上、50 周岁以下,身体健康者,均可作为被保险人,由本人或对其具有保险利益的人作为投保人向本公司投保本保险。

2) 保险期间

本合同的保险期间为本合同生效之日起至被保险人年满 80 周岁的年生效对应日止。

3) 基本保险金额

本合同的基本保险金额是指保险合同上载明的保险金额,若本合同附加的《国寿附加瑞鑫提前给付重大疾病保险合同》发生保险事故,则本合同的基本保险金额减少为零。

4) 保险责任

在本合同有效期间内,本公司承担以下保险责任。

(1) 生存保险金:自本合同生效之日起,被保险人生存至每满 3 个保险单年度的年生效对应日,本公司按基本保险金额的 8% 给付生存保险金。

(2) 身故保险金:被保险人于本合同生效之日起 1 年内因疾病身故,本公司按所缴年保险费(不计利息)给付身故保险金,本合同终止;被保险人因意外伤害身故或于本合同生效之日起 1 年后因疾病身故,本公司按基本保险金额的 300% 给付身故保险金,本合同终止。

(3) 满期保险金:被保险人生存至保险期间届满的年生效对应日,本公司按基本保险金额的 300% 给付满期保险金,本合同终止。

2. 投保案例

金先生,30 岁,企业中级管理人员,有社保,考虑增加自己的健康保障和未来养老费用的储备,拓宽低风险投资渠道。参加"国寿瑞鑫两全保险(分红型)",选择 10 年期缴费,每年缴纳保险费 24 880 元,基本保额为 10 万元。保险期间为合同生效之日起至被保险人年满 80 周岁的年效对应日止。金先生可获得以下保险利益和保险保障。

(1) 生存保险金:自合同生效之日起,被保险人生存至每满 3 个保险单年度的年生效对应日,本公司给付生存保险金 8 000 元。

(2) 身故保险金:被保险人于合同生效之日起 1 年内因疾病身故,本公司按所缴年保险费(不计利息)给付身故保险金,本合同终止;被保险人因意外伤害身故或于本合同生效之日起 1 年后因疾病身故,本公司给付身故保险金 30 万元,合同终止。

(3) 满期保险金:被保险人生存至保险期间届满的年生效对应日,本公司给付满期保险金 30 万元,合同终止。

(4) 重大疾病保险金:在保险期间内,被保险人于合同生效(或最后复效)之日起 1 年后,初次发生并经专科医生明确诊断患本附加合同所指的重大疾病(无论一种或多种),本公司给付重大疾病保险金 30 万元,合同终止。若因意外伤害导致上述情形,不受 1 年的限制。

### (六)变额寿险产品示例

产品名称:平安聚富年年投资连结保险。

#### 1. 产品条款(节选)

1) 投保范围

凡年龄为 18 周岁以上、60 周岁以下,身体健康者,均可作为被保险人,由本人或对其具有保险利益的人作为投保人向本公司投保本保险。

2) 保险期间

本合同的保险期间为终身。

3) 保险金额

本主险合同的基本保险金额由您在投保时与我们约定并在保险单上载明,投保时的基本保险金额须符合我们当时的投保规定。若该金额发生变更,则以变更后的金额为基本保险金额。本主险合同的保险金额等于本主险合同项下投资单位价值总额和基本保险金额之和。

4) 保险责任

在本合同有效期内,本公司承担以下保险责任。

(1) 若被保险人身故,我们按下列两者之和给付身故保险金,本主险合同终止:①被保险人身故当时的基本保险金额;②收到被保险人死亡证明文件后的下一个资产评估日的本主险合同项下投资单位价值总额。

(2) 若我们收到被保险人死亡证明文件时您支付的保险费均未分配进入投资账户,上述第②项为扣除初始费用后的保险费及其在划入投资账户前产生的利息。利息按中国人民银行公布的同期金融机构人民币活期存款基准利率计算。

#### 2. 投保案例

李先生,30 周岁,男性,为本人投保"平安聚富年年投资连结保险",期缴保险费 12 000 元,缴纳 15 年,年初缴费;投保时,主险基本保险金额为 20 万元,重疾基本保险金额为 20 万元。到李先生 60 周岁的保险单周年日,调整主险和附加险的基本保险金额为 1 万元。李先生在 61~80 周岁的每个保险单周年日可领取 12 000 元作为养老金。

李先生可获得的中等投资收益为:60 周岁的保险单周年日,李先生的投资单位价值总额(即现金价值)约为 40 万元,61~80 周岁的保险单周年日领取 12 000 元作为补充养老金,到 80 周岁的保险单周年日投资单位价值总额(即现金价值)约为 63 万元。

### (七)万能寿险产品示例

产品名称:平安智胜人生终身寿险(万能型)。

#### 1. 产品条款(节选)

1) 保险期间

本主险合同的保险期间为终身,自本主险合同生效日起至被保险人身故时止。

2) 保险责任

在本合同有效期内,若被保险人身故,我们按身故当时的保险金额给付身故保险金,本主险合同终止。给付的身故保险金已包含身故当时的保险单账户价值。

3) 保险费的支付

本主险合同的保险费分为期缴保险费额追加保险费。期缴保险费是指投保时约定每一保险单年度支付的期缴保险费金额,并在保险单上载明,约定的金额须符合当时投保的规定。在本主险合同有效期内,可以在保险费约定支付日支付期缴保险费。追加保险费是指在满足下列条件下,可以随时支付的追加保险费:①每一保险单年度支付的期交保险费不低于6 000元;②各期应付期交保险费均已支付或累计交满前10年应付期缴保险费;③每次支付的追加保险费不低于1 000元,并且为100元的整数倍。本公司有权改变支付追加保险费的条件。

4) 持续缴费特别奖励

如果本主险合同生效日起4年内的每一期应付期缴保险费,均在其保险费约定支付日或其后的60日内支付,在累计缴满前5年、前10年、前20年应付期缴保险费时,本公司将发放持续缴费特别奖励并计入保险单账户。累计缴满前5年应付期缴保险费时,持续缴费特别奖励等于累计已付前5年期缴保险费的1%;累计缴满前10年应付期缴保险费时,持续缴费特别奖励等于累计已付前10年期缴保险费的1%;累计缴满前20年应付期缴保险费时,持续缴费特别奖励等于累计已付前20年期缴保险费的1.5%。追加保险费不享有持续缴费特别奖励。

5) 初始费用的收取

投保人每次支付保险费后,保险人收取保险费的一定比例作为初始费用,扣除初始费用后的保险费计入保险单账户。期缴保险费的初始费用占期缴保险费的比例见表2-1。

表2-1 期缴保险费的初始费用收取比例

| 每期期缴保险费 | 归属的保险单年度 | | | | |
| --- | --- | --- | --- | --- | --- |
| | 第1保险单年度 | 第2保险单年度 | 第3保险单年度 | 第4至第5保险单年度 | 第6及以后各保险单年度 |
| 0~6 000元的部分(年缴方式);<br>0~3 000元的部分(半年缴方式);<br>0~1 500元的部分(季缴方式);<br>0~500元的部分(月缴方式) | 50% | 25% | 15% | 10% | 5% |
| 超出6 000元的部分(年缴方式);<br>超出3 000元的部分(半年缴方式);<br>超出1 500元的部分(季缴方式);<br>超出500元的部分(月缴方式) | 5% | 5% | 5% | 5% | 5% |

追加保险费的初始费用占追加保险费的比例不超过5%,具体比例以本公司当时的规

定为准。

6) 保险金额

(1) 基本保险金额:本主险合同的基本保险金额由投保人在投保时与本公司约定并在保险单上载明,投保时的基本保险金额须符合本公司当时的投保规定。若该金额发生变更,则以变更后的金额为基本保险金额。

(2) 保险金额:本主险合同的保险金额等于保险单账户价值的105%和基本保险金额两者的较大者。

2. 投保案例

李先生,30岁,投保"平安人寿智胜人生终身寿险(万能型)"。期缴保险费6 000元,连续缴费20年,累计缴费12万元。投保时主险基本保险金额为20万元,附加重疾基本保险金额为15万元。李先生60周岁时,主险基本保险金额降低为10万元,附加重疾基本保险金额降低为5万元。假定结算利率处于中等水平(4.5%/年),则到60周岁的保险单周年日,李先生的身故和重疾保险金约为26万元;到80周岁的保险单周年日其身故和重疾保险金约为55万元。

该案例是基于公司的精算及其他假设,不代表公司的历史经营业绩,也不代表对公司未来经营业绩的预期,最低保证利率之上的投资收益是不确定的,实际保险单账户利益可能低于中、高档利益演示水平;

本产品为万能寿险,结算利率超过最低保证利率的部分是不确定的。

## 二、人身意外伤害保险产品示例

产品名称:"畅行天下"交通工具乘客意外伤害保险。

1. 产品条款(节选)

1) 投保范围

凡年满3周岁以上、70周岁以下,身体健康的交通工具乘客,都可作为本合同的被保险人。

2) 保险责任

在保险期间内,被保险人踏入乘坐的交通工具入口,在交通工具内因交通事故导致身故或残疾的,保险人依照下列约定给付保险金。

(1) 被保险人自交通事故发生之日起180日内因同一原因身故的,保险人按本保险合同上所载的相应交通工具所对应的保险金额给付意外身故保险金,对该被保险人的保险责任终止。

(2) 被保险人因遭受交通事故,并自事故发生之日起180日内因同一原因造成残疾,保险人按给付比例乘以相应交通工具所对应的保险金额给付残疾保险金,如治疗仍未结束,按第180日的身体情况进行残疾鉴定,并据此给付残疾保险金。

(3) 保险人对被保险人乘坐同一类别交通工具给付上述各保险金的责任,以该类别交通工具所对应的保险金额为限。一次或累计给付的保险金达到该类交通工具的保险金额时,保险人对被保险人乘坐该类别交通工具的保险责任终止。

3) 保险金额

本合同的保险金额是保险人承担给付保险金责任的最高限额。保险金额按份计算,每份保险的累计保险金额为人民币110万元,其中各类交通工具所对应的保险金额如下:飞机为人民币50万元;火车(含地铁、轻轨)为人民币30万元;船舶(指客船、渡船、游船)为人民币20万元;汽车(含电车、有轨电车)为人民币10万元。保险金额由投保人和保险人约定,但同一被保险人最多只可投保4份本保险。

4) 保险费

由投保人在订立保险合同时一次缴清,每份保险费为人民币120元。

5) 保险期间

本合同的保险期间为1年,以保险单载明的起讫时间为准。

2. 投保案例

王先生投保"'畅行天下'交通工具乘客意外伤害保险"1份,一次缴清保险费120元,保险期间为1年。在保险期间内,王先生在开车下班途中与一辆货车相撞,不幸身故,保险公司根据保险合同的规定向受益人支付保险金10万元。

### 三、健康保险产品示例

#### (一) 重大疾病保险产品示例

产品名称:国寿康恒重大疾病保险。

1. 产品条款(节选)

1) 投保范围

凡年龄为出生30日以上、60周岁以下,身体健康者,均可作为被保险人。

2) 保险期间

本合同的保险期间为合同生效之日起至合同终止日止。

3) 保险费

缴费期间,保险费的缴付方式分为趸缴(一次缴清)、年缴和月缴三种。分期缴付保险费的缴费期间分为5年、10年、20年和30年四种,由投保人在投保时选择。

4) 产品特色

(1) 全面保障:29种重大疾病保障,更多健康呵护。

(2) 高额理赔:被保险人身故,受益人将获得高额保险金。

(3) 终身受益:一生保障、后顾无忧。

2. 投保案例

王先生,30周岁,投保10万元保险金额的"国寿康恒重大疾病保险",选择10年期缴费,年缴保险费6 500元。王先生可获得以下保险利益保险保障。

(1) 重大疾病保险金:被保险人于合同生效(或最后复效)之日起1年内,初次发生并经专科医生明确诊断患合同所指的重大疾病(无论一种或多种),本公司按所缴保险费(不计利息)给付重大疾病保险金,合同终止;被保险人于合同生效(或最后复效)之日起1年内,初次发生并经专科医生明确诊断患合同所指的重大疾病(无论一种或多种),本公司给付重大疾病保险金10万元,合同终止。

(2) 身故保险金:被保险人于合同生效(或最后复效)之日起1年内因疾病身故,本公司按所交保险费(不计利息)给付身故保险金,合同终止;被保险人因意外伤害身故或于合同生效(或最后复效)之日起1年后因疾病身故,本公司给付身故保险金10万元,合同终止。

### (二) 医疗保险产品示例

产品名称:阳光爱健康百万医疗保险。

#### 1. 产品条款(节选)

1) 投保范围

初次投保或非连续投保的被保险人,其年龄为出生28天(含)至60周岁(含),身体健康且能正常工作、生活,职业类别为1~4类,可连续投保至80周岁。

2) 保险期间

本合同的保险期间为1年,最晚可在保险期间届满后15天内(含第15天)向保险人申请连续投保。

3) 等待期

等待期为30天,扁桃体、甲状腺、疝气、女性生殖系统疾病的检查与治疗等待期为120天。意外医疗及连续投保无等待期。

4) 保险责任

在本合同有效期内,本公司承担以下保险责任。

(1) 一般医疗保险金:在保险期间内,被保险人因遭受意外伤害事故或在等待期后因患疾病需在医院接受治疗的,保险人对住院医疗费用和特殊门诊医疗费用,按照本合同的约定承担给付一般医疗保险金的责任。

(2) 恶性肿瘤医疗保险金:在保险期间内,被保险人在等待期后经医院初次确诊罹患恶性肿瘤,并在医院接受治疗的,保险人首先按照条款约定给付一般医疗保险金,当保险人累计给付金额达到一般医疗保险金的保险金额后,保险人再对恶性肿瘤住院医疗费用、恶性肿瘤特殊门诊医疗费用这两类费用中未能以一般医疗保险金受偿的部分,按照本合同的约定承担给付恶性肿瘤医疗保险金的责任。

(3) 恶性肿瘤住院津贴保险金:在保险期间内,被保险人在等待期后经医院初次确诊罹患恶性肿瘤,并在医院接受治疗,根据被保险人的每次合理住院天数,保险人按如下规则计算并给付恶性肿瘤住院津贴保险金。

$$\text{恶性肿瘤住院津贴保险金} = \left(\text{恶性肿瘤住院合理住院天数} - \text{恶性肿瘤住院免赔住院天数}\right) \times \text{恶性肿瘤住院日给付金额}$$

#### 2. 投保案例

45岁的王某花728元为自己购买了"阳光爱健康百万医疗保险",保险单年度内一般医疗保险金额为 300 万元、恶性肿瘤医疗保险金额为 300 万元,还有 3.6 万元的恶性肿瘤住院津贴保险金。3 个月后,王某觉得浑身乏力、酸痛,并伴有心悸,到当地医院检查后,被确诊为急性淋巴细胞白血病。保险单年度内王某先后住院 6 次,共支出保障范围内的医疗费用 62.39 万元,其中,社保报销 21.89 万元,扣除免赔额 1 万元,保险公司支付住院医疗费用 39.5 万元;同时,保险公司还支付恶性肿瘤住院津贴:200 元/天×152 天=30 400(元),王某共获赔款为 42.54 万元。

### (三) 长期护理保险产品示例

产品名称:全无忧长期护理个人健康保险。

1. 产品条款(节选)

1) 投保范围

被保险人年龄为 18 岁至 59 周岁。

2) 保险责任

在本合同有效期内,本公司承担以下保险责任。

(1) 长期护理保险金:自保险合同生效之日起(保险合同复效的则自最后一次复效之日起)因意外伤害原因,或自保险合同生效之日起(保险合同复效的则自最后一次复效之日起)180 天后因意外伤害之外的其他原因,被保险人在 60 周岁之前丧失日常生活能力且持续至观察期结束,在观察期结束的次日及之后每届满 1 年时,本公司按保险金额的 8% 给付长期护理保险金;如被保险人恢复日常生活能力的,本公司将停止长期护理保险金的给付。

(2) 老年护理保险金:如被保险人年满 60 周岁且当时未满足领取长期护理保险金的条件,在被保险人 60 周岁之后的每个保险单周年日,本公司按保险金额的 8% 给付老年护理保险金;如被保险人在 60 周岁之后恢复日常生活能力的,本公司将在停止长期护理保险金给付之后的每个保险单周年日,按保险金额的 8% 给付老年护理保险金;长期护理保险金和老年护理保险金的累计给付总额以保险金额的 2 倍为限。

(3) 癌症保险金:自保险合同生效之日起(保险合同复效的则自最后一次复效之日起)180 天后,被保险人初次发生本合同约定的癌症,本公司按保险金额的 2 倍给付癌症保险金,但应扣除已给付的长期护理保险金和老年护理保险金,同时本合同效力终止。

(4) 老年疾病保险金:自保险合同生效之日起(保险合同复效的则自最后一次复效之日起)180 天后,被保险人初次发生本合同约定的五项老年疾病之一的,本公司按保险金额的 2 倍给付老年疾病保险金,但应扣除已给付的长期护理保险金和老年护理保险金,同时本合同终止。

(5) 身故保险金:自保险合同生效之日起(保险合同复效的则自最后一次复效之日起)因意外伤害原因,或自保险合同生效之日起(保险合同复效的则自最后一次复效之日起)180 天后因意外伤害之外的其他原因,被保险人身故,本公司按保险金额的 2 倍给付身故保险金,但应扣除已给付的长期护理保险金和老年护理保险金,同时本合同效力终止;自保险合同生效之日起(保险合同复效的则自最后一次复效之日起)180 天内,被保险人初次发生本合同约定的癌症、老年疾病,或者被保险人因意外伤害之外的其他原因丧失日常生活能力或身故的,本公司不承担给付保险金的责任,但无息返还已缴纳的保险费,本合同终止。

2. 投保案例

张先生,男,35 周岁,投保"全无忧长期护理个人健康保险",保额 10 万元,20 年期缴费,年缴保险费 8 800 元(折合每月仅 733 元)。41 周岁时,张先生不幸因意外事故造成瘫痪,不能自行洗澡、步行、如厕,同年开始领取每年 8 000 元的长期护理保险金,并被豁免以后各期保险费;张先生 55 周岁时,因中风身故,其受益人领取身故保险金。

该案例中,张先生共支出保险费为:8 800×6=52 800(元);共得到长期护理保险金为:8 000×14=112 000(元),身故保险金为 88 000 元。

### (四)失能收入损失保险产品示例

产品名称:生命健宁天使失能收入损失保险。

1. 产品条款(节选)

1)投保范围

被保险人年龄为 18 岁至 50 周岁。

2)保险责任

(1)重度失能保险金。若被保险人于本合同生效日起 1 年内或效力恢复之日起 1 年内患疾病,由司法鉴定机构或其他有资质的医疗鉴定机构确诊发生本合同所定义的重度失能,本公司将无息退还投保人已交保险费,本合同终止;若被保险人于本合同生效日起 1 年后或效力恢复之日起 1 年后患疾病,且在该疾病被确诊之日起 180 日后由司法鉴定机构或其他有资质的医疗鉴定机构确诊发生本合同所定义的重度失能,本公司自被保险人被确诊发生重度失能之日起每月按基本保险金额的 1% 给付重度失能保险金,直至被保险人重度失能状态消失;若被保险人遭受意外伤害事故,且在该意外发生之日起 180 日后由司法鉴定机构或其他有资质的医疗鉴定机构确诊发生本合同所定义的重度失能,本公司自被保险人被确诊发生重度失能之日起每月按基本保险金额的 1% 给付重度失能保险金,直至被保险人重度失能状态消失。

(2)一般失能保险金。若被保险人于本合同生效日起 1 年内或效力恢复之日起 1 年内患疾病,由司法鉴定机构或其他有资质的医疗鉴定机构确诊发生本合同所定义的一般失能,本公司将无息退还投保人已缴保险费,本合同终止;若被保险人于本合同生效日起 1 年后或效力恢复之日起 1 年后患疾病,且在该疾病被确诊之日起 180 日后由司法鉴定机构或其他有资质的医疗鉴定机构确诊发生本合同所定义的一般失能,本公司将按一般失能程度等级对应的给付比例与本合同基本保险金额的乘积给付一般失能保险金,本合同继续有效;若被保险人遭受意外伤害事故,且在该意外发生之日起 180 日后由司法鉴定机构或其他有资质的医疗鉴定机构确诊发生本合同所定义的一般失能,本公司将按一般失能程度等级对应的给付比例与本合同基本保险金额的乘积给付一般失能保险金,本合同继续有效。

(3)全残保险金。若被保险人于本合同生效日起 1 年内或效力恢复之日起 1 年内患疾病,并且自患疾病之日起 180 日内(含第 180 日)因该疾病被鉴定为本合同所定义的全残,本公司将无息退还投保人已缴保险费,本合同终止;若被保险人于本合同生效日起1年后或效力恢复之日起1年后患疾病,并且自患疾病之日起180日内(含第180日)因该疾病被鉴定为本合同所定义的全残,本公司将按本合同基本保险金额在扣除已经给付的重度失能保险金及一般失能保险金后给付全残保险金,本合同终止;若被保险人遭受意外伤害事故,并且自遭受意外伤害事故之日起180日内(含第180日)因该意外伤害事故被鉴定为本合同所定义的全残,本公司将按本合同基本保险金额在扣除已经给付的重度失能保险金及一般失能保险金后给付全残保险金,本合同终止。

(4) 满期保险金。若被保险人在本合同保险单上所载明的合同期满日的24时仍生存,本公司将按本合同的已缴保险费总和(仅指以标准体费率计算的保险费部分,且不包括已豁免部分的保险费)给付满期保险金,本合同终止。

(5) 公共交通意外额外保险金。若被保险人以乘客身份乘坐商业运营的公共交通工具遭受意外伤害事故,且在该意外发生之日起180日后由司法鉴定机构或其他有资质的医疗鉴定机构确诊发生本合同所定义的一般失能,本公司将在给付本条第二项所述一般失能保险金后,再给付等值于一般失能保险金的公共交通意外额外保险金,本合同继续有效。

(6) 豁免保险费。若被保险人符合本条第一项所述重度失能保险金给付条件,本公司将豁免自被保险人被确诊重度失能之日起至重度失能状态消失期间应缴的续期保险费,本合同继续有效。

2. 投保案例

金先生,30周岁,企业白领,这两年刚刚通过贷款购置了房产,结婚且喜得贵子;目前,房屋按揭20年,月供3 000元,还需还银行贷款48万,为自己投保"生命健宁天使失能收入损失保险",该保险具体内容见表2-2。

表2-2 险种基本内容

| 险种 | 保险金额 | 年缴保险费 | 保障期 | 缴费期 |
| --- | --- | --- | --- | --- |
| 生命健宁天使失能收入损失保险 | 50万元 | 3 650元 | 30年 | 20年 |
| 总计 | 每天10元购买50万元的高额保障 | | | |
| 保险责任 | 最高给付 | 备注 | | |
| 重度失能保险金 | 177万元 | 每月5 000元 | | |
| 一般失能保险金 | 32.5万元 | | | |
| 公共交通意外额外保险金 | 65万元 | 一般失能的2倍 | | |
| 全残保险金 | 50万元 | | | |
| 满期保险金 | 7.3万元 | 满期退还所缴保险费 | | |

## 第五节 人身保险产品实训

### 一、人寿保险产品实训

**任务1** 结合以下案例分组讨论定期寿险和终身寿险的区别。

方先生,34岁,某私营企业老总,年收入50万元左右,房产两套,其中一套有50万元贷款,分20年还清。其家庭成员有妻子和儿子,妻子为家庭主妇,没有工作;儿子今年4岁,正在幼儿园上中班。方先生之前没有买过任何商业人身保险。请为方先生选择两款保险产品,其中一款为定期寿险产品,另一款为终身寿险产品,分析两款产品的主要特点并进行简单对比。

**任务2** 以小组为单位,分析中国人寿保险公司的一款投资连结保险产品与一款万能寿险产品,比较两个险种在保险费收取、初始费用、投资风险、保险责任等方面的差异。

### 二、人身意外伤害保险产品实训

**任务1** 以小组为单位,分析保险公司的一款普通人身意外伤害保险、一款旅游意外伤害保险和一款旅行社责任保险,试比较三个产品的主要区别,并回答以下问题:①投保了人身意外伤害保险后是不是不需要投保旅游意外伤害保险了?②旅行社已经购买了责任保险是否意味着个人就不再需要购买旅游意外伤害保险了?

**任务2** 以小组为单位,分析保险公司的一款航空意外险保险产品和一款航空延误保险产品,试比较两款保险产品的保险责任的异同。

### 三、健康保险产品实训

**任务1** 以小组为单位,选择保险市场中有代表性的2~4款终身型重大疾病保险产品,对比分析其优缺点,并回答下列问题:①病种多的险种就一定好吗?病种少是不是就意味着保障不全面?②投保重大疾病保险,选择单次给付还是多次给付好?

**任务2** 以小组为单位,查找2013—2018年国内人均医疗费用基本数据,对应社会医疗保险的基本内容,用数据说明购买商业健康保险的必要性。

**任务3** 以小组为单位,选择保险市场中有代表性的2~4款消费型百万医疗保险产品进行对比,并讨论有了重大疾病保险是否还需要再购买其他商业医疗保险。

**任务4** 以小组为单位,了解税优型商业健康保险政策,选择一款税优型商业健康保险产品,分析其保障范围及其与传统医疗报销险种的主要区别。

### 本章小结

(1)人身保险产品是以人的生命或身体作为保险标的,以人的生(生育)、老(衰老)、病

(疾病)、残(残疾)、亡(死亡)等为保险事故的一种保险产品。人身保险产品的构成要素一般包括保险责任和除外责任、保险费率、保险费缴付方式、保险期限、保险赔款或保险金给付方式等。

(2) 人身保险产品包括人寿保险产品、人身意外伤害保险产品和健康保险产品。人寿保险产品可以分为保障型人寿保险产品、储蓄型人寿保险产品和投资理财型人寿保险产品。健康保险产品包括重大疾病保险产品、医疗保险产品、长期护理保险产品和失能收入损失保险产品。

(3) 购买人身保险产品时,要先了解自己的实际需求和缴纳保险费的能力,然后通过了解各个产品的主要特点和保障责任进行有针对性地选择。

(4) 为了更好地了解不同人身保险产品的特征,本章有代表性地选择了市场上各人身保险产品的实例,介绍了各人身保险产品的主要保险责任和投保案例。

## 关键概念索引

人身保险　人寿保险　人身意外伤害保险　健康保险　定期寿险　终身寿险　两全保险　重大疾病保险　长期护理保险　失能收入损失保险　保险责任

## 复习思考题

1. 简述人身保险产品的含义。
2. 简述人身保险产品的构成要素和作用。
3. 简述定期寿险产品、终身寿险产品和两全保险产品的特点及购买要点。
4. 简述人身意外伤害保险产品的特点及购买要点。
5. 简述重大疾病保险产品、医疗保险产品、长期护理保险产品和失能收入损失保险产品的特点及购买要点。
6. 了解各个有代表性的人身保险产品的保险责任。

# 第三章 人身保险合同及实训

**本章要点**

- 人身保险合同的形式
- 人身保险合同的主体
- 人身保险合同的客体
- 人身保险合同条款
- 人身保险合同实训

> 人身保险合同是保险关系确立的正式证明文件,也是保险双方当事人协议内容的依据,每份保险业务的交易都涉及保险合同,保险纠纷也大多围绕保险合同展开。因此,认识人身保险合同的形式、主体、客体以及条款非常重要。

## 第一节 人身保险合同的形式

人身保险合同成立后,保险人需及时签发保险单,以证明合同关系的存在并记载双方权利和义务的内容。在实践中,人身保险合同并不仅仅体现为保险单,一般而言,人身保险合同的书面形式主要有投保单、保险单、保险凭证、暂保单和批单等多种形式。

### 一、投保单

投保单也称要保书,是投保人向保险人提出保险要约的书面形式。投保人须在投保单中列明订立保险合同所需要的项目,如被保险人姓名、地址、投保险别、保险金额、保险期限、保险费率等,供保险人据以考虑是否接受承保。投保单本身并非正式合同的文本,但一经保险人接受后,即成为保险合同的组成部分。

### 二、保险单

保险单简称保单,俗称大保单,是保险合同的证明,是由保险人签发后交给被保险人收执的一种书面凭证。保险单将保险合同的全部内容详尽列明,包括当事人的权利、义务,以及保险人承担的风险责任等。保险单也是保险人向被保险人赔偿或给付的依据。

## 三、保险凭证

保险凭证俗称小保单,是保险人签发给被保险人的承保凭证,是保险单的一种简化形式,与保险单具有同等的法律效力。保险凭证中只记载投保人和保险人约定的主要保险内容,如保险金额、保险有效期、保险费等。凡是保险凭证中没有列明的事项,均以同类保险单上所载内容为准。常见的保险凭证主要有人身意外伤害保险凭证和团体人身保险凭证。

## 四、暂保单

暂保单又称临时保险单或临时保险书,它是保险人或其代理人在正式保险单签发之前出具给投保人的临时保险凭证。它表明保险人或其代理人已经接受了保险,等待出立正式保险单。暂保单的内容比较简单,只载明被保险人的姓名、承保危险的种类、保险标的等重要事项,凡未列明的事项均以正式保险单的内容为准。暂保单具有和正式保险单同等的法律效力,但暂保单的有效期一般不超过 30 天。当正式保险单出立后,暂保单就自动失效。如果保险人最后考虑不出立保险单,也可以终止暂保单的效力,但必须提前通知投保人。

## 五、批单

批单是保险合同双方对保险合同进行修改、补充或增删内容的证明文件,是由保险人出立的一种凭证。批单可以在原保险单或保险凭证上批注,也可以另外出立一张批单变更保险合同的内容。批单一经签发,自动成为保险合同的组成部分并加贴在原保险单证中。批单的法律效力优于保险单,当批单内容与保险单不一致时,保险人应以批单所规定的内容为准,如多次批改,应以最后批改为准。

## 第二节 人身保险合同的主体

保险合同的主体是指参加保险这一民事法律关系并享有权利和承担义务的人,包括当事人、关系人和中介人。下面只介绍人身保险合同的当事人和关系人。

### 一、人身保险合同的当事人

#### (一)保险人

保险人也称承保人,是指依法成立的,与投保人签订保险合同,经营保险业务、收取保险费并建立保险基金,在保险事故发生时负责履行损害赔偿或给付保险金义务的人。保险人一般为法人,在世界上,只有少数国家和地区允许以个人身份经营保险业务,如英国劳合社的自然人承保人等。《中华人民共和国保险法》(以下简称《保险法》)将保险人定义为:"保险人是指与投保人订立保险合同,并按照合同约定承担赔偿或者给付保险金责任的保险公司。"另外,根据《保险法》第六条和第一百八十一条的有关规定,除依法设立的保险公司外,法律、行政法规规定的其他保险组织经营的保险业务,同样适用《保险法》。因此,广义的保险人还包括依法设立的其他保险组织,如相互保险组织。保险人经营保险业务,必须事先取得政府有关部门的批准,并严格限定在核准的业务范围内经营,如果超出经营范围,则其进行的保险活动无效。

按照《保险法》的规定,保险人在保险合同中的法律义务主要包括订约说明义务、风险承担和保险给付义务、及时签发保险单证义务和客户信息保密义务。

### (二) 投保人

投保人也称要保人,是指与保险人签订保险合同,并按照保险合同负有支付保险费义务的人。投保人可以是自然人,也可以是法人或非法人组织,但投保人必须要有民事权利能力和民事行为能力,同时,投保人也必须对保险标的具有保险利益。无完全民事权利能力和完全民事行为能力的组织不能成为保险合同的投保人,无完全民事行为能力的自然人也不能成为保险合同的投保人。因此,无民事权利能力和民事行为能力的主体即使合同订立也是无效的。投保人应承担缴纳保险费的义务,同时还需承担告知义务、出险通知和损失证明等其他重要合同义务,也享有变更、终止保险合同和领取退保金的权利。

## 二、人身保险合同的关系人

保险合同的关系人是指与保险合同有经济利益关系但不一定直接参与保险合同订立的人。保险合同的关系人包括被保险人和受益人。

### (一) 被保险人

被保险人是指受保险合同保障,当保险事故发生后或达到约定的年龄、期限时,有权向保险人请求保险金给付的人。人身保险保障的是人的生、老、病、死、残等,显然,在人身保险合同中,被保险人只能是自然人,且其不受民事行为能力的限制。

人身保险合同涉及被保险人的人身权利、经济利益,甚至有可能影响被保险人的人身安全。为防范道德风险、保护被保险人的权益,在订立人身保险合同时,若投保人和被保险人不是同一人,则保险合同的订立必须经过被保险人的同意。当被保险人为无民事行为能力人或限制行为能力人时,由于他们缺乏足够的辨别能力,其关于是否同意订立合同的意思表示没有法律效力。为了保护无民事行为能力人和限制民事行为能力人的利益,许多国家禁止为无民事行为能力人和限制行为能力人订立以死亡为给付责任的人身保险合同。我国《保险法》第三十三条规定:"投保人不得为无民事行为能力人投保以死亡为给付保险金条件的人身保险,保险人也不得承保。父母为其未成年子女投保的人身保险,不受前款规定限制。但是,因被保险人死亡给付的保险金总和不得超过国务院保险监督管理机构规定的限额。"

在不违背法律的情况下,保险人可以限制不同险种中被保险人的投保条件,如对被保险人的年龄、职业和健康方面进行限制。其目的在于防止逆选择,稳定保险人的经营。

**(二) 受益人**

受益人是指人身保险合同中由被保险人或者投保人指定的享有保险金请求权的人。在保险合同中,受益人享有保险金请求权这一最主要合同权利,而不承担缴付保险费的义务。实际上,除了出险通知义务和索赔时提供单证的损失证明义务,受益人几乎不承担合同的其他义务。受益人可以是一人,也可以是数人,投保人也可以为受益人。按照保险合同的规定,被保险人在保险事故发生时作为享受合同保障的人当然享有保险金请求权,因而受益人一般仅指身故保险金受益人,即只是在被保险人死亡时享有死亡保险金请求权的人。

人身保险合同中的受益人必须由被保险人或投保人指定。由投保人指定受益人的,须经过被保险人同意方才有效。我国法律对受益人资格并无限制,因此,受益人可以是自然人,也可以是法人或其他组织团体,在我国受益人以自然人为主。受益人可以是有完全民事行为能力人,也可以是无民事行为能力人或限制民事行为能力人。在国外,未出生的胎儿也可以被指定为受益人,若出生时为死体,其受益资格自然消失。当受益人犯罪被剥夺政治权利时,其享有保险合同的受益权并不因此而丧失。《保险法》仅对保险单中受益人的指定有一条法律限定,即投保人为与其有劳动关系的劳动者投保人身保险的,不得指定被保险人及其近亲属以外的人为受益人。通常情况下,受益人如果不是投保人,则多为与其有利害关系的自然人。合同指定的受益人为一人的,保险金请求权由该人行使,并获得全部保险金。若受益人是多人的,保险金请求权由多个人共同行使,其受益顺序和受益份额由被保险人或投保人在合同中事先确定;未确定顺序或份额的,受益人按照相等份额享有受益权。

保险合同生效后,被保险人或者投保人可以中途变更受益人或撤销受益人的受益权,但应通知保险人,变更通知自发出时生效。保险人收到变更受益人的通知后,应当在保险单或保险凭证上批注或附贴批单,否则,保险人对原指定受益人给付保险金后不再承担任何责任。投保人变更受益人时须经过被保险人同意。

受益人的受益权以被保险人死亡时尚生存为条件,若受益人先于被保险人死亡,则受益权应回归被保险人,而不能由受益人的继承人继承受益权;但若被保险人先死亡,受益人其后死亡,则受益权由受益人的继承人继承。为了解决因受益人和被保险人同时遇难而没有证据表明谁先死亡的情况下造成的保险金给付难题,国际上有通行的"共同灾难条款",《保险法》第四十二条也做了相应规定。该条款规定,当受益人和被保险人共同遇难无法判断死亡顺序时,推定为受益人先死亡,保险金作为被保险人的遗产支付给其继承人。

受益人的身故保险金请求权直接来自人身保险合同的规定,受益人在被保险人死亡后领取的保险金是根据合同的约定而取得的,不得作为死者遗产,不得纳入遗产分配,也不能用来清偿死者生前的债务,受益人以外的他人无权分享保险金。《保险法》第四十二条规定:"被保险人死亡后,有下列情形之一的,保险金作为被保险人的遗产,由保险人依照《中华人民共和国继承法》的规定履行给付保险金的义务:(一)没有指定受益人,或者受益人指定不明无法确定的;(二)受益人先于被保险人死亡,没有其他受益人的;(三)受益人依法丧失受益权或者放弃受益权,没有其他受益人的。"

**专栏 3-1**

---

### 关于父母为其未成年子女投保以死亡为给付保险金条件人身保险有关问题的通知

保监发〔2015〕90 号

各保险公司:

为保护未成年人的合法权益,根据《中华人民共和国保险法》第三十三条规定,现就规范父母作为投保人为其未成年子女投保以死亡为给付保险金条件人身保险的有关问题通知如下。

一、对于父母为其未成年子女投保的人身保险,在被保险人成年之前,各保险合同约定的被保险人死亡给付的保险金额总和、被保险人死亡时各保险公司实际给付的保险金总和按以下限额执行。

(一)对于被保险人不满 10 周岁的,不得超过人民币 20 万元。

(二)对于被保险人已满 10 周岁但未满 18 周岁的,不得超过人民币 50 万元。

二、对于投保人为其未成年子女投保以死亡为给付保险金条件的每一份保险合同,以下三项可以不计算在前款规定限额之中。

(一)投保人已交保险费或被保险人死亡时合同的现金价值;对于投资连结保险合同、万能保险合同,该项为投保人已交保险费或被保险人死亡时合同的账户价值。

(二)合同约定的航空意外死亡保险金额。此处航空意外死亡保险金额是指航空意外伤害保险合同约定的死亡保险金额,或其他人身保险合同约定的航空意外身故责任对应的死亡保险金额。

(三)合同约定的重大自然灾害意外死亡保险金额。此处重大自然灾害意外死亡保险金额是指重大自然灾害意外伤害保险合同约定的死亡保险金额,或其他人身保险合同约定的重大自然灾害意外身故责任对应的死亡保险金额。

三、保险公司在订立保险合同前,应向投保人说明父母为其未成年子女投保以死亡为给付保险金条件人身保险的有关政策规定,询问并记录其未成年子女在本公司及其他保险公司已经参保的以死亡为给付保险金条件人身保险的有关情况。各保险合同约定的被保险人死亡给付的保险金额总和已经达到限额的,保险公司不得超过限额继续承保;尚未达到限额的,保险公司可以就差额部分进行承保,保险公司应在保险合同中载明差额部分的计算过程。

四、保险公司应在保险合同中明确约定因未成年人死亡给付的保险金额,不得以批单、批注(包括特别约定)等方式改变保险责任或超过本通知规定的限额进行承保。

五、保险公司应积极引导投保人树立正确的保险理念,在注重自身保险保障的基础上,为未成年人购买切合实际的人身保险产品。

六、保险公司应进一步完善未成年人人身保险的有关业务流程,强化投保、核保等环节的风险管控,在防范道德风险的同时,为未成年人提供更加丰富多样的保险保障,保护未成年人合法权益。

七、本通知自 2016 年 1 月 1 日起执行。中国保监会《关于父母为其未成年子女投保以死亡为给付保险金条件人身保险有关问题的通知》(保监发〔2010〕95 号)自本通知执行之日起废止。

中国保监会<br>2015 年 9 月 14 日

(资料来源:中国银行保险监督管理委员会网站)

## 第三节 人身保险合同的客体

保险合同的客体是指保险合同当事人双方权利和义务所共同指向的对象。保险合同的客体既不是保险标的本身,也不是简单的赔偿或给付行为,而是投保人或被保险人对保险标的所具有的合法的经济利害关系,即保险利益,也叫可保利益。

人身保险的保险利益是指投保人对被保险人的生命或身体所具有的经济利害关系,即被保险人的生命或身体遭受伤害或被保险人生存到一定年龄时均会使投保人在经济上的支出增加。在人身保险业务经营中坚持保险利益原则可以在相当程度上排除投保人可能进行的赌博、投机或者谋财害命行为,保护被保险人的人身安全。

### 一、人身保险保险利益的规定

根据《保险法》第三十一条规定,人身保险合同中保险利益的确定采取限制利益关系范围并结合被保险人同意的方式。对于利益关系范围的限制是通过列举式进行规定的。法律承认的对被保险人有保险利益的投保人有以下几类。

(1) 本人。任何人对于自己的身体或寿命都具有保险利益。

(2) 配偶、父母、子女。配偶之间、父母与子女之间拥有法定的相互抚养、赡养或扶养关系,并且有较近的血缘亲属关系,相互之间具有密切的经济利害关系。因此,法律规定他们具有保险利益关系。

(3) 与投保人有抚养、赡养或扶养关系的家庭其他成员、近亲属。除前两项关系以外的家庭成员、近亲属,他们之间血缘关系可能不是很密切,但在社会生活当中相互有抚养、赡养或扶养关系的情况也很常见,相互之间也具有相当的经济利害关系,因此,法律规定投保人对于与自己有抚养、赡养或扶养关系的家庭其他成员、近亲属具有保险利益,无论投保人是提供抚养、赡养或扶养的一方,还是接受抚养、赡养或扶养的一方,他对对方均有保险利益。

（4）与投保人有劳动关系的劳动者。在现代企业中，雇主为了增加团体的员工福利和保障，为雇员办理商业养老保险或医疗保险是普遍常见的，雇主对于与其有劳动关系的劳动者具有法律认可的保险利益。

（5）被保险人同意投保人为其订立人身保险合同的，视为投保人对被保险人具有保险利益。在社会生活当中，除了家庭成员、近亲属之外，人与人之间还存在很密切的朋友关系或一定的经济联系，如合伙人关系、债权债务关系等，法律也允许他们为保障自己的合法利益或保障被保险人的利益而为被保险人投保，但必须是在被保险人同意的前提下，这种投保行为才能有效，才可视同投保人对被保险人具有保险利益。

需要注意的是，在人身保险合同中，具有保险利益只是对投保人最基本的要求，而投保人并不能仅凭具有法律上承认的利益就可以为被保险人投保任何险种。我国法律规定，投保人投保以死亡为保险金给付条件的险种时，必须经被保险人同意并认可保险金额，否则该合同无效。

## 二、人身保险保险利益的时效

人身保险的保险利益必须在合同成立时存在，否则，订立的合同无效。我国《保险法》第十二条明确规定，人身保险的投保人在保险合同订立时，对被保险人应当具有保险利益。

在人身保险中，保险利益也会由于人身关系、婚姻关系的变化而产生变动，但由于人身保险期限长并具有储蓄性，因而强调在订立保险合同时投保人必须具有保险利益，而索赔时不追究其有无保险利益。即使投保人对被保险人因离异、雇佣合同解除或其他原因而丧失保险利益，也不影响保险合同的效力，保险人仍负有给付保险金的责任；否则，投保人会因保险利益的消失而丧失原来可以预期获得的保险金的取得，或不能继续享受人寿保险单所产生的红利及投资收益，使投保人购买保险单享有的权益处于不确定状态中，损害人身保险作为长期财务规划的功能。同时，这也是为了保证人身保险单作为有价证券进行转让、质押所必须具有的稳定性和确定性。

# 第四节 人身保险合同条款

## 一、人身保险合同的常见条款

### （一）犹豫期条款

长期人身保险合同中存在犹豫期条款。犹豫期也叫冷静期，即投保人在收到保险合同后的一定期间。在犹豫期内投保人如不同意保险合同的内容，可无条件撤销已订立的保险合同，保险人则应退还全部已收保险费，除收取一定保险单工本费（10元）以外，不得扣除任何费用。规定犹豫期条款，是由于保险产品条款复杂、涉及知识面较广的特点，同时为了防止保险代理人误导客户购买,达到保护投保人和被保险人合法权益的目的。

### 专栏 3-2

**退保有损失**

2011年10月,陈先生在某保险公司业务员的极力劝说下购买了某款投资理财型人寿保险。业务员介绍说,该保险比存款收益高并能收获一份保障。陈先生听了业务员的介绍,感觉这款保险比存款有优势,于是就购买了该款寿险,并缴纳了1.5万元保险费。投保1个月后,陈先生从朋友处了解到该产品需要自己承担投资风险,于是决定退保,但当初缴纳的1.5万元保险费只退回了10 300余元,损失4 600余元。

(资料来源:百度文库)

#### (二) 不可抗辩条款

不可抗辩条款又称为不可争议条款。它的基本内容是:在被保险人生存期间,从人寿保险合同订立之日起满两年后,除非投保人停缴续期保险费,保险人不得以投保人在投保时误告、漏告或隐瞒事实为理由主张合同无效或拒绝给付保险金。

不可抗辩条款还适用于保险单失效后的重新复效,即复效后的保险单经过两年后,保险人不能以投保人或被保险人违反诚信原则为由解除合同。

《保险法》第十六条关于不可抗辩条款的内容如下:"订立保险合同,保险人就保险标的或者被保险人的有关情况提出询问的,投保人应当如实告知。投保人故意或者因重大过失未履行前款规定的如实告知义务,足以影响保险人决定是否同意承保或者提高保险费率的,保险人有权解除合同。前款规定的合同解除权,自保险人知道有解除事由之日起,超过三十日不行使而消灭。自合同成立之日起超过二年的,保险人不得解除合同;发生保险事故的,保险人应当承担赔偿或者给付保险金的责任。投保人故意不履行如实告知义务的,保险人对于合同解除前发生的保险事故,不承担赔偿或者给付保险金的责任,并不退还保险费。投保人因重大过失未履行如实告知义务,对保险事故的发生有严重影响的,保险人对于合同解除前发生的保险事故,不承担赔偿或者给付保险金的责任,但应当退还保险费。保险人在合同订立时已经知道投保人未如实告知的情况的,保险人不得解除合同;发生保险事故的,保险人应当承担赔偿或给付保险金的责任。保险事故是指保险合同约定的保险责任范围内的事故。"

#### (三) 年龄误告条款

年龄误告条款是处理因被保险人年龄申报错误而订立的人身保险合同条款。

《保险法》第三十二条规定:"投保人申报的被保险人年龄不真实,并且其真实年龄不符合合同约定的年龄限制的,保险人可以解除合同,并按照合同约定退还保险单的现金价值。保险人行使合同解除权,适用本法第十六条第三款、第六款的规定。投保人申报的被保险人年龄不真实,致使投保人支付的保险费少于应付保险费的,保险人有权更正并要求投人补交保险费,或者在给付保险金时按照实付保险费与应付保险费的比例支付。投保人申报的被保险人年龄不真实,致使投保人支付的保险费多于应付保险费的,保险人应当将多收的保险费退还投保人。"

### (四) 宽限期条款

宽限期条款的基本内容如下:对合同约定分期支付保险费的,投保人支付首期保险费后,未按时缴纳续期保险费的,在宽限期内,保险合同仍然有效,如发生保险事故,保险人仍予负责,但要从保险金中扣除所欠的保险费和利息。宽限期一般为30天或60天,自应缴纳保险费之日起计算。

《保险法》第三十六条规定:"合同约定分期支付保险费,投保人支付首期保险费后,除合同另有约定外,投保人自保险人催告之日起超过三十日未支付当期保险费,或者超过约定的期限六十日未支付当期保险费的,合同效力中止,或者由保险人按照合同约定的条件减少保险金额。被保险人在前款规定期限内发生保险事故的,保险人应当按照合同约定给付保险金,但可以扣除欠交的保险费。"

专栏 3-3

#### 失效保险单专项清理

中国保监会2015年11月通报了2014年8月至2015年7月底人身保险失效保险单专项清理工作情况。其间,全行业共排查出人身保险失效保险单1 857.93万件,现金价值350.83亿元,涉及人身保险公司61家,涉及保险消费者1 405.15万人。截至2015年7月底,全行业共清理失效保险单1 857.05万件,涉及现金价值350.70亿元,保险单清理覆盖率达99.95%。

(资料来源:中国银行保险监督管理委员会网站)

### (五) 保险单复效条款

保险单复效条款是指人寿保险合同因投保人不按期缴纳保险费失效后,自失效之日起的一定时期内(一般为2年),投保人可以向保险人申请复效,经保险人审查同意后,投保人补缴失效期间的保险费及利息,保险合同即行恢复效力。

《保险法》第三十七条规定:"合同效力依照本法第三十六条规定中止的,经保险人与投保人协商并达成协议,在投保人补交保险费后,合同效力恢复。但是,自合同效力中止之日起满二年内双方未达成协议,保险人有权解除合同。保险人依照前款规定解除合同的,应当按照合同约定退还保险单的现金价值。"

### (六) 自杀条款

自杀条款的基本内容如下:在保险合同生效后的一定时期内(一般为1年或2年),被保险人因自杀死亡属于除外责任,保险人不给付保险金,仅退还保险单现金价值。在此规定时期之后被保险人因自杀死亡,保险人要承担保险责任,按照约定的保险金额给付保险金。

《保险法》第四十四条规定:"以被保险人死亡为给付保险金条件的合同,自合同成立或者合同效力恢复之日起二年内,被保险人自杀的,保险人不承担给付保险金的责任,但被保险人自杀时为无民事行为能力人的除外。保险人依照前款规定不承担保险金责任的,应当按照合同约定退还保险单的现金价值。"

#### (七) 受益人条款

受益人是人身保险合同所特有的主体,在保险合同中有着独特的法律地位。受益人是指在人身保险合同中被指定的、当保险事故发生时享有保险金请求权的人,受益人应当具备两个要件:第一,受益人应当在保险合同中指定;第二,受益人享有独立的保险金请求权。

《保险法》第三十九条规定:"人身保险的受益人由被保险人或者投保人指定。投保人指定受益人时须经被保险人同意。投保人为与其有劳动关系的劳动者投保人身保险,不得指定被保险人及其近亲属以外的人为受益人。被保险人为无民事行为能力人或者限制民事行为能力人的,可以由其监护人指定受益人。"

《保险法》第四十条规定:"被保险人或者投保人可以指定一人或者数人为受益人。受益人为数人的,被保险人或者投保人可以确定受益顺序和受益份额;未确定受益份额的,受益人按照相等份额享有受益权。"

《保险法》第四十一条规定:"被保险人或者投保人可以变更受益人并书面通知保险人。保险人收到变更受益人的书面通知后,应当在保险单或者其他保险凭证上批注或者附贴批单。投保人变更受益人时须经被保险人同意。"

《保险法》第四十二条规定:"被保险人死亡后,有下列情形之一的,保险金作为被保险人的遗产,由保险人依照《中华人民共和国继承法》的规定履行给付保险金的义务:(一)没有指定受益人,或者受益人指定不明无法确定的;(二)受益人先于被保险人死亡,没有其他受益人的;(三)受益人依法丧失受益权或者放弃受益权,没有其他受益人的。受益人与被保险人在同一事件中死亡,且不能确定死亡先后顺序的,推定受益人死亡在先。"

《保险法》第四十三条第二款规定:"受益人故意造成被保险人死亡、伤残、疾病的,或者故意杀害被保险人未遂的,该受益人丧失受益权。"

#### (八) 不丧失现金价值条款

不丧失现金价值条款的基本内容如下:除定期寿险以外的长期人寿保险,在保险合同生效满两年后,投保人所缴保险费中的储蓄保险费会累积成现金价值,而且随着时间的推移,现金价值将不断递增。这部分现金价值不会因为保险合同效力的终止而丧失。投保人可以按照有利于自己的方式处理这一部分现金价值。因此,不丧失现金价值条款又称为不可没收现金价值条款。

《保险法》关于不丧失现金价值条款的规定有以下几条。

(1)《保险法》第三十七条规定:"合同效力依照本法第三十六条规定中止的,经保险人与投保人协商并达成协议,在投保人补交保险费后,合同效力恢复。但是,自合同效力中止之日起满二年内双方未达成协议,保险人有权解除合同。保险人依照前款规定解除合同的,应当按照合同约定退还保险单的现金价值。"

(2)《保险法》第四十三条规定:"投保人故意造成被保险人死亡、伤残或者疾病的,保险人不承担给付保险金的责任。投保人已交足二年以上保险费的,保险人应当按照合同约定向其他权利人退还保险单的现金价值。"

(3)《保险法》第四十四条规定:"以被保险人死亡为给付保险金条件的合同,自合同成立或者合同效力恢复之日起二年内,被保险人自杀的,保险人不承担给付保险金的责任,但被保险人自杀时为无民事行为能力人的除外。保险人依照前款规定不承担给付保险金责任的,应当按照合同约定退还保险单的现金价值。"

(4)《保险法》第四十五条规定:"因被保险人故意犯罪或者抗拒依法采取的刑事强制措施导致其伤残或者死亡的,保险人不承担给付保险金的责任。投保人已交足二年以上保险费的,保险人应当按照合同约定退还保险单的现金价值。"

(5)《保险法》第四十七条规定:"投保人解除保险合同的,保险人应当自收到解除合同通知之日起三十日内,按照合同约定退还保险单的现金价值。"

### (九)保险单贷款条款

保险单贷款条款的基本内容如下:人寿保险合同生效满一定时期(一般是1年或2年)后,投保人可以以保险单向保险人申请贷款,贷款金额以该保险单现金价值的一定比例(如70%或80%)为限。投保人应按期归还贷款并支付利息。如果在归还本息前发生了保险事故或退保,保险人则从保险金或退保金中扣还贷款利息。当贷款本息达到现金价值的数额时,保险合同效力丧失。保险单贷款实际上是保险人提供给投保人融通资金的机会,借以提高寿险保险单的使用价值,激励投保人投保。对保险人来说,利用保险单贷款,可以有一定的贷款利息收入,同时也维持了保险单的续保率,因此具有储蓄性的人身保险合同大多有贷款条款的规定。

### (十)保险单质押转让条款

人寿保险单的投保人可以将保险单的某些权益转让给银行或其他债权人为贷款或借款提供担保,称为保险单质押转让,这也是寿险保险单发挥有价证券功能的另一方式。经过保险单质押转让,质押权人即债权人享有了保险单的一定权利,如在被保险人死亡时获取已转让权益的、以债权金额为限的那一部分保险金,或行使退保权利,取得退保金或现金价值。需要注意的是,在寿险保险单质押转让中,对于投保人,其义务一般不变,仍有缴纳保险费的义务。为了保障被保险人的生命安全,我国保险法规定,以死亡为保险金给付条件的人寿保险单转让必须要经过被保险人同意。对于受益人,条款一般规定在质押转让中,受益人必须在质押转让表上签字,这是为了防止事后受益人和债权人对死亡保险金发生争议,也使得债权人在行使相关保险单权利时,不必征求受益人的同意。保险人在保险单质押转让中也起着重要作用,保险单转让必须通知保险人,在保险单上批注,并在保险人处存档备案。

### （十一）自动垫缴保险费条款

自动垫缴保险费条款的基本内容如下：保险合同生效满一定时期（通常是2年）后，如果投保人过了宽限期仍没有缴纳保险费，保险人则自动以保险单的现金价值垫缴保险费，在垫缴保险费期间如果发生了保险事故，保险人从应给付的保险金中扣除垫缴的保险费和利息。当垫缴的保险费和利息超过了保险单的现金价值时，保险合同效力丧失。

自动垫缴保险费条款设计的目的是为了维持保险合同的效力，当合同存在现金价值并列有自动垫缴保险费条款时，保险人在投保人逾期不缴费的情况下才会自动垫缴保险费。

## 二、人身保险合同的附加特约条款

### （一）免缴保险费附加特约

免缴保险费附加特约也称保险费豁免条款，是指在保险合同规定的某些特定情况下，保险公司同意投保人可以豁免缴纳未缴保险费的义务，而保险合同维持原有效力的一种人性化的选择性条款。保险费豁免最早出现在少儿险中，当作为投保人的父母遭遇不幸死亡或丧失工作能力而保险单仍处缴费期时，投保人缴费义务豁免，且没有经济收入的孩子仍可继续获得保险的保障。对成年人保险而言，如果投保人或被保险人在缴费期内因为意外、疾病等原因导致重残或完全丧失工作能力，投保人可以免缴其后的保险费，且被保险人的保障仍然有效。投保人或被保险人因丧失工作能力而豁免保险费的具体条件有以下四条。

（1）投保人或被保险人必须在规定的年龄或期限之前丧失工作能力，通常为55岁或60岁。

（2）投保人或被保险人丧失劳动能力必须持续6个月，即有一个6个月的等待期，以证明其丧失工作能力的长期性；如果投保人或被保险人被证实完全丧失工作能力，则保险人应退还等待期内投保人已缴保险费。

（3）投保人或被保险人丧失工作能力必须符合附加特约中所规定的完全丧失工作能力的界定。

（4）投保人或被保险人必须向保险人提供丧失工作能力的确实证据，保险人也有权要求其每年均提供类似证据。

### （二）意外死亡双倍（多倍）赔付附加特约

意外死亡双倍（多倍）赔付附加特约是指在保险期限内，如果被保险人的死亡是由于意外事故造成的，则保险人给付双倍（多倍）的保险金的条款。但要获得多倍的赔偿，必须符合下列条件。

（1）死亡的近因必须是意外伤害。

（2）必须是在意外事故发生后的90天（120天、180天或1年）内死亡，以确保被保险人死亡的近因是意外伤害。

（3）必须是在规定的年龄前死亡，通常为55岁或60岁。

（4）不属于附加特约中约定的除外责任所造成的意外伤害。

一般保险公司的意外死亡双倍（多倍）赔付附加特约除了提供死亡保险金外，还按照被保险人的伤残程度提供意外残疾保险金。

### (三) 丧失工作能力收入附加特约

丧失工作能力收入附加特约是指在保险期限内如被保险人丧失工作能力,保险人将按照保险金额的一定比例按月给付收入保险金的条款。被保险人丧失工作能力须符合下列条件。

(1) 被保险人必须在规定年龄之前丧失工作能力,通常为 55 岁或 60 岁。

(2) 被保险人丧失工作能力必须符合附加特约中所规定的完全丧失工作能力的界定。

(3) 被保险人丧失工作能力必须持续 6 个月,即有一个 6 个月的等待期,等待期内的保险费不退还。

(4) 对 65 岁以上继续丧失工作能力的被保险人不再继续给付该部分保险金,而是将保险金以养老保险的方式给付,如果是两全保险,则在保险期满时停止收入保险金给付。

(5) 被保险人必须符合严格的承保标准,通常该险种只向全日制工作的员工提供,而且规定了较多的除外责任,如自残、战争等。

(6) 被保险人丧失工作能力期间,保险单继续有效,但当被保险人恢复工作能力时,则收入保险金的给付将停止。

### (四) 保证加保选择权附加特约

保证加保选择权附加特约是指保险公司给予被保险人在未来某个日期增加人寿保险合同的保险金额,而无须提供可保性证明的权利条款。

该选择权主要有以下两项规定。

(1) 保险金额。被保险人在规定的年龄前可以行使这种选择权,在每次加保日期(通常每隔 3 年一次)能够购买的保险金额只限于原保险合同保险金额的一定比例或该附加特约规定的金额,以两者较低者为准。

(2) 提前加保特权。如果被保险人结婚或者生育,可以在下一个加保日期之前提前加保,但加保的总次数不变。

保证加保选择权其实是一种期权,如果被保险人不行使该权利,则过期作废。

### (五) 提前给付死亡保险金附加特约

提前给付死亡保险金附加特约是指保险单所有人可以在被保险人死亡之前向保险公司申请提前领取部分或者全部保险金,保险人相应减少被保险人死亡后向受益人给付保险金数额的条款。它通常有以下两种方式。

(1) 重大疾病保险金。被保险人经保险公司认可的医院诊断确定为严重疾病末期,并经保险公司医师认定其所患疾病依现有医疗技术无法治愈,且根据医学及临床经验其平均存活期间在一定期限(一般为 6 个月)以下者,可向保险公司申领提前给付保险金,但有申领次数限制。

(2) 长期护理保险金。如果被保险人需要长期护理,保险人按照死亡保险金的一定比例(如 2%)向保险单所有人按月给付长期护理保险金,直至一个约定的数额(保险金的 50%~100%)。长期护理保险金的领取一般需在保险单生效 1 年之后,且有一个 90 天的等待期。

## 第五节 人身保险合同实训

### 一、保险公司选择实训

**任务1** 了解目前市场上寿险公司的数量,并分别根据保险费收入、偿付能力、服务满意度、结案率等要素对寿险公司进行排名。

**任务2** 选择不同的寿险公司直接关系到消费者的根本利益,这是消费者在购买人寿保险产品时必须了解和关注的内容。请分组收集我国人身保险市场上几家寿险公司的资料,介绍不同寿险公司的基本情况,并从客户的角度讨论应如何选择合适的保险公司。

### 二、指定受益人实训

**任务1** 分组讨论下列问题:受益人通常由谁指定?投保人指定受益人为什么需要征得被保险人的同意?受益人可以指定的范围包括哪些?指定受益人和不指定受益人有什么区别?

**任务2** 分组讨论下列情景应如何指定受益人。

(1) 小张刚参加工作,每月工资5 000元,是家里的独子,和父母住在一起。小张有一个女朋友,还在上大学,5年内没有结婚的打算。

(2) 周先生,28岁,月收入税后10 000元。妻子月收入税后6 000元。两人刚结婚不久,考虑到结婚后家庭责任的增加,周先生决定为自己购买一份100万元保险金额的人寿保险。

(3) 王先生今年30岁,是一家公司的高层管理人员,月薪30 000元,王太太没有工作,在家全职带女儿,女儿刚刚1岁。王先生决定为自己购买一份300万元保险金额的人寿保险。

### 三、案例实训

**任务1** 2008年10月,吴女士通过某保险公司的代理人为自己和丈夫周先生分别投保了一份保额为20万元的终身寿险。代理人拿着保险单让他们夫妻俩在被保险人一栏签名时,周先生正好出差在外,就让吴女士代签,于是吴女士就代丈夫在保险单上签下了丈夫的名字,保险代理人也没有表示异议。2009年12月,周先生不幸发生意外去世,吴女士向保险公司提出理赔。保险公司在核赔时对比签名的笔迹,发现被保险人一栏不是周先生亲笔签名,而是吴女士代签,遂以保险公司需经被保险人同意为由,拒绝承担赔偿责任。

根据上述案例,请分组讨论:投保人代被保险人签名,保险合同是否有效?

**任务2** 李先生在一家公司做营销,家有妻子和父母。2005年6月,他为自己投保了某保险公司终身寿险及附加住院补贴医疗保险。其中,寿险保险金额为10万元,身故受益人是李先生的妻子;附加住院补贴为60元/天,受益人是李先生。投保不过半年,一向健康的李先生在出席一个酒会时,突然感到腹痛难忍并伴恶心呕吐,送至医院被诊断为急性坏死性胰腺炎。虽经抢救,但李先生最终却因医治无效而于10天后不幸去世。李先生的妻子向保险公司提出了理赔申请,经过理赔审核,保险公司共应支付身故保险金10万元和200元住院补贴理赔金。请问:保险金应如何分配?

**任务3**　2004年3月,李某以其父为被保险人投保某分红型终身寿险,指定李某的妹妹为受益人。后父女反目,不能相容。2005年11月,老人病危,召集亲戚、朋友,书写遗嘱变更受益人,让其子李某取代女儿作为受益人,并在遗嘱上签署了姓名和时间,但未通知保险公司。不久,老人病逝,其子、女同时向保险公司索赔,要求取得保险金。

请问:遗嘱变更受益人是否有效,保险金到底应该给谁?

**任务4**　甲公司因承建某公路工程项目向乙保险公司投保建筑施工人员团体意外伤害保险(以下简称建工人意险),被保险人为参与本项目的所有施工及管理人员(包括建立劳务关系的所有人员),保险合同约定受益人为被保险人本人或其法定继承人,意外身故保险金额为50万元。保险期限内的2014年7月31日,被保险人蒋某在施工过程中触电死亡。蒋某死亡后,甲公司和蒋某亲属(父母、配偶、儿子)签订《赔偿协议书》,甲公司一次性支付蒋某亲属86万元。蒋某亲属(父母、配偶、儿子)出具承诺书,将蒋某意外伤害保险赔款50万元的权利转让给甲公司。之后,甲公司向乙保险公司要求支付蒋某的意外伤害赔偿,乙公司拒付。因理赔产生争议后,甲公司将乙保险公司起诉至法院。请问:①受益人约定为法定继承人是否有效?②人身保险保险金请求权是否可以转让?

**任务5**　李某与妻子马某于2000年协议离婚,双方约定8岁的儿子和马某一起生活,每周六儿子到李某处生活一天。后来,李某与赵某再婚,由于李某的儿子活泼可爱,加上赵某不能生育,所以赵某特别喜欢李某的儿子。赵某于2002年5月以孩子母亲的身份为孩子购买了人身保险,约定受益人为李某。2003年6月,李某的儿子死亡。李某向保险公司提出索赔,保险公司以赵某对保险标的不具有保险利益,保险合同自始无效为由,拒绝支付保险金。赵某遂将保险公司起诉到法院。请问:继父母对继子女是否具有保险利益?

**任务6**　张某以自己的生命为标的投保死亡保险,保险金额为10 000元。保险公司规定,若投保年龄为35岁,每年应缴纳保险费400元;若投保年龄为36岁,每年应缴纳保险费为500元。张某在投保时所填的年龄为35岁,但在其死亡后,保险人发现他在投保时的真实年龄为36岁。请问:保险公司对此情况应如何处理?

**任务7**　1997年9月1日,李某向某保险公司投保了保险金额为10万元的终身寿险,指定受益人为其儿子。之后,李某未按时缴纳保险费导致合同失效。1998年11月10日,李某向保险公司申请复效并缴纳了续期保险费及利息。合同从1998年11月10日恢复效力。2000年8月4日,李某因工作压力太大自杀身亡,受益人向保险公司申请保险金。请问:保险公司对此情况应如何处理?

## 本章小结

(1) 人身保险合同的书面形式包括投保单、保险单、保险凭证、暂保单和批单等多种形式。其中,投保单是投保人的要约,是保险合同的重要组成部分;保险单是保险合同的书面凭证,是索赔理赔的依据;保险凭证是一种简化形式的保险单,与保险单具有同等法律效力;暂保单是一种临时保险凭证,有效期通常只有30天;批单是保险合同双方对保险合同进行修改、补充或增删内容的证明文件,是由保险人出立的一种凭证。

(2) 人身保险合同的主体主要是当事人和关系人,其中,当事人包括投保人和保险人;关系人包括被保险人和受益人。

(3) 人身保险合同的客体是投保人对被保险人的保险利益,即投保人对被保险人的生命或身体所具有的经济利害关系。《保险法》第三十一条对人身保险的保险利益做出了明确的规定,人身保险的保险利益必须在合同成立时存在,否则,订立的合同无效。

(4) 人身保险合同的常见条款包括犹豫期条款、不可抗辩条款、年龄误告条款、宽限期条款、保险单复效条款、自杀条款、受益人条款、不丧失现金价值条款、保险单贷款条款、保险单质押转让条款、自动垫缴保险费条款。人身保险合同的附加特约条款包括免缴保险费附加特约、意外死亡双倍(多倍)赔付附加特约、丧失工作能力收入附加特约、保证加保选择权附加特约、提前给付死亡保险金附加特约。

(5) 人身保险合同实训包括保险公司选择实训、指定受益人实训和案例实训。

## 关键概念索引

投保单 保险单 保险凭证 暂保险单 批单 保险人 投保人 被保险人 受益人 保险利益 犹豫期条款 不可抗辩条款 年龄误告条款 宽限期条款 保险单复效条款 受益人条款 自杀条款 不丧失现金价值条款 保险单贷款条款 保险单质押转让条款 自动垫缴保险费条款 免缴保险费附加特约 意外死亡双倍(多倍)赔付附加特约 丧失工作能力收入附加特约 保证加保选择权附加特约 提前给付死亡保险金附加特约

## 复习思考题

1. 简述人身保险合同的书面形式。
2. 简述人身保险合同的当事人和关系人。
3. 简述《保险法》对人身保险合同保险利益的认定。
4. 简述人身保险合同保险利益的时效。
5. 简述犹豫期条款、不可抗辩条款、年龄误告条款、宽限期条款、保险单复效条款、自杀条款、受益人条款、不丧失现金价值条款、保险单贷款条款、保险单质押转让条款、自动垫缴保险费条款的主要内容。
6. 简述免缴保险费附加特约、意外死亡双倍(多倍)赔付附加特约、丧失工作能力收入附加特约、保证加保选择权附加特约、提前给付死亡保险金附加特约的主要内容。

# 第四章 人身保险理财规划及实训

 本章要点

- 保险理财在个人理财中的作用
- 对客户信息的了解
- 人身保险需求分析
- 人身保险规划方案制定
- 人身保险理财规划实训

> 保险理财是个人理财的一部分,主要通过定量分析客户保险需求的额度,帮助客户选择合适的保险品种、保险期限及保险金额,以避免风险发生时给个人及家庭生活带来冲击,从而提高客户的生活质量。在为客户制定保险规划方案时,除了要考虑个人的收入、教育程度和生命周期等因素之外,还需要从根本上了解家庭生命周期不同阶段的特点和理财方面的要求,从而为客户量身定制保险规划方案。

## 第一节 对保险理财规划的认识

### 一、个人理财概述

个人理财是一个评估客户各方面财务需求的综合过程。它是由专业理财人员通过明确个人客户的理财目标,分析客户的生活、财务现状,从而帮助客户制定出合理理财方案的一种综合金融服务。它不局限于某种单一的金融产品,而是针对客户的综合需求进行有针对性的金融服务,是一种全方位、分层次、个性化的服务。

个人理财由消费理财、保障理财和投资理财三部分组成。

**(一) 消费理财**

消费理财即"用财",是对个人最近的消费进行管理的行为。消费理财主要根据个人生命

周期及收入水平合理制定理财目标,安排分配消费资金,满足个人及家庭生活的消费需求。消费理财涉及吃、住、行的所有消费,主要有大额消费规划、教育金规划、退休规划、购房规划等。

### (二) 保障理财

保障理财即"护财",是通过对纯粹风险的识别、测量、管理等过程,减少由于风险造成的财务损失,保障人身安全的行为,其目的是保障人身及财务安全。保障理财主要是通过购买保险产品来规避和防范风险,所以也称为保险理财,主要有人寿保险规划、健康保险规划、意外伤害保险规划和财产保险规划。

### (三) 投资理财

投资理财即"生财",是对个人投资资金进行管理的行为。当资金用于基本消费和购买保险后还有剩余时,人们会充分利用该闲余资金进行投资,使资金增值,达到资源的最优配置。投资理财主要解决资本增值问题,目的是在风险最小的情况下获得最大的收益。在投资理财中强调组合投资以分散非系统性风险。投资理财包括金融资产投资和实物资产投资,如股票投资规划、债券投资规划、基金投资规划和房地产投资规划等。

## 二、保险理财在个人理财中的作用

保险理财是个人理财的一部分,它主要在个人保险领域,通过定量分析客户的保险需求,帮助客户选择合适的保险品种、保险期限及保险金额,以避免风险发生时给个人及家庭生活带来冲击,从而提高客户的生活质量。保险作为个人理财规划中不可缺少的重要工具,不仅是个人或家庭风险管理的重要组成部分,而且在人们的储蓄和投资规划、遗产规划、教育规划、退休规划、最小税负规划等方面也起着不同程度的作用。从理财功能的角度出发,与银行储蓄、债券、股票、基金等理财工具相比较,保险理财在个人理财中具有保障功能、储蓄投资功能和免税功能。

### (一) 保险理财在个人理财中的保障功能

由于保险的基本职能是分摊损失和补偿损失,所以保险理财的基本功能就是保障功能,这也是保险理财与其他理财最大的区别。俗话说,"天有不测风云,人有旦夕祸福",每个人的一生都有可能面临自然灾害风险、意外事故风险、死亡风险等各种风险,再加上我国的社会保障制度还不是很完善,个人对各种风险的承受能力较弱。因此,人们要借助保险理财的保障功能渡过难关、稳定生活。同时,人们可以通过按期缴纳保险费来保障将来的生活,这样也有助于均衡个人财务支出。

### (二) 保险理财在个人理财中的储蓄投资功能

保险理财具有储蓄投资的功能。在储蓄方面,人们可以通过购买年金保险来筹集孩子的教育金或自己的养老金,储蓄性较强。在投资方面,随着金融工具的多样化和经济发展的市场化,保险市场上出现了兼具保障和投资功能的创新型人身保险,包括分红保险、万能保险和投资连结保险。这些保险产品可以使人们既获得保险保障,同时也可以获得投资收益。

### (三) 保险理财在个人理财中的免税功能

个人可以利用保险理财来合理避税。事故发生时,保险公司的赔款属于损失补偿,不属于个人收入,不用计算在个人所得税的纳税范畴里,个人可以免缴这部分金额的税款。另外,个人可以通过保险进行遗产规划,根据《保险法》规定,被保险人在保险有效期内身故,寿险公司将按合同约定赔付身故保险金,如投保单上有指定受益人的,保险公司将保险金付给受益人,此时保险金不作为遗产处理,可免征遗产税,即人们可以通过购买人身保险实现合理避税。

## 第二节 对客户信息的了解

在给准客户制定保险规划之前,有必要先了解客户的相关信息。

### 一、客户个人及家庭基本信息

客户个人及家庭基本信息主要是指客户家庭成员构成,包括成员姓名、性别、出生日期、健康状况、职业和职称、工作单位性质、工作稳定程度等。客户个人及家庭基本信息表如表4-1所示。

表4-1 客户个人及家庭基本信息表

| 项目 | 本人 | 配偶 | 子女 | | | 父母 | |
|---|---|---|---|---|---|---|---|
| 姓名 | | | | | | | |
| 出生日期 | | | | | | | |
| 教育程度 | | | | | | | |
| 参加工作时间 | | | | | | | |
| 工作单位 | | | | | | | |
| 职业 | | | | | | | |
| 职称 | | | | | | | |
| 婚姻状况 | | | | | | | |
| 健康状况 | | | | | | | |

### 二、客户财务信息

客户财务信息是指客户家庭目前的收支情况、资产负债状况和其他财务安排以及这些信息的未来变动趋势。财务信息可以通过帮助客户填写收入支出表与资产负债表的方式了解。很多人并不完全清晰自己的所有资产以及负债情况,保险理财规划师搜集信息的过程,也是帮助客户梳理自己财务状况的过程,这一过程进行顺畅的话,往往会使客户更容易接受保险规划方案。作为保险规划,资产负债表中的项目不宜复杂,否则容易吓退客户。

#### (一)收入和支出状况

客户的收入和支出状况是客户家庭信息的重要组成部分,一份详细的收入支出表能够帮助客户了解自身的财务状况,也是保险理财规划师设计理财规划的基础。客户收入支出表如表4-2所示。

表 4-2 客户收入支出表　　　　　　　　　　单位:元

| 收入(税后) | | 支出 | |
|---|---|---|---|
| 月工资收入 | | 贷款 | |
| 其他收入 | | 日常消费 | |
| 合计 | | 合计 | |
| 每月结余 | | | |
| 每年结余 | | | |

### (二) 资产和负债状况

客户的资产和负债状况是理财规划师衡量客户财务状况是否稳健的重要指标,因此,在理财规划业务中,理财规划师必须清楚地了解客户的资产和负债状况,并且掌握其未来可能发生的变化。客户资产负债表如表4-3所示。

表 4-3 客户家庭资产负债表　　　　　　　　单位:元

| 资产 | | | 负债 | | |
|---|---|---|---|---|---|
| 类别 | 项目 | 金额 | 类别 | 项目 | 金额 |
| 金融资产 | 现金 | | 短期负债 | 信用卡 | |
| | 存款 | | | 分期付款 | |
| | 其他 | | | 其他 | |
| 实物资产 | 住宅 | | 长期负债 | 房屋贷款 | |
| | 汽车 | | | 汽车贷款 | |
| | 其他 | | | 其他 | |
| 其他资产 | | | | | |
| 合计 | 总资产 | | | 总负债 | |

资产净值=总资产-总负债

## 三、风险保障信息

风险保障信息主要包括社会保障信息和商业保险信息。

### (一) 社会保障信息

社会保障信息主要指政府举办的社会保障计划和企业举办的补充保险计划。政府举办的社会保障计划包括社会基本养老保险、社会基本医疗保险、失业保险、工伤保险、生育保险以及社会救济和福利计划。企业举办的补充保险计划主要包括企业年金和企业补充医疗保险。客户社会保障信息表如表4-4所示。

表 4-4　客户社会保障信息表

| | 本人 | 配偶 |
|---|---|---|
| 社会基本养老保险 | | |
| 社会基本医疗保险 | | |
| 失业保险 | | |
| 工伤保险 | | |
| 生育保险 | | |
| 企业补充养老保险 | | |
| 企业补充医疗保险 | | |

## （二）商业保险信息

商业保险信息主要是指客户向商业保险公司购买保险产品的相关信息，主要包括保险产品名称、保险金额和保险费等。保险理财规划师通过了解客户已有的商业保险信息，在此基础上可以进一步补充和完善客户的保险理财规划。客户商业保险信息表如表4-5所示。

表 4-5　客户商业保险信息表　　　　　　　　　　　　　　　　单位：元

| 被保险人 | 保险产品名称 | 保险金额 | 保险费 |
|---|---|---|---|
| 本人 | | | |
| 配偶 | | | |
| 未成年子女 | | | |
| 家庭其他成员 | | | |

## 四、客户对未来生活发展的预期

关于客户对未来的计划或者预期，因人情况不同，其预期差异也非常大。就年龄而言，年龄越小，对于未来可预期的内容越丰富。当然，也可能由于生活阅历有限，年轻客户提供的想法很少，但并不代表他完全没有预期。此时，需要保险理财规划人员通过诱导式询问，帮助客户勾勒出对于未来生命中几个重要阶段的预期。家庭生活发展预期目标如表4-6所示。

表 4-6　家庭生活发展预期目标

| | 项目 | 内容 |
|---|---|---|
| 短期目标 | 家庭保障计划 | 完善家庭保障体系：为父母准备养老金以及医疗保障；为自己购买相应的人寿保险 |
| | 自身教育规划 | 参加在职培训，提升职业竞争力 |
| 中期目标 | 储备结婚经费 | 完成一定金额的储备 |
| 长期目标 | 房贷还款 | 按规定及时还款 |
| | 新组家庭理财规划 | 组建家庭后，需要对家庭成员的保障和子女教育费用做出安排 |
| 长远目标 | 为退休后有安逸的晚年作计划 | 购买商业养老保险作为补充，为自己和老伴的退休生活做出安排 |

## 第三节 客户人身保险需求分析

人身保险需求分析主要是针对客户在其人生发展的不同时期和阶段，依据其不同收入、支出、家庭状况及所处的环境等因素对客户所面临的风险进行全面的分析和评估，从而帮助其制定合理的人身保险规划。

### 一、家庭保障基本需求分析

#### （一）人寿和意外保险需求

早亡者对其家庭的财务收入状况会造成一定的影响。如果一个人向其家庭成员提供全部或部分金钱的扶助、支持，那么，他的早亡必将对家庭的财务收入状况造成巨大的影响，为了使依赖于其生存的其他家庭成员（如子女、配偶、父母）的生活不因其早亡而受到影响，人们便会产生人寿和意外保险需求。

#### （二）健康保险需求

人们面临各种各样的健康风险，一旦健康丧失则需要大笔的费用支出，如住院费、医药费、治疗费、看护费以及收入损失等。为了不因病致贫，同时得到更好条件的治疗，人们便会产生健康保险需求。

#### （三）收入损失保险需求

当人们因意外事故致残或者因病无法继续工作时，将导致收入损失，家庭生活就会受到很大的影响。由此，人们便会产生收入损失保险需求。

#### （四）养老保险需求

人到了一定的年龄都会退休，退休意味着经济收入的下降或减少，如果想要维持退休前的生活水平或者让退休生活过得舒适从容，仅仅靠社会养老保险是不够的。由此，人们便会产生养老保险需求。

#### （五）教育金保险需求

子女是父母的未来，每个父母都希望子女能受到最好的教育。由此，人们便会产生教育金保险需求。

### 二、人生不同阶段的保险需求分析

对家庭来说，所处的人生阶段不同，其保险需求的侧重点也不同。因此，在制定保险规划时，应考虑家庭所处的不同阶段，依据不同阶段的特点来制定合理的保险规划。根据家庭在不同时期的需求差异，大致可以将其分为五个阶段：家庭准备期、家庭形成期、家庭成长期、家庭成熟期、家庭享受期。

#### （一）家庭准备期

家庭准备期是指从参加工作至结婚建立家庭前的时期，一般会有2～6年的时间。

1. 家庭准备期的特点

这个阶段的特点是：个人健康状况良好，无过重负担，经济收入比较低且花销大；大部分的年轻人在此阶段要为创业和建立家庭准备基本的物质条件，也就是为未来的家庭进行必要的资金积累；同时，由于经济能力非常有限，因此个人的风险承担能力不是特别强。

2. 家庭准备期的保险需求分析

这一阶段的保险需求不高，主要可以考虑意外风险保障和必要的医疗保障，以减少因意外或疾病导致的直接或间接经济损失；若父母需要赡养，需要考虑购买保险费低、保障程度高的定期寿险，以最低的保险费获得最高的保障，确保一旦有不测时，保险金可以支持父母的生活。

### （二）家庭形成期

家庭形成期是指从结婚到新生儿诞生时期，一般为结婚后的1～5年。

1. 家庭形成期的特点

这一阶段的特点是：个人组建了家庭，并伴随子女的出生，经济负担加重；对于双职工家庭，经济收入有了一定的增加而且生活稳定，但此时也是家庭的主要消费期，家庭虽然已经有一定的财力和基本生活用品，为了提高生活质量往往还需要较大的家庭建设支出，如贷款买房，每月还须一大笔开支用于还贷；夫妻双方年纪较轻，健康状况良好，保险意识和需求有所增强。

2. 家庭形成期的保险需求分析

这一阶段，夫妻双方可购买寿险和意外险并以配偶和子女为受益人。这样的话，家庭的收入者之一若因保险事件的发生而丧失收入的话，家庭可依靠保险公司提供的保险金维持原有的生活水平。为保障一家之主遭受意外后房屋还贷不会中断，可以选择缴费较少的定期寿险，如购房信贷定期寿险。这样当保险事故发生时，保险公司就会把保险金（一般为还款金额）支付给受益人，受益人一般为发放购房贷款的金融机构（投保人或被保险人另有指定的除外）。由于有了家庭责任，夫妻双方还应该注重对疾病的防范，可以考虑购买重大疾病保险和中高端医疗保险。

### （三）家庭成长期

家庭成长期是指从小孩出生到小孩完成学业这段时间，大约有18～22年的时间。

1. 家庭成长期的特点

这一阶段的特点是：家庭成员不再增加，随着夫妻双方工作经验的增加、工作技能的提高，收入也随之提高，生活处于基本稳定的状态；但此时处于中青年的夫妻正面临"上有老、下有小"的阶段，家庭责任较重，子女上大学后，随着高等教育费用支出的增加，家庭支出也会有较大幅度的上升。

2. 家庭成长期的保险需求分析

这一阶段是购买保险的重点阶段，因为该阶段责任重大，所以夫妻双方首先需要考虑自己的安全和健康保障，在安全保障方面可以购买意外保险和终身寿险，在健康保障方面可以购买重大疾病保险和中高端医疗保险。另外，子女的教育也是这一阶段的重点，可以用教育年金的方式储备子女教育费用。在条件允许的情况下也可以购买一定的养老保险。

**（四）家庭成熟期**

家庭成熟期是指从子女参加工作到家长退休为止这段时期，一般为5~10年的时间。

1. 家庭成熟期的特点

这一阶段的特点是：夫妻双方自身的工作能力、工作经验、经济状况都达到高峰状态，子女在经济上已部分或完全自立，债务已逐渐减轻或已消除；夫妻双方年岁增大，身体机能明显下降。

2. 家庭成熟期的保险需求分析

该阶段的保险需求主要是为老年生活做好安排，应重点购买养老保险，还可购买健康或重大疾病保险。不过此时的健康保险产品价格会比较高，可以考虑购买消费型的医疗保险产品。如果要实现资产传承，可以考虑购买终身寿险，并以子女作为指定受益人。

**（五）家庭享受期**

家庭享受期是指退休以后直至死亡的时期。

1. 家庭享受期的特点

这一阶段的特点是：进入退休阶段后，家庭责任减轻，但收入也有所减少，生活、医疗费用在总支出中所占的比例越来越大；同时，抗风险能力也下降，保险意识增强，对资金安全性的要求远远高于收益性，所以在资产配置上要进一步降低风险。

2. 家庭享受期的保险需求分析

这一阶段的最主要目标是安度晚年，并有计划地安排"身后事"。在65周岁之前，应通过合理的规划检视自己已经拥有的人寿保险，并进行适当的调整，可以考虑将养老保险转为即期年金。

**专栏 4-1**

### 人生不可或缺的7张保险单

安全与保障，是每个人生命中最大的需求。在人一生中不同的阶段，面临不同的财务需求和风险，这种财务需求可以通过保险来满足。保险的功能不仅在于为人们提供生命的保障、转移风险，而且还可以满求人们的财务需求，因此，保险也成为一种理财的方式。在人一生的不同阶段中，以下七张保险单是不可或缺的。

第一张：意外险保险单。

第二张：重疾医疗险保险单。

第三张：养老险保险单。

第四张：保障财富的人寿保险单。

第五张：子女的教育险保险单。

第六张：子女的意外险保险单。

第七张:财产增值保险单。

(资料来源:百度文库)

### 三、保险金额的测算

人身保险的保险金额通常采用生命价值法、收入置换法、家庭需求法来确定。

#### (一) 生命价值法

生命价值理论是由美国宾夕法尼亚大学保险系教授休伯纳于1924年提出的。该理论认为,人的生命价值是指个人未来收入或个人服务价值扣除个人生活费用后所剩余部分的资本化价值。人的生命价值可能因早逝、疾病、伤残、失业或年老退休而丧失,任何影响个人收入能力的事件都会影响人的生命价值。从某种意义上讲,购买人身保险的根本目的就是谋求生命价值的保障,因此,人身保险的保险金额可以根据生命价值的大小来确定。

休伯纳教授认为,评估一个人的生命价值,需要预测其工作预期寿命中的一些收入项目,这些项目将随一个人的职业、年龄、性别、种族、教育、婚姻状况、亲属数量等因素而变化。因此,要精确估计一个人的生命价值是非常复杂的,一种简单的计算方法分以下四步:第一,确定个人的工作和服务年限;第二,估计未来工作期间的年平均收入;第三,从预期年平均收入中扣除税费、保险费和本人的生活费用,得到净收入,供家庭受抚养者使用;第四,选择适当的贴现率计算预期净收入的现值,得到个人的经济价值。利用该方法计算的个人经济价值就是其投保人身保险的保险金额。

例如,王某现年30岁,预计工作至60岁退休,当前年薪为10万元,个人消费支出为5万元,预计未来工作期间年收入和个人消费支出均按每年5%递增。假定年贴现率也为5%,试求王某30岁时的生命价值。

根据前面介绍的方法可知:

第一,王某预期工作年限为30年;

第二,由于未来工作期间的年收入按每年5%递增,那么,未来工作期间的年收入为:$10\times(1+5\%)+10\times(1+5\%)^2+\cdots+10\times(1+5\%)^{30}$;

第三,由于未来工作期间个人消费支出也按每年5%递增,那么,未来对家庭的净收入为:$5\times(1+5\%)+5\times(1+5\%)^2+\cdots+5\times(1+5\%)^{30}$;

第四,假定贴现率为5%,预期净收入的现值为5万元,那么,30岁时王某的生命价值为$5\times30=150$(万元),即王某在30岁时投保人身保险应确定的保险金额为150万元。

如果王某因不幸事故死亡,他的家庭可以获得150万元的保险金,把这笔资金存入银行,按5%的年利息率计算,每年支取5万元的话,可以连续支取30年,相当于王某在其退休前的30年间每年为其家庭提供5万元的净收入。因此,王某的家庭生活不会因为王某的死亡而发生大的变化。

运用生命价值法确定人身保险金额存在以下一些缺陷:一是生命价值法忽视了社会保险等收入来源;二是预期收入受到诸多因素的影响,难以准确预计;三是生命价值法忽视了通货膨胀因素。这些缺陷在一定程度上限制了生命价值法的实用价值。

### (二) 收入置换法

收入置换法类似于生命价值法,它是根据家庭需求和收入来确定保险金额,同时还考虑了通货膨胀和社会保险因素,保险金额用家庭年收入的倍数表示。在保险实务中,美国一些寿险公司根据收入置换法编制了各种年龄和收入人群的人寿保险金额表(如表4-7所示),供投保人确定保险金额时参考。

表4-7 合理的保险金额与年龄、年收入之间的关系

| 年龄 | 最高保险金额(风险保额) | 年龄 | 最高保险金额(风险保额) |
| --- | --- | --- | --- |
| 16~30 岁 | 14 倍年收入 | 46~49 岁 | 9 倍年收入 |
| 31~35 岁 | 13 倍年收入 | 50~52 岁 | 8 倍年收入 |
| 36~40 岁 | 12 倍年收入 | 53~56 岁 | 6 倍年收入 |
| 41~45 岁 | 10 倍年收入 | 57~60 岁 | 4 倍年收入 |

在我国,通常在确定保险金额和保险费时采用"双十原则",即风险保额为家庭年收入的 10 倍,保险费支出为家庭年收入的 10%左右。

### (三) 家庭需求法

家庭需求法是根据家庭的主要收入来源者死亡后,家庭为恢复或维持原有的经济生活水平而产生的各种财务需求,来确定保险金额。

1. 家庭需求的组成

家庭需求包括现金需求和收入需求两部分。

现金需求是指家庭基于现金支出所需的资金需求,主要包括善后基金、抵押贷款基金、教育基金和应急基金等。善后基金是指死亡后需要立即清偿的各种费用和债务,以及死者生前的各种医疗费、住院费、护理费用、银行借款或其他债务和各种应付税款,如丧葬费及遗产税等。抵押贷款基金是指为了确保家庭主要收入来源者意外死亡后有足够的资金偿还商业贷款,使住房、汽车等免遭清算或拍卖而导致重大损失所需要的资金。教育基金是指子女的教育费用,包括未来就学阶段的学习费用和择校费用,教育基金的金额主要取决于子女的人数、预期完成的教育程度以及未来每年所需的教育费用。应急基金是指为了应付某些突发事件使家庭陷入财务困境而设立的一定额度的资金。在美国,个人理财顾问一般建议客户的应急资金应该相当于 3~6 个月的家庭收入。

收入需求是一个家庭每月所需要的现金收入,用于缴付各项日常生活费用。现金收入主要包括家庭调整期收入、子女独立前所需收入、配偶终身所需收入和赡养父母所需收入等。家庭调整期收入是指家庭主要收入来源者死亡导致家庭收入明显下降后,短期内无法改变原有的生活习惯和消费方式,只能逐渐调整和适应,在这一调整期间所需的收入。家庭调整期通常为 1~2 年。子女独立前所需收入是指家庭主要收入来源者死亡时子女尚未成年,经济上尚未独立,在子女经济独立之前抚养他们所需的收入。配偶终身所需收入主要是满足配偶的一般日常生活支出、医疗费用、养老金等财务需求。

赡养父母所需收入是指家庭主要收入来源者死亡时父母还健在,为了赡养父母所需要的收入。

运用家庭需求法时,首先,应分析家庭财务总需求;然后,再扣除可以用其他收入或资产满足的财务需求,如社会保险、企业职工福利、家庭拥有的动产和不动产、将来可能继承的动产和不动产等,得到必要的家庭财务净需求;最后,按照这个净需求来确定保险金额,购买人身保险,满足家庭因为被保险人死亡或伤残所引起的财务需要。

2. 家庭需求法实务计算公式

1) 人寿保险

$$\text{人寿保险额度} = \text{本人年收入占比} \times \text{家庭年度支出总额} \times \max(\text{家庭期望保障年限}, \text{子女成人所需年限}) + \text{家庭总负债} - \text{已有寿险赔付额度}$$

其中,本人年收入占比等于本人收入除以家庭收入。

2) 健康保险

$$\text{重大疾病保险额度} = \frac{\text{大病平时花费}}{\text{本人年收入}} \times \text{平均恢复年限} - \text{社保报销额度} - \text{已有商业保险额度}$$

$$\text{一般疾病医疗保险额度} = \frac{\text{当地一般疾病的平均花费} - \text{社保报销比例}}{} \times (\text{估计额度} - \text{社保住院起付线})$$

$$\text{住院津贴} = \text{本人年收入} \div 365$$

3) 人身意外伤害保险

$$\text{人身意外伤害保险额度} = \text{本人年收入} \times \text{期望保障年限} \times \text{舒适指数} - \text{已有意外险赔付额度}$$

$$\text{人身意外伤害医疗费用保险额度} = \text{当地一般疾病的平均花费} \times \text{风险程度系数} - \text{已有意外医疗赔付额度}$$

其中,期望保障年限是指因意外造成残疾或行动障碍失去劳动能力后,需要资金来维持基本生活的保障年限,通常最少设为 20 年;舒适指数是指在伤残或失去劳动能力后期待的生活质量(如设为 1 表示赔偿额度为意外发生前自己的年收入,也就是生活水平基本不降低,但是,意外发生后每年的医疗费会增加,且如果行动不便需要请人照顾,必然要花费额外费用,所以建议所设指数可以大于 1);风险程度系数是指发生风险对标的的破坏程度,因为意外伤害造成的事故通常情况下会比一般疾病程度要严重,大多数情况下需要人的照顾,所以,总费用也会多一些(在预估意外伤害的医疗费用时,应比当地一般疾病的平均花费多 1 倍,即风险程度系数可以设为 2)。

4) 养老保险

养老保险额度要根据现有的基本生活支出、工资水平、社会养老保险的覆盖率和假定的通货膨胀率测算出退休时的基本生活支出和社会养老保险能领取的养老金,测算出养老金的缺口,再依据所承受风险的程度选择适合的养老保险产品和缴费方式。

5) 子女教育金保险

子女教育金额度要根据家庭的经济状况制定出子女今后的教育方案,并考虑好一系列问题,如上什么样的大学?是否继续深造?也就是要根据现有的学费、每年上涨的比例、汇率的变化(如果出国留学的话)等测算出以后要用的额度,再依据所能承受的风险程度选择适当的教育金保险产品和缴费方式,以保证孩子未来能够得到良好的教育。

## 第四节 客户保险规划方案制定

保险规划方案制定是指根据客户的基本信息及其对人身保险的需求,测算保险金额和保险费,将保险产品进行组合,撰写保险规划方案。

### 一、保险规划方案设计原则

保险规划方案的设计是在对准客户的具体情况大致了解、找到准客户的需求点和购买点之后,根据其适当的需要、所能负担的保险费等为其进行量身设计。保险规划方案的设计应遵循下列几项原则。

#### (一) 适当需求原则

在为客户制定保险规划方案之前,应对客户个人及家庭面临的主要风险或未来的主要经济需求进行分析,帮助客户分析目前哪些风险或经济需求是客户必须优先考虑的,是可以通过购买人身保险产品来有效防范或有效解决的,所设计的产品必须符合客户的需求,尊重客户切实的经济风险状况。

#### (二) 全面保障原则

一个好的保险规划方案应是在同样费率标准下使客户获得的保障更全面且保额更高,以充分实现全面保障原则。例如,烧伤、跌伤等意外事故有无医疗补贴,意外身故、疾病身故有无赔付,对经济状况特别好的客户是否做了财产保全的规划等,这些都是衡量保障是否全面的标准。

#### (三) 合理保额原则

产品保额的设计一般应以客户的年薪为标准量入为出。在实务中通常可以采用前文所述的收入置换法或家庭需求法来测算合理的保险额度。

#### (四) 适当保险费原则

应根据客户的收入状况来确定客户应缴的保险费。保险费过高会给客户的日常生活造成一定的影响,易发生退保现象;保险费支出太低,客户就不能享受到充分的保险保障。一般而言,保障性保险费支出应控制在家庭年收入的 10%～15% 为宜。至于新型的寿险产品,如投资连结保险、万能保险和分红保险等,此类保险产品主要是为了满足客户的理财需求,此类保险的保险费支出主要与客户的财务承受能力相关,没有一定的标准。

#### (五) 先大人后小孩原则

先大人后小孩原则是一个非常重要的原则,但常被保险营销员所忽视。许多客户因疼爱和关心孩子,错误地认为应先给孩子买保障,殊不知若父母没有任何保障,一旦父母发生意外,孩子的保险费将会中断。因此,在设计保险规划方案时,要依据家庭的具体情况充分考虑这个关键问题。

### （六）先保障后储蓄原则

先保障后储蓄原则是指购买保险的客户应首先选择保障型保险产品,在拥有充分保障的基础上再建议购买具有储蓄或投资功能的养老、理财等产品。因此,在保险规划方案中首先要给家庭的主要经济支柱设计保障型保险产品,免去客户的后顾之忧,待经济状况比较宽裕时再考虑退休、养老等储蓄型保险产品。

## 二、保险规划中的产品组合

为了更好地满足客户的需求,保险营销员在制定保险规划时需要对保险产品进行组合,以达到用最少的保险费获得最佳保障的目的。保险产品组合的主要方式有以下几种。

### （一）按保险条款功能组合

按保险条款功能组合是指针对不同的保险条款所提供的不同保险责任进行组合,突出不同保险功能的互补作用,既注重保险面的拓展,又突出主要责任的比重,如"健康＋意外"组合、"养老＋健康"组合、"投资＋健康"组合、"基本保障＋医疗"组合等。

### （二）按时间段组合

按时间段组合是指针对客户各年龄段的不同需求设计出阶段鲜明、连贯互补、突出重点的组合方案。家庭准备期的年轻人,主要以保障自身为主,最好的组合是保险费低廉、保障高的产品,如"定期寿险＋意外伤害保险"或"重大疾病保险＋消费型医疗保险";家庭享受期主要面临的是退休后生活水平上的保障和财富传承的问题,最佳组合是"养老保险＋终身寿险＋意外伤害保险＋消费型医疗保险"。

### （三）按家庭责任组合

按家庭责任组合是指根据家庭成员在家庭中扮演的角色和承担的责任对其所需的保险产品进行组合。不同角色的家庭成员若发生意外给家庭带来的影响程度是不同的,如非经济支柱的家庭成员如发生不幸所带来的主要是精神打击,而作为经济支柱的家庭成员如发生不幸则整个家庭将陷入困境。保险营销员应该根据事先了解的客户信息,突出家庭中主要经济支柱的保障责任。例如,丈夫是家庭中的主要经济来源者,为他制订的保险产品组合方案是"定期寿险(或终身寿险)＋意外伤害保险＋重大疾病保险";妻子是家庭中的非主要经济来源者,其保险产品组合方案可以是"终身寿险＋重大疾病保险"。

### （四）按需要层次组合

不同经济水平、不同文化素养、不同性格客户的保险需求是有层次差异的。根据保险需求层次的不同,保险产品组合也需要进行分层,以适应从低到高的需求渐进,由浅层次组合转入深层次组合。目前,我国居民的总体收入水平还不高,大部分人的保险需求仍处于低层次,传统的保障型产品组合市场很大。同时,大中城市的高收入者购买保险的目的除了满足保障需求之外,还有投资和财富传承的需求。

## 三、保险规划方案格式

一份周全的保险规划方案应由以下六个部分组成。

### (一) 封面

封面设计通常应明确简洁,有一定的吸引力,让客户感受到保险营销员的认真与专业。封面类型通常包括传统型、温馨型和少儿型三种;封面内容主要包括保险规划名称、保险公司的司徽、客户的姓名、保险名句、方案设计人等。

### (二) 导言

导言即开篇词。导言应亲切而不肉麻、朴实而不失情感。例如,"每个人都希望在退休后能共赏金阳余晖,闲暇的日子仍旧多姿多彩、充满欢乐。相信这份专为您设计的保险能够满足您心中的愿望!"

### (三) 公司简介

公司简介主要包括公司的历史、现状以及未来等。

### (四) 保险需求分析和设计思路

在设计保险方案之前,首先要对客户的需求做进一步分析,帮助客户明确其最需要的保险需求是什么,同时让客户了解保险营销员的设计思路,知道此份方案是专门为他量身定做的,从而对保险营销员产生信任感。保险方案的设计思路通常可以从家庭的角度出发,从主要收入来源者的角度出发,从弥补各产品缺陷的角度出发等。

### (五) 保险额度的测算

保险产品的保险额度可根据收入置换法或家庭需求法来测算。

### (六) 正文

1. 产品组合

保险规划方案应改善单一保险产品的不足,更好地满足客户的保险需求。

2. 保障利益说明

保障利益内容主要包括保险金额、保险费用、保险期限、缴费方式、各项保险利益的详细说明和效益分析等内容,让客户明白这份保险规划方案究竟能够为其解决什么问题,以及能够得到什么具体的利益。

3. 注释

注释主要包括专业术语的注释、客户特殊情况的注释、数据的注释等。

4. 落款

落款必须注明公司营业部、地址、营销员工号、姓名、资格证编号和联系电话等。

5. 结束语

结束语可以用一些美好的祝词体现对客户的关心和祝福,也可以写些有关的名人名言,让客户觉得这份保险规划方案是有价值的。当然也可以套用格式化的结束语,如"本方案是根据您的家庭情况专门设计的,非常符合您的需求。"

6. 封底

封底设计应同封面设计风格相同。

总之,保险规划方案的格式和内容并不是一成不变的,在实际操作时可以根据具体需要进行取舍、调整,如有的方案中还可配上保险的意义与功能、客户投保指南、推荐本方案的理由、理赔服务等内容,但总体上方案设计要求整齐、简洁明了、逻辑清楚、内容完整真实,不要过于追求形式上的特色而忽视了方案的本身内容。

**专栏 4-2**

**理财型保险产品误区**

理财型保险可分为三大类:分红险、万能险和投连险。其中,风险最小、收益最低的是分红险;投连险的风险和可能获得的收益是最高的;万能险的风险比分红险的大一点,收益比较稳定。投保时要按照自己的经济情况、风险承受能力等方面来选择合适的险种产品,一般年纪大、风险承受能力低的人士不适合配置万能险和投连险。

投保理财型保险时要注意以下三个购买误区。

1. 仅把保险当投资渠道

很多人在投保理财型保险的时候只看到它的收益功能,而忽视了其保障功能,保险归根结底最重要的功能还是保障。理财型保险的收益不可能很高,投保时最好选择具有意外、疾病基本保障的产品,一旦有个万一,自己还能获得赔偿,减少损失。

2. 随便退保

理财保险在退保时(特别是万能险和投连险),是要扣掉初始费用、风险管理费、保险单管理费、退保手续费等才能退保的,因而损失惨重。理财型保险的收益要很长一段时间(至少是 5 年以上)才能体现出来,不能快速获得回报,对此,投保前要考虑清楚。

3. 投连险产品收益有保证

投连险产品的收益是浮动的、不确定的,投资风险是保险单持有人自己承担的,保险公司不分担,投保时最好依据自身的经济能力和风险承受能力选择合适的保险费,以免发生难以承受的损失。

综上所述,投保理财型保险时要注意避免以上误区,以免产生损失。

(资料来源:招商信诺网站)

## 第五节 人身保险理财规划实训

在掌握了人身保险理财规划基本知识后,学生开始进入实训操作环节。

### 一、"单身贵族"保险理财规划实训

**(一)实训目的**

(1)根据客户的基本资料分析其保险需求。

(2)掌握家庭准备期保险理财规划方案的制定。

### (二) 案例描述

高先生在某外企工作,27岁,单身,现租房,年收入为15万元,每月基本消费为3 500元,房租每月1 500元。高先生单位不仅有社保,还有企业补充医疗保险,保险额度为10万元。但高先生工作压力比较大,有慢性胃病,经常到国内、国外出差,乘坐飞机较多。高先生自己有一辆车,平时自驾上班,父母身体很好,无须对父母赡养,但他已意识到自己的健康对父母的重要性。高先生未来两年有购房打算,对未来充满信心和憧憬,有一定风险意识。高先生的基本信息如表4-8所示。

表4-8 高先生基本信息

| 姓名 | 高先生 |
|---|---|
| 性别 | 男 |
| 年收入 | 15万元 |
| 年支出 | 6万元 |
| 婚姻状况 | 未婚 |
| 社会医疗保险 | 有 |
| 企业补充医疗保险 | 10万 |
| 预计退休年龄 | 60岁 |
| 住院或疾病史 | 慢性胃炎 |
| 是否经常出差或外出旅游 | 经常乘机出差 |

### (三) 实训演练

学生分组完成下列任务。

**任务1** 根据高先生的基本信息分析其保险需求。

**任务2** 完成保险金额和保险费测算。

**任务3** 为高先生制定一份完整的保险规划方案。

## 二、年轻夫妻的保险理财规划实训

### (一) 实训目的

(1) 根据客户的基本资料分析其保险需求。

(2) 掌握家庭形成期的保险理财规划方案的制定。

### (二) 案例描述

李先生,32岁,某企业部门经理,年薪为20万元。妻子朱女士,28岁,幼儿教师,年薪8万元。夫妻双方只有基础社会保险,并无任何商业保险。两人于近期完婚,婚前贷款买房,房贷总额为150万元,还款期为20年。夫妻双方有少量储蓄,并无其他投资行为。不包含还房贷的情况下,其家庭年支出大约为15万元。由于李先生夫妇未来5年内有生育计划,所以希望家庭财务规划重保障、轻投资,尽可能压缩保险费开支。

### (三) 实训演练

学生分组完成下列任务。

任务1　根据李先生的基本信息分析其保险需求。
任务2　完成保险金额和保险费测算。
任务3　为李先生制定一份完整的保险规划方案。

### 三、普通三口之家的保险理财规划实训

#### (一) 实训目的

(1) 根据客户的基本资料分析其保险需求。
(2) 掌握家庭成长期的保险理财规划方案的制定。

#### (二) 案例描述

夏先生,40岁,自己开办了一家少儿艺术培训中心,年收入为10万元。夏太太,39岁,在企业做采购,年收入为10万元。夏先生女儿,10岁。夏先生夫妻双方父母都健在,且基础退休金及社保相对健全。夫妻双方都有社保,女儿也享有少儿医保,家庭健康状况正常,无抽烟、喝酒习惯,无家族病史。夫妻双方也无高频次出差,一年会有2~3次旅行。除了车险,他们目前没有配置任何商业保险产品,家庭每年支出为10万元,无大额贷款计划,金融资产55万元,固定资产150万元(自住),5年内没有大额支出的计划。其保险费预算在2万~2.5万元,希望用家庭年收入的10%去覆盖收入10倍的风险。

#### (三) 实训演练

学生分组完成下列任务。
任务1　根据夏先生的基本信息分析其保险需求。
任务2　完成保险金额和保险费测算。
任务3　为夏先生制定一份完整的保险规划方案。

## 本 章 小 结

(1) 保险理财是个人理财的一部分,它主要通过定量分析客户的保险需求,帮助客户选择合适的保险品种、保险期限及保险金额,以避免风险发生时给个人及家庭生活带来冲击,从而提高客户的生活质量。

(2) 为客户制定保险理财规划时,除了了解客户的基本信息之外,还需要从根本上了解客户不同阶段的特点和理财方面的要求,从而为客户量身定制保险理财规划方案。

(3) 保险理财规划方案设计时要遵循适当需求原则、全面保障原则、合理保额原则、适当保险费原则、先大人后小孩原则、先保障后储蓄原则,并采用产品组合的方式来满足客户的需求。

(4) 为了让学生更好地理论联系实际,要求学生根据不同情景为客户分析保险需求并制定合理的保险规划方案。

## 关键概念索引

保险理财　家庭准备期　家庭形成期　家庭成长期　家庭成熟期　家庭享受期　生

命价值法　收入置换法　家庭需求法　保险规划方案

## 复习思考题

1. 简述保险理财在个人理财中的作用。
2. 简述人生不同阶段的保险需求。
3. 简述保险金额的测算方法。
4. 针对下列案例，分析客户的保险需求并为其制定保险规划方案。

(1) 王先生，35岁，有一个3岁的儿子。因离异，王先生独自承担整个家庭经济责任，年收入大约10万元，每月家庭生活开支3 000元，另外，每月还要负担房贷2 000元，银行贷款还有30万元未偿还。基本保障方面，王先生单位有社保，没有买过商业保险。

请根据王先生的基本信息分析其保险需求并为其制定合理的保险规划方案。

(2) 刘先生与刘太太结婚已经4年，刘先生33岁，刘太太30岁。两人决定婚后不要孩子，体验"丁克"。刘先生是一家IT公司的部门主管，年薪10万元，公司有社保，并给员工买了每人10万元的团体意外保险，其中意外医疗险1万元；刘太太在一家国有银行做职员，年收入5万元，只有社保。两人目前有40万元的房贷要在20年内还清，房主是刘先生。夫妻每月固定给双方老人生活费共1 000元，计划在两年内购买一辆10万元的车，家庭其他支出每月4 000元左右。

请根据刘先生家庭的基本情况分析其保险需求并为其制定合理的保险规划方案。

(3) 52岁的张先生是一家科研单位的办公室主任，月收入5 000元，单位有社保及大额门诊医疗保险、大额住院医疗保险。张先生有轻度脂肪肝，有10万元保险金额的重大疾病保险、10万元保险金额的人身意外伤害保险和1万元保险金额的意外医疗保险。张先生预计退休年龄为60岁。太太杨女士49岁，在一所中学当老师，月收入4 500元，身体状况良好，工作稳定，保障比较充足，除了社保，学校每年还能报销医疗费8万元，此外，还有一份10万元保险金额的意外险，其中意外医疗保险每年1万元。杨女士预计退休年龄为55岁。家庭各类资产中，现金1.5万元，定期存款20万元，投资10万元，固定资产80万元，没有负债。家庭每年日常开支约2.4万元，医疗费用开支约5 000元，保险费支出4 000元，其他支出3 000元。孩子小张在一家外企工作，经济已经独立。夫妻两人有20万的积蓄想作养老保障。

请根据张先生的家庭基本情况分析其保险需求并为其制定合理的保险规划方案。

# 第五章　人身保险投保及实训

 **本章要点**

- 人身保险的投保途径
- 人身保险投保单的构成
- 人身保险投保单的填写要求
- 人身保险投保实训

> 投保人可以通过保险营销员、网络、银行或邮政储蓄网点、保险公司客服中心等途径购买人身保险产品。投保人购买人身保险产品时需要在业务员的指导下正确填写投保单,并亲笔签名,否则无效。投保人还应该如实告知保险公司的询问事项,如果未如实告知,保险公司有权根据我国《保险法》的规定解除保险合同,并有权决定是否对合同解除前发生的保险事故承担保险责任。

## 第一节　人身保险的投保途径

投保人可以根据自身的实际情况选择合适的渠道购买人身保险产品。

### 一、通过网络在线购买

目前,大多数保险公司都开通了网上购买保险产品的功能,这种方式尤其对年轻人或方便使用网络的投保人来说非常便捷。网上购买保险产品的一般流程如下。

(1) 点击某款产品的"立即购买"或"我要购买"按钮后,会出现一个投保告知,一般采用问卷的形式。

(2) 填写投保人和被保险人姓名、身份证号码、出生日期、联系方式等各类投保信息。

(3) 投保信息提交后,请再次核对所填信息,如有错误可进行修改,最终确认提交。

(4) 投保确认后按提示进行网上支付。

## 二、通过保险营销员购买

投保人通过保险营销员购买保险产品时需要注意以下几方面的事项。

（1）查看营销员的展业证并核实编号。展业证是保险营销员接受保险公司委托，代表其从事保险营销活动的证明。保险营销员从事保险营销活动时应当出示展业证。消费者可以在监管机构指定的媒体和网站上查询保险营销员的资格证书、展业证信息以及保险营销员的诚信记录。

（2）认真了解保险产品的特点。投保人应当向保险营销员索要保险条款并仔细阅读。保险营销员有义务客观、全面、准确地向客户披露有关保险产品与服务的信息。由于各个营销员的专业水平、责任心不一，为了更好地维护自身的权益，投保人应当对保险单的保险责任、缴费方式、保险赔偿或给付办法、责任免除、退保手续等重要问题进行详细询问。

（3）填写投保单时要严格履行如实告知义务。对投保单上需要填写的被保险人的年龄、健康状况等项目要如实填报。这些内容是保险合同的重要组成部分，会影响保险公司是否同意承保或者提高保险费率的决定，如果投保人没有如实填写，根据我国《保险法》的规定，保险公司有权解除保险合同。

（4）填写投保单时要亲笔签名。如有特殊情况发生了代签名行为的，要尽快到保险公司办理补签名手续，否则可能造成保险单无效。

（5）手续办理完毕后，投保人要确保持有保险单、保险费收据等重要凭证。

（6）要有效利用犹豫期条款的规定。

## 三、通过银行或邮局网点购买

投保人也可以到保险公司合作的银行或邮局网点购买人身保险产品。其购买步骤如下。

（1）填写投保单。

（2）缴纳首期保险费。投保人在保险公司合作的银行签署银行转账授权书后即可通过该合作银行进行首期保险费的划拨。

（3）领取保险合同。填写完投保单并缴纳首期保险费后，银行柜面将提供给投保人保险合同及收款收据，投保人必须在保险单的送达回执上签字。

（4）到保险公司服务中心领取发票。如果需要保险费发票，可以到当地保险公司服务中心领取，服务中心地址可通过保险公司网站在线自助服务频道进行查询。

## 四、通过保险公司客服中心购买

投保人可以直接到保险公司的客服中心或营业网点购买人身保险产品。通过保险公司网站在线自助服务频道可查询保险公司各客服中心的地址，就近购买。其购买步骤如下。

（1）填写投保单。

（2）缴纳首期保险费。通过保险公司柜面缴纳保险费，公司会向投保人出具公司统一的收款收据。

（3）公司审核。投保人填写完投保单并缴纳首期保险费后，保险公司将审核其投保资料，根据情况，公司可能需要对被保险人进行生存调查或健康体检，资料审核通过后，公司将缮制保险合同。

（4）合同、发票送达。公司会把保险合同和保险费发票送达给投保人，并收回收款收据，投保人在保险合同送达回执上签字，公司收回该回执。

### 五、拨打保险公司电话购买

投保人也可以通过拨打保险公司的服务热线购买人身保险产品，保险公司客服人员会推荐保险营销员与投保人取得联系。

随着网络保险的普及，投保人也可以通过第三方支付平台购买保险，比如支付宝就提供了保险服务；投保人还可以通过保险公司的手机软件（比如"平安金管家"）购买保险产品。总之，可供投保人购买保险的途径有很多，而且也越来越便利。

## 第二节 人身保险投保单的构成

### 一、投保单的构成

投保单又称要保单，是保险合同的重要组成部分，也是投保人申请投保的要约文件。投保单通常为表格形式，记载着被保险人的年龄、性别、职业及健康状况等告知信息的书面材料。它是核保人员评估被保险人风险程度的最基本核保资料，一经保险人接受并签章，即成为保险合同的重要组成部分，具有法律效力。

投保单一般由四部分组成。一是客户基本资料，包括投保人和被保险人的姓名、性别、年龄、职业、身份证号码、婚姻状况、联系地址等；受益人的姓名、证件号码、与被保险人之间的关系等。二是要约主要内容，包括投保的险种和保险金额、保险费缴付方式等。三是告知事项，包括被保险人过去和目前的健康状况等。四是声明与授权。

### 二、人身保险个人投保单示例

人身保险个人投保单因险种不同而略有区别，但总体格式基本一致，表5-1是中国人寿保险公司的人身保险个人投保单示例。

表5-1 中国人寿保险公司个人保险投保单

业务员姓名：
业务员工号：
收款收据号：
保险合同号：

(续表)

| 客户保障声明 | 1. 请您在仔细阅读保险条款,充分理解保险责任、责任免除、解除合同等规定,权衡保险需求和缴费能力后,再做出投保决定。<br>2. 投保单为保险合同的重要组成部分,请准确、真实填写,并由投保人、被保险人亲笔签名。不明事项请向业务员或我公司咨询。如无特别声明,我公司将以您本次填写的地址为最新地址。如有地址变更,请及时通知我公司,以便为您提供服务。<br>3. 根据我国《保险法》规定,我公司有权就投保人、被保险人的有关情况进行询问,您应如实告知;如您未如实告知,我公司有权依照《保险法》的规定决定是否解除合同,并有权决定是否对合同解除前发生的保险事故承担保险责任。<br>4. 保险合同自我公司同意承保、收取首期保险费并签发保险合同的次日开始生效,此前我公司不承担保险责任。<br>5. 一切与本投保单各项内容及保险条款相违背或增减的业务员说明及解释均属无效,一切告知均以书面为准。<br>6. 投保人通过业务员递交投保单、缴付保险费的,请检查业务员证件并及时索取盖有我公司收费专用章的收款收据。 |
|---|---|

一、客户资料

| 投保人 | 姓名 | | 性别 | | 出生日期 | | 年龄(周岁) | |
|---|---|---|---|---|---|---|---|---|
| | 证件名称 | | 证件号码 | | | | | |
| | 职业 | | 兼职 | | 职业代码 | | 职业类别 | |
| | 工作单位 | | | 通信地址 | | | 邮编 | |
| | 联系电话 | | | email | | | | |
| | 婚姻状况(已婚、未婚、离婚、丧偶) | | | | | | | |
| 被保险人 | 姓名 | | 性别 | | 出生日期 | | 年龄(周岁) | |
| | 证件名称 | | 证件号码 | | | | | |
| | 职业 | | 兼职 | | 职业代码 | | 职业类别 | |
| | 工作单位 | | | 通信地址 | | | 邮编 | |
| | 家庭住址 | | | 邮编 | | | 联系电话 | |
| | 婚姻状况(已婚、未婚、离婚、丧偶) | | | | | | | |

受益人(本栏仅供指定身故保险金受益人)

| 受益顺序 | 姓名 | 性别 | 出生日期 | 是被保险人的 | 受益份额 | 证件名称 | 证件号码 |
|---|---|---|---|---|---|---|---|
| 1 | | | | | | | |
| 2 | | | | | | | |

二、要约内容

| 主险名称 | 保险金额 | 保险期间 | 缴费期间 | 缴费方式 | 标准保险费 |
|---|---|---|---|---|---|
| | | | | | |
| 附加险名称 | 保险金额 | 保险期间 | 缴费期间 | 缴费方式 | 标准保险费 |
| | | | | | |
| | | | | | |

(续表)

| 保险费合计人民币(大写) | | | | | | |
|---|---|---|---|---|---|---|
| 首期暂缴费缴费形式 | 银行转账☐ 银行代收☐ 现金☐ 支票☐ 其他☐ | | | | 缴费日期 | |
| 续期缴费形式 | 银行转账☐ 银行代收☐ 现金☐ 支票☐ 其他☐ | | | 若选择银行转账,开户银行:户名: 账号: | | |
| 年金领取年龄(周岁) | 首期领取金额 | 领取方式 | 趸领☐ 年领☐ 月领☐ 其他☐ 平准领取☐ 递增领取☐ 递增率为 其他 | | | |
| 如投保分红保险,红利领取方式 | | 现金☐ 累积生息☐ 抵交保险费☐ 购买缴清增额保险☐ 其他☐ | | | | |
| 合同争议处理方式 | 诉讼☐ 仲裁☐ 仲裁委员会: | | | | | |
| 备注 | | | | | | |

### 三、告知事项(凡条款列明有"免交未到期责任"的险种,请同时填写"投保人")

| | | 被保险人 | 投保人 |
|---|---|---|---|
| 1. 身高体重 | 被保险人身高 厘米,体重 公斤;<br>投保人身高 厘米,体重 公斤 | 是/否 | 是/否 |
| 2. 平均年收入 | 被保险人: 投保人: | | |
| 3. 生活习惯 | A. 是否驾驶摩托车或其他机动车 | | |
| | B. 是否参加潜水、拳击、攀岩、飞行、赛车、漂流等危险运动或有此类嗜好 | | |
| | C. 是否服食任何成瘾药物或吸毒 | | |
| | D. 是否有饮酒或吸烟的习惯? 如是,已饮酒 年,种类白酒,每天数量 于 年因 停止饮酒;已吸烟 年,每天 支,于 年因 停止吸烟 | | |
| 4. 身体残障 | A. 是否曾患听力、视力、语言、咀嚼障碍、智力障碍 | | |
| | B. 是否曾患有脊柱、胸廓畸形、四肢、手、足、指残缺 | | |
| 5. 症状体征 | 是否曾患有或被告知有下列症状,或因下列症状接受治疗:慢性咳嗽、咯血、胸闷、心慌、气短、浮肿、声嘶哑、吞咽困难那、呕血、黑便、腹痛、黄疸、贫血、肿块、血尿、蛋白尿、皮肤瘀斑、不明原因皮下出血点、渐进性消瘦、持续性头痛、晕厥、抽搐、昏迷、长期发热、高度近视 | | |
| 6. 病史询问 | 是否曾患有或接受治疗过下列疾病 | | |
| | A. 高血压、先天性心脏病、风湿性心脏病、心内膜炎、冠心病、心肌梗塞、心律失常、心肌炎、脑血管意外 | | |
| | B. 帕金森氏综合症、癫痫、脑部疾病、脊髓疾病、精神病 | | |
| | C. 哮喘、肺结核、肺气肿、支气管扩张、尘肺、矽肺、肺源性心脏病 | | |

(续表)

| | | |
|---|---|---|
| | D. 消化性溃疡、萎缩性胃炎、胰腺炎、肝硬化、乙肝或丙肝病毒携带者、胆道感染或结石 | |
| | E. 尿路结石或畸形、肾炎、肾病、肾功能不全、多囊肾、肾盂积水、前列腺疾病 | |
| | F. 肿瘤(包括恶性肿瘤及尚未确诊为良性或恶性之息肉、肿瘤、囊肿、赘生物) | |
| | G. 糖尿病、痛风、垂体机能亢进或减退、甲状腺功能亢进或减退、肾上腺机能亢进或减退 | |
| | H. 系统性红斑狼疮、风湿或类风湿病、胶原性疾病及结缔组织疾病、椎间盘突出、疝、痔 | |
| | I. 贫血、血小板减少性紫癜、过敏性紫癜、血友病、白血病、被建议不宜献血 | |
| | J. 白内障、视网膜疾病、角膜疾病、青光眼、中耳炎及其他眼、耳、鼻、喉或口腔疾病 | |
| | K. 先天性疾病、遗传性疾病、地方病、职业病、药物过敏史 | |
| | L. 是否还有以上未列明的疾病 | |
| 7. 诊疗、检查经历 | A. 过去3个月内是否接受过医生的诊断、检查和治疗 | |
| | B. 过去5年内是否因疾病或受伤住院或手术 | |
| | C. 过去5年内除健康普查外有否做过下列检查:X光(透视、摄片)、心电图、B超、CT或核磁共振、脑电图、血液化验、胃镜、肠镜等内窥镜检查、病理活检、眼底检查 | |
| 8. 你及你的配偶是否曾接受或试图接受与艾滋病有关的诊察或治疗? 在过去6个月内是否曾持续超过一周以上有下列症状:体重下降、食欲不振、盗汗、腹泻、淋巴结肿大及皮肤溃疡 | | |
| 9. 父母兄弟姐妹中是否有人曾患有遗传性疾病、结核病、肝炎、肝硬化、癌症、糖尿病、肾病、心脏病、中风、高血压、动脉硬化、精神病或曾是乙肝、丙肝病毒携带者或60岁以前因疾病身故 | | |
| 10. 妇女专项 | A. 是否正在怀孕? 如是,孕期第　周 | |
| | B. 是否患有子宫肌瘤、子宫颈癌、卵巢囊肿、卵巢癌、异位妊娠、乳腺增生(包块、肿块)、乳腺癌、阴道不规律出血等疾病 | |
| 11. 投保记录 | A. 目前是否有已参加或正在申请中的其他人身保险? 如有,请告知承保公司、保险险种名称、保险金额、保险单生效时间 | |
| | B. 过去两年内是否曾被保险公司解除合同或申请人身保险而被延期、拒保或附加条件承保 | |
| | C. 过去有无向保险公司索赔 | |
| 12. 说明:以上3～11项如"是",请列明问题编号及有关需说明的内容,包括疾病诊治日期、诊治结果、诊治医院名称、债务情况等。对投保单及告知内容,我公司承担保密责任。 | | |

| | (续表) |
|---|---|
| 声明与授权 | 1. 贵公司已对保险合同的条款内容履行了说明义务,并对责任免除条款履行了明确说明义务。本人已仔细阅知。理解客户保障声明,产品说明书(仅限于分红、万能、投资连结保险),及保险条款尤其是责任免除、解除合同等规定。并同意遵守。所填投保单各项及告知事项均属事实并确不欺瞒。上述一切陈述及本声明将成为贵公司承保的依据,并作为保险合同的一部分。如有不实告知,贵公司有权解除合同,并对解除合同前发生的事故不负保险责任。<br>2. 本人谨此授权凡知道或拥有任何有关本人健康及其他情况的任何医生、医院、保险公司、其他机构或人士,均可将有关资料提供给贵公司。此授权书的影印本也同样有效。 |
| | 投保人签名　　　　被保险人(或其监护人)签名　　　　投保申请日期 |

(以下栏目由保险公司填写)

| 核保意见及批注栏 | 标准体　　次标准体　　职业加费　　延期承保<br>拒保　　　其他处理 |
|---|---|
| | 批注 |
| | 核保员签字　　　　主管签字　　　　日期 |

## 专栏 5-1

### 互联网人身保险持续低迷,自建线上渠道成趋势

2018年,互联网人身保险市场规模仍然没有止住下滑的趋势。2013—2016年,中短存续期的理财型产品大行其道,互联网人身保险也借此获得了大发展,其保费规模从2013年的54亿一举跨越到2016年的1 700亿,3年翻了约30倍。然而,在监管转向的2017年,互联网人身保险的规模保费同比下滑23%;2018年上半年规模保费为852.7亿元,同比下滑15.61%。

从渠道上看,第三方平台仍是销售主力,但自建线上渠道的趋势明显。中保协公布的数据显示,2018年上半年,通过第三方渠道实现的规模保费为753.8亿元,占互联网人身保险保费的88.4%,同比减少18.94%;承保件数则达到6 788万件,占总承保件数的63.8%,较去年同比大幅减少38%。与此同时,通过保险公司官网所实现的规模保费为98.9亿元,较去年同期增长22.9%。

从业务结构上看,人寿保险和年金保险仍为主要险种,但意外险、健康险的占比提升。根据中保协数据,2018年上半年,互联网人身保险的第一大险种为人寿保险,其规模保费收入为475.9亿元,在互联网人身保险年度累计规模保费中的占比为55.8%,与去年同期的58.1%有所下降;第二大险种为年金保险,保费收入为295.6亿元,占比为34.7%。此外,意外险、健康险的保费收入占比分别为6.4%和3.2%,较去年同期均有所上升。

从具体的公司来看,凭借母公司健全的电子渠道,银行系保险公司的互联网保费收入仍然领跑行业。根据中保协的统计,2018年上半年,建信人寿的互联网人身保险规模保费以270.52亿元位列第一;与此同时,工银安盛、农银人寿的规模保费分别以100.30亿元、59.95亿元位列第三、第四;一向以互联网渠道见长的国华人寿继续表现良好,以175.3亿元的规模保费排名第二。此外,弘康人寿也持续发力,从2016年上半年的第十名进阶到第六名,互联网规模保费达48.49亿元,同比增长76%。

(资料来源:创业家传媒)

## 第三节 人身保险投保单的填写要求

### 一、《个人保险投保单》填写的总体要求

投保单是投保人与保险人订立保险合同的重要依据,也是保险合同的构成要件之一,因此投保单的填写要严格、认真、规范,并保证所填写的各项内容真实、准确、完备,原则上不允许涂改投保单中所填写的内容。在业务员的指导下,投保人要用碳素墨水笔填写个人保险投保单,而且字迹要工整。《个人保险投保单》的填写,须有投保人、被保险人(或其监护人)的亲笔签名,否则,保险合同无效或保险合同部分无效。

若《个人保险投保单》为他人代为填写的,填写后的《个人保险投保单》必须经投保人、被保险人(或其监护人)确认后,亲笔签名或按手印认可。

填写后的《个人保险投保单》,确因特殊理由需要涂改的,须用碳素墨水笔在涂改内容处划两道斜线表示,同时必须有投保人在涂改处的亲笔签名。凡涂改的内容涉及被保险人权益的(如受益人的更改、保险金额的增加等),还须有被保险人(或被保险人监护人)的亲笔签名。对《个人保险投保单》个别内容进行更正,不得使用涂改液。

### 二、《个人保险投保单》各项内容填写的具体规定

**(一)"客户资料"部分各栏的填写规定**

(1) 关于"姓名""性别""出生日期""证件名称""证件代码""联系电话"和"通讯地址""邮编""电子邮件"等栏目的填写。"客户资料"中所列各栏目,均按投保时投保人、被保险人和受益人的实际情况如实填写。尤其是"姓名""性别""出生日期"等,均要与投保时投保人、被保险人的身份证、护照、军官证、驾驶执照、返乡证、户口簿的有关内容相符。"证件名称"应尽量填写身份证;"通讯地址"要填写信函寄达地址;"联系电话"在据实填写的同时,尽量注明是家庭电话还是单位电话。

(2) 关于投保人、被保险人"年龄"的填写。"年龄"栏要按投保时的实际周岁年龄填写,以《个人保险投保单》中的投保申请日期和投保人、被保险人的出生日期为准。

若投保单填写日期的月、日与出生日期所对应的月、日相同或在其后,则直接用填单日

期所在的年度减去出生年度,即为周岁年龄。例如,某人 1967 年 4 月 5 日出生,1999 年 8 月 9 日填写《个人保险投保单》,填单日期的月、日即 8 月 9 日,在此人出生日期所对应的月、日即 4 月 5 日之后,则其周岁年龄为:1999－1967＝32(岁)。

若投保单填写日期的月、日在出生日期所对应的月、日之前,则须用填单日期所在的年度减去出生年度再减去 1,即为周岁年龄。例如,某人 1967 年 4 月 5 日出生,1999 年 2 月 9 日填写《个人保险投保单》,填单日期的月、日即 2 月 9 日,在此人出生日期所对应的月、日即 4 月 5 日之前,则其周岁年龄为:1999－1967－1＝31(岁)。

(3) 关于投保人、被保险人和受益人三者之间关系的填写。若投保人与被保险人为同一人,应在关系栏中填写"本人";若投保人与被保险人不是同一人,在保证投保人对被保险人具有保险利益的前提下,应在关系栏中填写"父亲""母亲""妻子""丈夫"或"儿子""女儿"等。在有关受益人的关系栏目中,也须填写为"父亲""母亲""妻子""丈夫"或"儿子""女儿"等。

(4) 关于"职业""兼职""职业代码""职业类别"和"工作单位"等栏目的填写。"职业"栏要填写投保人、被保险人实际从事的工作,如电工、美容师等。"兼职"栏不得空缺,若投保人、被保险人有兼职的,要填写其所兼职的工作;没有兼职的,该栏填写"无"。"职业代码"和"职业类别"两栏,业务员要根据《职业分类表》所列的"职业代码""职业类别"依风险较高的职业对应的职业代码进行填写。对于《职业分类表》中尚未列明的职业及其代码,业务员需向保险公司核保人员咨询后再行填写,以避免内容不匹配导致在业务系统录入时校验不通过而需重新填写投保单的情况。"工作单位"栏,要填写投保人、被保险人工作单位的全称。对于没有工作单位的个体工商户,"工作单位"栏填写"个体工商户"。

(5) 关于受益人资料各栏目的填写与要求。受益人各栏仅供填写身故保险金受益人,保险公司不接受其他保险金受益人。

按照我国《保险法》规定,受益人由被保险人或投保人指定。投保人指定受益人时,须经被保险人同意。被保险人为无民事行为能力或限制民事行为能力人时,可以由其监护人指定受益人。

投保人、被保险人指定的受益人,必须是实际已经存在的人,不能为不确定的人,如"我未来的妻子或丈夫""我未来的儿子或女儿"等;也不能在受益人"姓名"栏中出现"法定"字样。

受益人可以为一人或者数人,若受益人为一人,则"受益顺序"栏无需填写,"受益份额"栏填写"100%";若受益人为数人,投保人、被保险人应确定受益顺序和受益份额。若投保人、被保险人指定多个受益顺序,并且同一受益顺序下的各个受益人确定有受益份额的,则同一受益顺序下各个受益人的受益份额之和必须为 100%;同一受益顺序下的各个受益人没有确定受益份额的,则每个受益人按照相等份额享有受益权。若投保人、被保险人没有指定受益顺序的,默认为所有受益人均为同一受益顺序,则各个受益人的受益份额之和也必须为 100%。若受益顺序多于 3 个或没有受益顺序但受益人数多于 3 人的,有关情况应在"备注"栏内填写。

(6) 关于手机号的填写。如果投保人、被保险人有手机,应据实填写手机号码,以利于后期客户服务。

(7) 关于投保人信息通知方式的填写。投保人可在电子邮件、手机短信、电话或信函等方式中选择一种填写。

(8) 关于是否覆盖联系方式的填写。如果投保人或被保险人以前曾在同一公司投保过,而本次填写的通讯地址与上次填写的地址不同,可以通过选择是否以本次联系方式覆盖上次投保联系方式,如果投保人选择不覆盖原有联系方式,则原有保险单仍会寄送到原有地址,新投保的保险单会寄送到新地址;如果选择覆盖原有联系方式,则所有保险单都会寄送到新地址。

### (二)"要约内容"部分各栏的填写规定

(1) 关于险种名称的填写。投保人若同时投保多个主险和附加险,在填写险种名称时应按顺序在险种名称栏依次填入,附加险填写在所附主险后,并在险种名称前注明"附:"字样。险种名称栏最多可填6个险种,如投保人一次投保的险种超过6个,则应另填一张投保单。如投保人投保多个主险,其缴费方式、首期缴费形式、续期缴费形式等要约内容必须一致。如存在两个以上年金保险或分红保险的,年金领取年龄、分红领取方式也必须一致。

(2) 关于保险期间的填写。若保险期间为终身的,在"保险期间"栏下的"终身"栏方框内划勾;若保险期间为定期的,在"保险期间"栏下的"定期"栏方框内划勾。同时,应根据投保人的选择和保险条款规定,据实填写定期的年数或到期的年龄。

(3) 对于有自动垫缴权益的条款,在申请投保时,如果保险条款中规定有保险费自动垫缴功能,则在投保单中选择填写"是否保险费自动垫缴",如果选择了"是"的选项,续期保险费将自动垫缴,如果选择了"否"或未选择的,续期保险费将不会自动垫缴。

(4) 关于可选择保险责任和保险金额的填写。当投保人投保的险种可以选择保险责任时,如"国寿子女婚嫁备用金保险",其所选择的保险责任和不同的保险金额均应在"备注"栏内填写。

(5) 关于年金领取年龄、首期领取金额和领取方式的填写。当投保人投保了保险条款中明确规定有年金领取年龄,且年金领取年龄不允许选择的年金保险险种时,投保人应按条款规定填写"年金领取年龄"栏;否则,在"年金领取年龄"栏内填写投保人选择的具体年金领取年龄。"首期领取金额"栏应根据投保的实际情况进行填写。"领取方式"栏应根据投保人选定的具体领取方式进行填写,即在"趸领""年领""月领"和"平准领取""递增领取"选项前的方框内划勾,如选择了"递增领取",还要在"递增率"栏内根据条款规定填写具体递增率。若投保人投保了同时可以选择两种以上领取方式的年金保险险种时,具体领取方式应在"备注"栏内进行详细填写。

(6) 关于标准保险费和额外保险费的填写。传统寿险的标准保险费是按照被保险人的年龄、性别、保险金额查询保险条款费率表后得出的保险费金额。投连险和万能险的标准保险费是客户投保时选择的分期缴付的基本保险费金额。额外保险费是专门为投连险和万能险设计的不定期、趸缴方式缴纳的保险费。

(7) 关于红利领取方式的填写。对于投保了分红保险的,要根据条款中列明的红利领取方式类型选择一种方式,并在投保单上划勾。如果此栏未填写,保险公司默认的红利领取方式为累积生息方式。

(8) 关于合同争议处理方式的填写。该栏用于填写保险公司与客户发生合同争议时的解决方式,一般有两种方式可选择:因履行合同发生的争议,由当事人协商解决,协商不成的,提交×××仲裁委员会仲裁;因履行合同发生的争议,由当事人协商解决,协商不成的,依法向保险单签发地有管辖权的人民法院提起诉讼。

## (三)《保险费自动转账付款授权书》的填写规定

(1) 银行首期转账时,投保单与转账协议中的银行名称、银行存折账号位数务必填写一致,确保无误。

(2) 转账银行应为保险公司划账范围内的银行,账号必须为投保人个人人民币活期储蓄(结算)账号。授权转账账户的户名应为投保人,户名的填写要与存折上完全一致。

(3) 转账授权书在填写时应做到项目齐全、字迹清楚,不得涂改。如有填写错误,须重新填写。

(4) 每份《保险费自动转账付款授权书》只能填写一个主险险种,对应一份投保单,其对应的投保单号码切勿遗漏和填错。如果同一投保人同时投保两个不同的主险,则需分别填写两份投保单和两份《保险费自动转账付款授权书》。

(5) 正确填写账户所有人身份证号码。

(6) 收据的日期应填写签保险单的日期。

(7) 投保书及转账协议中的转账授权必须由户主(投保人)亲笔签名授权。

## (四)"告知事项"部分各栏的填写规定

(1) 关于"身高""体重"的填写。被保险人、投保人的身高均以厘米为单位进行填写;体重均以公斤为单位进行填写。

(2) 关于提问项目的填写。提问项目均不得空缺,具体填写时,应在各个提问项目后的"是"或"否"的方框内划勾;但凡是在"是"的方框内划勾的提问项目,必须将其相关的详细说明填写在"说明"栏内。

(3) 投保带有投保人保险费豁免责任的险种时,须告知投保人健康状况。

(4) 投保带有其他被保险人的险种时,须同时告知被保险人和其他被保险人的健康状况。

(5) 被保险人有理赔记录时,须详细告知治疗状况、恢复情况、目前状况并附病史小结(复印件)。

(6) 部分项目具有 A、B 两项,应分别说明。如"诊疗、检查经历栏:A. 过去 3 个月内是否接受过医生的诊断、检查和治疗;B. 过去 5 年内是否因疾病或受伤住院或手术",应分别进行说明。

## (五)"投保人签名""被保险人(或其监护人)签名"和"投保申请日期"部分的填写规定

《个人保险投保单》各项内容填写完毕后,"投保人签名"栏必须为投保人本人的亲笔签名或亲自按的右手大拇指手印;"被保险人(或其监护人)签名"栏也必须为被保险人本人或其监护人的亲笔签名或亲自按的右手大拇指手印;"申请投保日期"栏为《个人保险投保单》的填写日期。

### 三、其他投保资料的填写要求

#### (一)《分红保险声明书》的填写要求

对于投保了分红保险的,需要填写《分红保险声明书》,但投保人投保的多个主险中如果有分红类保险,不论是一个或多个,只填写一张《分红保险声明书》。

#### (二)《投保提示表》的填写要求

为了保护消费者的权益,在客户办理投保手续时必须向客户出示《投保提示表》,并注意向客户说明相关内容,客户确认无误后,按如下要求填写。

(1) 正确填写投保人姓名和投保单号码。
(2) 正确填写保险代理人姓名和业务员工号。
(3) 投保人认可后,由投保人亲笔签名。

《投保提示表》示例见表 5-1。

表 5-1　中国人寿保险股份有限公司投保提示表

| 投保人姓名 | | 投保单号码 | |
|---|---|---|---|
| 业务员姓名 | | 业务员工号 | |

人身保险投保提示

为帮助您认识人身保险产品的主要特征,保护您的合法权益,北京保监局敬请您注意以下事项:

一、请从持有中国保险监督管理委员会颁发的《经营保险业务许可证》《保险代理机构法人许可证》或《保险兼业代理许可证》的合法机构或持有《保险代理从业人员展(执)业证书》的销售人员处办理保险业务。如需要查询有关机构、销售人员是否具有监管部门认可的资格,可以登录北京保监局网站、北京保险行业协会网站或拨打咨询电话 95001033 查询(按市话收费)。

二、投保前请仔细阅读保险条款,特别关注保险责任和责任免除(除外责任)等内容,了解您准备购买的保险产品的保障范围是否能满足需要,清楚您购买保险后享有的权利和应承担的义务。

三、一年期以上的人身保险产品一般规定有犹豫期(您收到保险单并签字起的 10 日内)。在犹豫期内退保,您可以收回全部已缴保险费,保险公司将扣除不超过 10 元的工本费。

四、多数人身保险产品期限较长,如果需要分期缴纳保险费,请您充分考虑是否有足够、稳定的财力长期支付保险费。犹豫期过后退保,您会损失一定的费用,建议尽量避免中途退保。退保时退还给您的金额请参考现金价值表、退保金表示例或向保险公司咨询。

五、请如实填写投保书中的内容,并亲笔签名确认,否则将影响您的利益。

六、目前市场销售的产品较多,如果您购买分红、投资连结、万能等寿险产品,请重点关注下列提示:

1. 分红保险产品:分红保险可分配给您的红利是不确定的、没有固定的比率。分红水平主要取决于保险公司的经营成果。请不要将分红保险产品同其他保险产品或金融产品(如国债、银行存款等)作片面比较。

2. 投资连结保险产品:投保该保险产品的投资回报具有不确定性,投资风险由投保人承担。产品说明书或保险利益测算书中关于未来收益的测算仅为假设,实际投资可能赢利或出现亏损,需要您具有长期投资的打算和较强的风险承受能力。您所缴纳的保险费并不是全部进入投资账户用于投资,而是要扣除风险保障费用和经营管理费用。请您详细了解费用扣除情况。在犹豫期内退保,如投资账户资产价值已发生变化,保险公司依据条款相关规定退还保险费,请认真阅读相关条款。

(续表)

3. 万能保险产品:万能保险产品有最低保证结算利率,最低保证结算利率仅针对投资账户中资金。您所缴纳的保险费并不是全部进入投资账户,而是要扣除风险保障费用和经营管理费用,请您详细了解费用扣除情况。产品说明书或保险利益测算书中关于未来收益的测算仅为假设。

七、如果您在银行或邮政储蓄等机构购买保险,请注意该产品经营主体是保险公司。请着重了解它的保险功能,不宜将保险产品与银行存款、国债进行片面比较,更不要仅把它作为银行存款的替代品。

投保人声明:
业务员已对上述内容讲解清楚,本人对上述内容已了解并完全同意。本声明书将成为合同的组成部分。

投保人签名: 日期:

公司咨询、投诉电话:95519
初审员:

**专栏 5-2**

### 人身保险可以团体投保吗

在人身保险中,一张保险单可以承保一个或多个被保险人,据此可将人身保险分为个人人身保险和团体人身保险。

1. 个人人身保险

个人人身保险是指一张保险单只承保一个被保险人的人身保险。这种保险单的投保人或被保险人都是个人,且都要与保险人或代理人直接见面,以便排除不可保个体。如果投保份数达到某一规定,被保险人要到指定医院进行体检。

2. 团体人身保险

团体人身保险的被保险人不止一人,是在一张总保险单下可以承保多个被保险人的人身保险。团体人身保险的投保人往往是单位,被保险人是该单位的职工。团体人身保险一般收费较低,无须体检,投保手续简便。团体人身保险可分为团体人寿保险、团体意外伤害保险和团体健康保险。

(资料来源:招商信诺网站)

## 第四节 人身保险投保实训

### 一、投保单填制实训

在掌握了人身保险投保的基本知识后,要求学生根据实际情况正确填写投保单。

**任务1** 1963 年 5 月 20 日出生于上海的张某(男,身份证号码为 330×××19630520××××),身高 1.70 米,体重 150 斤。中专毕业后,在"上海市浦东新区××房地产中心"

工作(地址:上海市浦东新区上川路28号,电话:686×××××,邮编:212000),职务为经理,职业类别为三类,移动电话:131××××242,婚后一直与妻儿住在"上海市浦东新区松林路×号楼×××室"(电话:15831××××××,邮编:200122)。2008年12月20日,张某为自己购买了一份平安保险公司的保险,主险为意外伤害保险,保险金额为50万元,保险费为100元;附加险为意外伤害医疗保险,保险费为300元,保险期限为1年,张某用现金一次缴清了保险费。身故保险金受益人指定为其妻子李某(1965年1月2日出生,身份证:330××19650102××××)。张某身体健康。

请根据以上内容,完成人身保险投保单的填制。

**任务2** 以自己为投保人,以你的父母为被保险人,投保某公司的重大疾病保险,请缮制一份投保单。

## 二、案例分析实训

**任务1** 王某于2016年为自己购买了一份终身寿险,保险金额为100万元,投保单时是由保险营销员帮助填写的,并且投保人签名一栏也是由保险营销员代王某签名的。保险公司审核之后,出立了正式保险单,王某也按时缴纳了保险费。后王某在保险期限内因保险事故死亡,王某的家属向保险公司索赔。保险公司经调查后发现,投保单中投保人的签名非王某本人,认定该保险合同无效,拒绝理赔。

请分析:该投保单代签名案例应如何正确处理,并说明理由。

**任务2** 原告某卫生院诉称:2009年9月21日,原告与被告某保险公司签订为期1年的医疗责任保险合同,约定医疗责任每人基准赔偿限额为20万元,法律费用赔偿限额为2万元。2010年5月10日,原告因医疗过错致受害人曹某死亡,经该县人民法院判决,原告赔偿了受害人家属各项费用22.6万元,并且原告承担了该案的诉讼费和鉴定费8 608元。在该案的诉讼过程中,原告还支付了律师代理费2万元。2013年2月4日,原告根据保险合同的约定向被告申请索赔22万元,并向被告交齐了全部索赔资料,但直到2013年年底,被告才向原告支付赔偿金9.47万元。原告请求判令被告支付剩余保险赔偿款12.53万元。

被告某保险公司辩称:原告主张医疗责任赔偿限额为20万元、法律费用赔偿限额为2万元不属实,应为医疗责任赔偿限额10万元、法律费用赔偿限额1万元,保险单上医疗责任赔偿限额20万元、法律费用赔偿限额2万元系打印错误,由于原告申请投保的投保单上医疗责任赔偿限额10万元、法律费用赔偿限额为1万元,故应以该投保单的赔偿限额为准,被告方已足额赔偿了原告损失,请求依法驳回原告的诉讼请求。

请分析:本案如何处理?投保单和保险单内容不一致时,以哪个为准?

**任务3** 2009年6月,李某突发心肌梗塞,住院治疗半个月,花掉1万多元的医疗费。出院后,李某想到自己在2007年10月投保了重大疾病和住院医疗保险,于是就向某保险公司提出了理赔申请。保险公司经调查发现,李某投保前患有乙型肝炎,但李某在填写投保书时,在"是否有过肝炎或其他肝功能病史"一栏中,填写了"否"。

请分析:保险公司能否以此为由拒赔?

## 本章小结

（1）投保人可以通过保险营销员、网络、银行或邮政储蓄网点、保险公司客服中心等途径购买人身保险。

（2）投保人应该在保险业务员的指导下正确填写投保单的内容，并亲笔签名确认。

（3）投保人对投保单中的询问事项应如实告知，如果没有如实告知，保险公司有权根据我国《保险法》的规定决定是否解除保险合同，并有权决定是否对合同解除前发生的保险事故承担保险责任。

## 关键概念索引

投保单　投保途径　投保单填写

## 复习思考题

1. 简述人身保险购买途径。
2. 简述人身保险投保单填写的基本要求。

# 第六章　人身保险核保、承保及实训

本章要点

- 人身保险核保的概念及意义
- 人身保险核保的因素
- 人身保险核保信息的取得和评价
- 人身保险核保的流程
- 人身保险核保的结论
- 人身保险承保的流程
- 人身保险核保和承保实训

> 人身保险核保是保险承保工作的关键，只有认真、细致、全面地评估保险标的的风险，才能科学地进行承保选择和承保控制，才能以适当的保险费率或保险条件做出正确的承保决策。人身保险承保是保险人在投保人提出要约请求后，经审核认为符合承保条件并同意接受投保人的申请，承担保险合同规定的保险责任的行为。人身保险的核保与承保是保险经营的关键环节。

## 第一节　人身保险的核保

### 一、人身保险核保概述

**（一）人身保险核保的概念**

人身保险核保是指保险人对被保险人的身体健康状况、职业、财务状况、投保动机等因素进行危险程度的评估，决定是否承保以及确定承保条件的过程。人身保险核保是保险承保工作的关键，只有认真、细致、全面地评估保险标的的风险，才能科学地进行承保选择和承保控制，才能以适当的保险费率或保险条件做出正确的承保决策。

### （二）人身保险核保的意义

人身保险核保工作的好坏不仅直接关系到保险合同能否顺利履行，还关系到保险公司的承保盈亏和财务稳定。因此，严格规范核保工作是降低赔付率，增加保险公司盈利的关键，也是衡量保险公司经营管理水平高低的重要标志。

1. 人身保险核保有利于贯彻权利义务对等的原则

通过核保，保险公司将被保险人按危险程度不同加以分类，根据危险程度的大小采用不同的保险费率和承保条件，使被保险人个体之间不因某一个个体的危险因素较高而损害其他个体的利益，确保被保险人的权利和义务对等，维护被保险人之间的公平。

2. 人身保险核保有利于防范保险公司的经营风险

通过核保中的医务审查和事务审查，可以在很大程度上减少投保人的逆选择风险和道德风险，从而降低保险公司的赔付率，保证保险业务的质量。

3. 人身保险核保有利于保险公司的持续经营

通过核保时的风险选择，可以使被保险人的实际死亡率、疾病发生率、意外事故发生率符合精算部门预定的要求，为保险公司创造良好的经济效益，提高保险公司的市场竞争力，以达到持续稳健经营的目的。

## 二、人身保险核保的因素

人身保险核保中要收集较多的信息，以便综合评估被保险人的风险，厘定合理的费率，提供适当的保障。人身保险核保既要考虑被保险人的年龄、性别、身高、体重、家族史、现病史及既往病史等健康方面的因素，又要考虑被保险人的职业、特殊爱好、所处的环境、与投保人的关系、投保动机、投保险种等非健康因素，还要考虑其财务状况。

### （一）健康因素

1. 年龄和性别

年龄是影响死亡率的首要因素。从生命表上可以看出，人在10岁以前，年龄越小，死亡率越大；在10岁左右死亡率是最低的，而10岁以后死亡率又开始逐年上升，尤其是超过40岁以后死亡率直线上升。所以，几乎所有寿险合同对被保险人的投保年龄上限都有限制。核保中对年龄的具体做法是：对未成年人作为被保险人有最高身故保险金额的限制；对40岁以上的投保者，需要进行比较系统的健康核保，尤其是对于首次投保者，要首先考虑投保动机。

性别也是影响费率的关键因素，对寿险而言，女性寿命平均高于男性；从健康险来看，生育期女性的出险率平均高于相同年龄组的男性。

2. 体格

体格及形体通过身高、体重、胸围和腹围等因素体现，体格与死亡率之间有一定关系。体重偏离正常范围越远，死亡率越高。目前常用的评价体重的指标是体重指数（BMI），BMI＝体重（kg）÷身高的平方（$m^2$），适用于18～65周岁的人，但儿童、发育中的青少年、孕妇、身体健硕的运动员除外。

中国成年人的体重指数标准如下：BMI＜18.5为体重过轻；18.5≤BMI＜24为健康体

重;24≤BMI<28 为超重;BMI≥28 为肥胖;最理想的体重指数是 22,许多核保手册对 BMI 超过 30 才有评点。具体核保工作中,如血压高、血脂高、心电图异常、B 超提示有脂肪肝倾向等,则有相当高的加费可能。

腰围是衡量腹部肥胖的一个重要指标,它反映了腹部脂肪蓄积的程度,而腹部脂肪的蓄积与一系列代谢异常有关。男性腰围大于等于 85 厘米,女性腰围大于等于 80 厘米为腰部肥胖标准。

3. 健康状况

健康状况是一个人的脉搏、血压、心跳及身体其他器官的机能状况,健康状况对人的死亡率有直接的影响,是核保时要考虑的重要因素。

正常的血压是血液循环流动的前提,血压在多种因素调节下保持正常,从而提供各组织器官以足够的血量,借以维持正常的新陈代谢。低血压或高血压都会造成严重后果。血压测量值受多种因素的影响,如情绪激动、紧张、运动等。若在安静、清醒的条件下采用标准测量方法,至少 3 次非同日血压值达到或超过收缩压 140 mmHg 和(或)舒张压 90 mmHg,即可认为有高血压,如果仅收缩压达到标准则称为单纯收缩期高血压。高血压绝大多数是原发性高血压,约 5% 继发于其他疾病,称为继发性或症状性高血压,如慢性肾炎等。高血压是动脉粥样硬化和冠心病的重要危险因素,也是心力衰竭的重要原因。凡血压低于 90/60 mmHg 时称低血压。持续的低血压状态多见于严重病症,如休克、心肌梗死、急性心脏压塞等,低血压也可有体质的原因。

脉搏即动脉搏动,脉率即脉搏频率。正常人的脉搏和心跳是一致的,脉率规则。正常成人的脉率为每分钟 60~100 次,常为每分钟 70~80 次,平均约为 72 次/分。老年人较慢,为每分钟 55~60 次。成人脉率每分钟超过 100 次,称为心动过速;每分钟低于 60 次,称为心动过缓。

临床上有许多疾病,特别是心脏病可使脉搏发生变化。病情危重,特别是临终前脉搏的次数和脉率都会发生明显的变化。因此,测量脉搏对病人来讲是一个不可缺少的检查项目。中医更将切脉作为诊治疾病的主要方法。

4. 既往病史与现病史

既往病史是与被保险人以往遭受的损伤和疾病有关的资料,包括手术病史、意外伤害史、住院病史、过敏病史、最近就医史以及地方病病史,女性还包括月经婚育史。既往病史有时意味着其具有高于平均水平的死亡风险,如一个有过心脏病的人,更可能比没有心脏病的人寿命短。还有高血压、肾病、糖尿病等许多其他疾病也会产生高于平均水平的死亡率。既往病史中告知有某种疾病时,应了解其治疗和目前状况,根据该疾病的风险程度、治疗效果、被保险人的治疗条件等因素综合考虑核保决定。

现病史是医务核保的重要依据,核保员应对现病史的疾病性质、疾病病程、发作次数、治疗方法、治疗效果等进行详细了解,做出综合评估。

5. 家族病史

在核保中,家族病史是一个重要的依据,因为有些疾病是容易遗传的。常见有遗传倾向的疾病有高血压、冠心病、动脉粥样硬化、糖尿病、精神分裂症、家族性结肠息肉病、多囊肾等。对家族病史中有遗传倾向疾病者,审核或体检时要详细了解被保险人有无该疾病的相关征象,有相关现症且年龄较轻者,保险公司会慎重核保。

### (二)非健康因素

1. 保险利益

保险利益是指投保人对保险标的具有的法律上承认的利益。根据我国《保险法》第三十一条的规定,投保人对下列人员具有保险利益:本人;配偶、子女、父母;前项以外与投保人有抚养、赡养或者扶养关系的家庭其他成员、近亲属;与投保人有劳动关系的劳动者。除前款规定以外,被保险人同意投保人为其订立合同的,视为投保人对被保险人具有保险利益。订立合同时,投保人对被保险人不具有保险利益,合同无效。

在核保操作中,关于被保险人同意规定的应用范围相对严格,必须要求投保人与被保险人之间存在一定的经济利益关系,主要包括以下关系类型。

(1) 雇佣关系。企业对于具有合法雇佣关系的人员具有保险利益。

(2) 合伙人关系。一方合伙人对另一方合伙人具有保险利益。

(3) 债权债务关系。债权人对其债务人具有保险利益。

(4) 其他合法关系。指合理的经济利益关系。

理论上,人身保险利益没有量的限制性,但实务中,父母为未成年子女投保以死亡为给付保险金条件的保险,保险利益受限。

2. 职业

被保险人从事的职业与其死亡率及发病率有很大的关系,职业更是直接影响意外事故发生率以及对人体造成伤害的程度,因此,职业是人身意外伤害保险核保的最核心要素。职业风险主要存在于以下两个方面。

(1) 职业意外事故风险。易发生意外事故的职业一般包括:航空航运、高处作业、高压电作业、爆破作业、海上作业、潜水作业、防暴警察、消防人员、矿业采石、坑道作业、化工制造、特技演员以及赛车、登山等高风险运动职业。

(2) 职业健康风险。某些职业会带来一定的健康危害,长期从事该职业的人员甚至会患有职业疾病。

保险公司依据各种职业的危险程度,制定职业等级分类表,核保人员对于职业危险的核保是根据职业分类表进行的,对具有较高职业风险等级的被保险人,常采用加费承保或限额承保,甚至拒保。

3. 业余爱好和生活习惯

业余爱好指被保险人的消遣娱乐或业余运动,没有报酬。如果被保险人是拳击、攀岩、高空跳水等专业运动员或从事潜水、狩猎等高风险工作,并从中获得报酬的,则作为高风险职业来审核。

吸烟、酗酒是个人生活习惯审核的重点。另外,某些无业人员生活糜烂,与社会不良人员及非法组织来往密切,也值得核保人员提高警惕。

4. 驾驶记录

在意外伤害保险和意外伤害医疗保险中,驾驶记录常常被视为一个重要的考虑因素。驾驶分为职业驾驶和非职业驾驶,非职业驾驶的危险和职业驾驶的危险基本相似,但前者发生危险的频率肯定低于后者。核保时应考虑以下因素。

(1) 被保险人年龄。年纪较轻、驾龄较短的驾驶员较易开快车,年级太大的驾驶员不易保持警觉状态,应急反应能力较慢。

(2) 交通违规的次数、性质、时间。发生过多次交通意外的人极易发生致命的交通事故。

(3) 饮酒情况及药物和毒品滥用情况。在酒精和药物的影响下很容易发生交通意外。

(4) 某些疾病。例如,癫痫、某些心血管疾病、神经症、精神神经系统疾患都会导致意外发生。

5. 投保履历

了解过去是否曾投保或目前正在申请保险,是否曾被加费、延期或拒保,是否有过理赔记录等。

(三) 财务因素

财务核保在核保中占据着重要地位。其目的在于确定合理的保额,减少逆选择、骗保骗赔和退保等。财务核保时,核保人员需要综合分析影响保险需求的诸多因素,包括被保险人年龄、职业、收入、性别、婚姻状况等,据此来综合判断被保险人的真实财务状况和合理保险需求。

1. 财务核保的审核资料

(1) 投保单收入告知。

(2) 财务问卷:被保险人累计风险保额在50万元以上的,填写《高保额财务问卷》。

(3) 生存调查资料中包含的财务资料:如生存问卷调查和生存调查报告。

(4) 其他收入证明资料(或复印件):①薪金收入证明,如每月工资单;②纳税证明,如缴纳个人所得税证明;③被保险人如拥有企业,须提供企业注册证明(如营业执照、税务登记证),企业最近3年的财务报表(如资产负债表、损益表、现金流量表),企业审计报告、验资报告、个人股权证明,企业纳税申报表和税收证明文件;④其他收入及资产拥有权证明,如房产证、购买汽车证明、股票交割单等;⑤其他客观性的可帮助评估被保险人经济价值的资料。

2. 财务核保的要点

(1) 投保人所投保的险种,期缴方式的年缴保险费一般应控制在其本人年均收入的20%以内。

(2) 被保险人的合理累计风险保险金额,由被保险人的经济价值确定,即由其本人的收入能力决定,核保中一般根据其本人平均收入的倍数确定。

(3) 如果投保申请超出上述比例计算的保险金额,核保人员应综合分析其投保动机、保障需求、收入状况,如果并未发现有异常情况,可以考虑予以承保,但此类超额幅度应控制在20%以内。

### 三、人身保险核保信息的取得和评价

核保人员通常是在综合各种信息和个人判断的基础上决定是否接受投保人的投保申请。为了做出准确、合理的承保决策,核保人员必须从各个方面获得各种信息,以便分析和评价投保人面临的风险。

**(一)个人保险业务核保信息的取得和评价**

个人保险业务核保信息主要来源于投保单、中介人及其经营业绩、体检报告、地区销售经理、消费者调查报告。

(1)投保单。投保单是投保人向保险人申请订立保险合同的书面要约。投保单通常由保险人采用统一的格式印刷,投保人依照保险人所列的项目逐一填写。投保单是保险合同的重要组成部分,也是核保人评估投保人危险程度的不可缺少的原始单证。在投保单上,投保人要向保险人如实告知影响保险人做出签约决定的全部真实情况。在人身保险中,投保人需要如实填写被保险人的年龄、健康状况、职业、经济承担能力、与受益人的关系等情况。这些信息对于保险人评估风险,决定是否承保都是非常重要的。如果投保人在投保时没有如实告知、隐瞒某些重要事实,保险人可以以投保人违反最大诚信原则为由解除保险合同,因此,投保单成了核保人员的第一手资料。

(2)中介及其经营业绩。保险代理人、保险经纪人作为保险市场的中介人,他们通过与投保人的多次接触,也能够提供一些投保单上列明以外的信息,便于核保人员更好地进行风险评估。此外,在评估投保申请时,核保人员还会考虑代理人和经纪人的职业道德和经营业绩,对一些职业道德水平高,经营业绩一直非常优秀的代理人或经纪人推销的投保单,即使没有满足核保人员所要求的所有承保条件,一般核保人员也会考虑接受下来。

(3)体检报告。在人寿和健康保险中,体检报告是提供被保险人身体健康状况信息的重要来源,体检报告的内容包括被保险人的身高、体重、腰围、胸围、血型、心肺和神经系统等。对于被保险人的年龄和保险金额超过保险公司的限制规定,或者发现被保险人健康方面有明显问题,核保人员可以授权主治医师对被保险人实行全面的体检,并出具详细的体检报告。

(4)地区销售经理。许多保险公司设有地区销售经理,专门负责某地区的保险营销工作和信息反馈工作,这些销售经理长期与代理人、经纪人交流营销经验,切磋营销技巧,因此,他们经常能够给核保员提供一些与投保人有关的信息。

(5)消费者调查报告。在国外,一些独立的消费者服务机构调查和提供的有关未来或潜在的被保险人的背景资料和信息,也是核保人员获取信息的一个来源。此外,核保人员还可以从被保险人所保存的一些购物账单、信用卡对账单中获取有益的信息。

**(二)团体保险业务核保信息的取得和评价**

团体保险业务核保信息主要来源于投保单、业务报告书、被保险人清单、告知声明书/

体检表、特别补充告知问卷、契约调查报告书。其中,投保单和被保险人清单是保险合同的重要组成文件,投保人必须据实、准确、详尽地填写。

(1) 投保单。投保单是核保人员了解团体投保要求并评估投保团体危险程度的重要资料,团体保险的投保单通常分为六个部分:投保须知、投保人集体告知项目、保险内容、投保人告知声明书、业务员报告书和核保意见。投保人集体告知的项目有:投保单位职工结构,包括各年龄段、工种及性别的分布情况;被保险人总的健康告知,了解企业有无正在病假中的员工,曾患过重大疾病或身体残障的员工;其他告知事项,主要填写投保单位曾经或已有的人身保险情况及理赔情况。其中,理赔经验对核保人员评估风险,决定承保条件起着至关重要的作用。

(2) 业务员报告书。业务员报告书是对投保书以外的信息加以补充说明,进一步了解投保单位具体情况,准确判断风险等级的基础。保险公司的业务员要保证业务员报告书的信息具有及时性、准确性、客观性和详实性。业务报告书通常包括:业务员与投保单位保险主管人员的关系,业务员从事该单位展业时间的长短;投保单位经营情况;投保单位曾经投保及理赔情况;被保险人具体划分为哪几个等级,是否符合投保规则之规定;保险费负担方式及比例,是否符合投保规则之规定;是否已按投保规则之规定,通知客户体检或提供告知声明书。

(3) 被保险人清单。凡是团体投保人身保险一般须填写被保险人清单,如果投保人数超过 200 人,可按要求提供被保险人清单的电子文档。被保险人清单是详细载明每一被保险人的年龄、性别、身份证号码、健康状况、保险金额、保险费等有关投保事项的重要文件。被保险人清单有关内容必须与投保单一致,所有项目均不得涂改,并加盖投保单位公章。

(4) 告知声明书/体检表。告知声明书/体检表是被保险人的年龄或保险金额达到一定限度,根据投保规则的规定需要提供被保险个人详细的健康、收入、个人生活习性、已有人身保险情况的告知,或需要做体检,以便核保人对个别高风险人员准确地进行风险评估。告知声明书须由被保险人签字。对于未补齐告知声明书/体检表者,核保人员在对团体进行综合评估的基础上,可删除其某些险种或重新核定其保险金额,或对未补齐告知声明书/体检表者予以拒保。

(5) 特别补充告知问卷。特别补充告知问卷是在承保一些大型且保险计划复杂的团体时,核保人在已获得资料的前提下,认为仍不能确定被保险人的风险程度,需要进一步收集投保团体的资料而发出的问卷,主要问讯内容为团体的经验数据。

(6) 契约调查报告书。契约调查报告书在团体保险中比较少用,一般仅对家庭型的民营小企业投保异常高额保障及养老金保险时才进行生存调查。

对于高额或巨额团体保险业务,业务员除了填写业务员报告书,提交有关面晤时的观察、询问的经过记录,对于疾病身故保额在保险公司规定额度以上的还需要填写各类高保额财务问卷,并提供收入证明文件。收入证明文件包括员工的工资单、呈报税务部门的资产负债表、损益表及税务部门的完税证明、公司注册文件、公司年报以及公司其他资产拥有的文件。

## 四、人身保险核保的流程

人身保险的核保要经过五次风险选择,即营销员核保、电脑系统自动核保、体检医师核保、专业部门核保、生存调查。

### (一)营销员核保

营销员核保在人身保险核保中又称为第一次风险选择。由于营销员在新业务招揽过程中直接或间接与客户接触,对客户的职业、既往病史、家庭资料、生活方式、投保动机以及其他契约上的重要事项了解最清楚。因此对于免检体格的保险业务,营销人员对客户的第一次风险选择几乎代表了核保的全过程。对体检的保险业务,营销员为保险公司核保人员提供第一手核保资料,为以后的核保打下基础,因此营销员的选择在人身保险核保中扮演极其重要的角色。

营销员通过上门服务,与投保人、被保险人面晤,进行初步核保,并了解公司所需的核保信息。

(1)了解投保人的投保动机;确定投保人、被保险人、受益人之间的关系;分析其购买保险的目的是为了获得保险保障和投资,还是其中存在着道德风险。

(2)详细观察被保险人的体格、外观、脸色、步态等是否正常,有无残疾、智力和功能障碍等不健康状况,以及被保险人家庭情况、居住环境等生活情况。营销员也可以通过技巧性询问了解被保险人的健康情形、职业、过去的投保历史、嗜好、生活习惯、被保险人的既往病史、家族病史、手术史、意外伤害史等;了解收入和资产状况,以确定投保险别和保险金额是否恰当。营销员根据面晤观察询问情况,如实做成业务员报告书,提供给核保人。

(3)指导投保人填写投保单,用黑/蓝墨水填写,字迹清楚,不得涂改,规定填写项目不得遗漏。明确健康告知书及声明书由被保险人填写,并由投保人或被保险人亲笔签名,儿童由其法定监护人代为签名。

营销员的第一次风险选择首先应尽量避免道德风险,如婉言拒绝非善意投保者、无可保利益者以及生活习惯不良与环境因素恶劣者投保;其次应认真了解被保险人的健康状况,以初步判定是否需要体检;再次是向客户详细说明人身保险合同的条款、告知义务、责任免除、合同失效、合同解除、贷款规定等,以免日后因客户误解而产生纠纷;最后是认真填写业务报告书,对被保险人的健康状况、职业、财务状况如实告知,保证业务报告书的信息具有及时性、准确性、客观性和详实性,为核保人员提供第一手资料,尤其是对健康状况可疑的应提示给公司核保人员,以便进一步核保。

### (二)电脑系统自动核保

电脑系统的自动核保被称为第二次风险选择。电脑系统自动核保是指将录入的投保单的所载信息与电脑相应模块中的标准信息进行比对的过程。电脑系统自动核保通过者称为电脑标准件,不能通过者称为非标准件。随着信息技术的发展,电脑系统自动核保过程已经成为不可或缺的过程。目前保险公司电脑系统自动核保通过率一般在

60%～80%。

与传统人工核保相比,电脑系统自动核保具有准确率高、速度快、成本低廉的优点。但也存在一些不可克服的缺点,即只能对简单的、定量化的、客观的信息进行分类审核,而无法对那些较为复杂的、定性的、主观的信息进行分析和判断。

电脑系统自动核保是将投保申请涉及的风险因素,预先设置成正常情况,若所有风险因素一切正常,则可自动审核通过;若存在一项异常,则不能通过,需要人工审核。

### (三) 体检医师核保

体检医师核保是第三次风险选择,是由体检医师运用医学知识及技术并结合保险知识对被保险人的健康状况进行评估、筛选和分类。寿险公司一般通过签订协议建立自己的定点特约医院,有条件的公司根据自身业务情况设立医务室,对被保险人进行体检。在实际业务操作中,并不是每一个准客户都需要进行体检核保,一般需要体检的情况包括:投保时健康告知存在隐患的;低保险费高保额的投保单;年龄较大申请投保健康保险或定期寿险的;因职业、嗜好等因素需要加收特别保险费的。

体检医师在体检时的要求包括:核对受检人的身份证件、照片等,以防冒名顶替;引导受检人如实告知;按要求的检验项目,对受检人进行详细检查;填写检验结果,做出健康评价,并亲笔签名。检验结果由体检医院密封后及时寄送或转交给保险公司指定人员,不可交受检人或营销员代转。

理论上,体检医师角色定位为懂保险的体检医师或保险公司的体检医师,因此赋予体检医师较多的核保职责。但在实际工作中,目前体检大多在医院进行,进行体检的医师很少会按照保险公司赋予的职责工作。例如,体检要求中如发现有贫血貌,要加查血常规,发现尿糖,要加查血糖等,医院体检医师很难做到。为了弥补体检医师核保职责的欠缺,保险公司一般会派公司内勤进行陪检。陪检人员进行受检人身份审核,同时将体检过程中发现的异常,通过陪检报告书向核保人员反馈。

### (四) 专业部门核保

专业部门核保是第四次风险选择。专业部门核保包括核保人员审查和核保人员核保。核保人员审查主要是确定资料是否齐全,是否符合保险公司的投保规则,投保单填写是否详实、准确,特别注意客户有无亲笔签名。核保人员核保主要是审核投保申请书以及业务员报告书,了解投保人的基本情况,如年龄、职业、性别、体格、各种病史等;对以前参加过保险的人,向其参保的公司询问其投保历史,尤其是有无不良投保记录;对投保金额巨大、告知声明遗漏或核保人员认为有疑问的保件,有必要做进一步的资料收集。一般对健康状况有疑点的可要求被保险人作相应项目的体检;对财务收入状况有疑点的可以委托专人调查,以确保保险金额的恰当;有时核保人员认为被保险人的体检资料尚不足以评估风险而需要了解被保险人的既往病史时,可以到被保险人曾就诊的医院调阅有关的病历报告,或使用有关的特殊疾病问卷或补充告知声明。

### (五) 生存调查

生存调查是第五次风险选择,是指在保险合同成立前后,由保险公司调查人员收集被保险人的各项资料,为承保决定提供依据的风险调查过程。生存调查作为核保的重要环节,特别是在我国新《保险法》实施后,有必要加强此项工作,以便做好承保风险管控。

生存调查主要有合同成立前调查和合同成立后调查。合同成立前调查是指进一步收集资料,辅助核保人员做出可否订立保险合同和承保条件的决定。针对保险金额较大或有疑问的保件,为了避免投保人、被保险人过失未如实告知或故意不如实告知,需要进行生存调查。合同成立后调查是指调查人员可在客户申请复效、变更、加保等项目时进行生存调查,或者进行抽样跟踪观察。如有疑问或核保结论不正确,可对已成立的保险合同作相应的处理。目前各公司一般采取承保前调查,如未发现异常,可予以承保。根据我国新《保险法》的不可抗辩条款,保险公司有必要加强承保后调查的比例,以便在承保后2年内发现异常时可解除保险合同。

受时间和费用的约束,保险公司一般不会对所有保件进行生存调查,实务中对需要进行生存调查的情况包括:累计意外险保额100万元以上;职业类别5类以上;年龄55周岁以上;既往赔付率较高或有不良理赔记录;健康告知有疑点;核保人员认为需要生存调查的其他情况。

生存调查根据调查的对象可分为直接调查法和间接调查法。直接调查法是指通过与投保人或被保险人直接面晤的方式,了解被保险人的健康状况、经济状况,并听取受访者的告知。直接调查法是最直接、最经济的调查方法,但是当受访者有意隐瞒时,不易获得事实的真相。间接调查法是指通过与被保险人生活圈中人群的接触,调查被保险人的身体状况和经济条件是否符合投保条件的要求,特别是在健康核保时,可以通过去被保险人就诊过的医院向医生咨询,或调阅被保险人的既往病史,可以比较客观、准确地掌握被保险人过去的健康状况。但间接调查法时效慢、成本高,且如果被客户知悉可能引起不必要的误会,影响公司形象,故在实际运用中一般仅对投保金额过高,或是有特别危险顾虑的保件采用。

### 五、人身保险核保的结论

通过前面五次风险选择,保险公司得出核保结论,将申请保险的被保险人分成可保体和非保体两类。可保体是指保险公司可以接受的危险体,可保体又分为标准体和次标准体。非保体是指至少此次投保时,因危险过大或危险程度难以确定而不能被保险公司所接纳的被保险人群体,非保体又分为延期体和拒保体。

#### (一) 标准体

标准体又称健康体,是以标准保险费率承保的被保险人群体的总称。人寿保险的标准费率是由精算部门依据预定死亡率厘定的。预定死亡率一般来自保险公司既往的经验数据,即经验生命表。大部分欲参加保险的被保险人,其实际死亡率与预定死亡率是大致相符的。一般来说寿险公司90%以上的被保险人属标准体,可以按照标准保险费率承保。从核保的角度讲,此种承保方式称为无条件承保。

在核保实务中,通过运用数理查定法确定个体的死亡率,将它与标准死亡率进行对比,超过标准死亡率一定数值内的保险体可认为是近似标准体,可采用标准保险费率承保。标准体的范围因寿险公司的实力、在市场所占的份额及经营策略的不同而有所差异。

### (二)次标准体

次标准体是指被保险人风险程度较高不能按标准保险费率承保,但可附加条件承保。被保险人风险程度通常用额外死亡率衡量。

$$\text{额外死亡率(EM)} = \left[\left(\text{缺陷体的死亡率} - \text{标准体的死亡率}\right) \div \text{标准体的死亡率}\right] \times 100\%$$

在承保操作方面,通常 EM<25%的以标准体承保;25%≤EM≤150%的即按次标准体承保;EM>150%的保件作拒保处理。需要指出的是,各家公司的核保规则有所不同,次标准体的额外死亡率范围也有一定的差异。如有的公司规定:寿险及重疾险 EM<50%的作为标准体;终身寿险 EM>200%,定期寿险 EM>150%,重大疾病保险 EM>150%的均作为拒保体。

对于次标准体通常采用条件承保,一般包括以下几项附加条件。

1. 增收额外保险费

对于健康有缺陷或从事危险职业的次标准体,可以用增加保险费的办法进行承保。

(1)加龄法。对于递增性或恒常性危险,按被保险人的危险程度将其年龄加算一定年数,以加龄后的年龄为标准收取保险费。例如,某被保险人45岁患高血压,经诊查认为其与正常50岁的人死亡率相同,那么就可以按照50岁的保险费率承保。此法的优点是可直接查表取得加龄年数后,再查标准费率表即可得到应收取的保险费,操作简便。不足之处是加龄法不够精确,如果额外危险较大时不能运用此种方法,且此种方法容易引起投保者心理上的反感,目前核保实务中很少使用此种方法。

(2)增收特别保险费法。根据被保险人的危险程度,查定核保手册计算出额外死亡率,再结合被保险人的年龄、险种、保险期限、缴费方式、寿险和意外险的构成等换算出额外保险费的金额并予以加收。根据收费的时限又可以分为以下几种:一是在订立合同后一段时期内加收特别保险费,适用于一时性或短暂性危险如妇女妊娠期,递减性危险如手术后等;二是在整个缴费期内均衡增收保险费,适用于递增性和恒常性危险,在整个缴费期内以一固定金额增收,如高血压病等;三是职业加费,通常把职业分为若干等级,目前国内市场上的各大寿险公司均将被保险人按不同职业划分为6个风险等级,其中,高楼外部清洁工、武打演员、消防队员、高压电工作人员,橄榄球球员、家电焊接工、空军飞行员等一般被列为风险最高的6级。保险公司根据职业危险程度增收额外保险费。

在实务中,由于健康因素被保险公司增加收费的被保险人,可能会在健康状况比投保时有改善时,提出要求重新检查核定,希望能够减少甚至取消额外保险费,这种申请保险公司一般是不接受的。这是因为在投保时被保险人额外危险的审核结果是针对整个保险期间各种状况的次标准体整体考虑的,如果被保险人的健康状况恶化,保险公司是不能再提高加收保险费数额的,同样,健康状况好转也不能减少或取消额外保险费。如果核保人员对健康状况改善者予以重新评估,而对健康状况恶化者维持不变的承保条件,势必会破坏整体危险分类的平衡。

2. 附加特别约定或批注

附加特别约定或批注是对于某一种危险加以限制而不附加其他承保条件的方法。例如,被保险人身体某部分有缺陷,则对此部分发生的保险事故保险公司不承担给付保险金的责任。对于从事危险职业的被保险人因在现场工作而发生的保险事故,也可以用特别批注形式,将此保险责任予以除外。这种方法在实务中容易引起理赔纠纷,应当慎用。

3. 削减保险金

削减保险金是指保险合同成立后一定时期内发生的保险事故,保险公司对保险金削减一定比例后支付,适用于递减型危险或一时性危险。

4. 缩短保险期限

对于递增型危险,随着保险单年度的增加,额外危险程度愈加增大,为了避免在高危险期间承担过高危险,保险公司可以采用缩短保险期限的方法。但此种方法投保客户一般难以接受,所以很少采用。

### (三) 延期体

当被保险人的危险程度不明确或不确定,无法进行准确合理的风险评估时,核保人员常采用暂时不予承保即延期处理的方式。通常包括以下四种情况。

(1) 被保险人的预期死亡率较高,但对其死亡率的确切评定极为困难。例如,乳腺癌切除手术后,由于在一定时间内被保险人仍属于高死亡率人群,其生存年数很难预测,对其死亡率的判定较为困难且存在严重的个体差异,故对于乳腺癌手术后的投保者,会根据其临床病理特征而决定延期1~8年。

(2) 被保险人检查资料缺乏,难以明确原因,短期内无法确定其死亡率。例如,在体检时发现被保险人尿检为红细胞超标,初步诊断为血尿。由于血尿的病因较为复杂,需要多方面的检查,且血尿的病因不同,患者的死亡率也存在很大差异。有的是因为泌尿系统感染引起,可以在短期内治愈,对其死亡率影响不大;而有些则是由泌尿系统肿瘤所引起,这个死亡率风险就较大。所以对于这些原因不明,短期内无法确定死亡率的投保者,采用延期承保的方法。

(3) 暂时性疾病,短期内有非常不确定的高死亡率。例如,被保险人外伤手术后不足一定时间,因外伤手术后可能会出现诸如感染、出血、休克、腹膜粘连、肠梗阻等并发症,短期内可能出现高死亡率,故多采取延期1~3年再进行评估的方法。

(4) 近期无法判定其可归属的病症。例如,小儿2岁脑瘫。由于脑瘫属于先天性中枢神经系统发育不良,某些患儿病变仅侵犯运动神经系统,只有运动障碍,而某些人由于损害了大脑皮质而同时伴有言语、智力障碍。因为确定患儿是否伴有言语、智力障碍须等待一定的年限使被保险人达到一定的年龄,故常对10岁以下的脑瘫患儿采用延期承保的方式,待10岁后确认无智力障碍后再进行承保,而对伴有智力障碍者则应予拒保。

# 第六章 人身保险核保、承保及实训

对于延期承保的投保申请,可在达到延期时限后或资料依据齐备能够供核保人员正确评估被保险人风险时重新投保。

### (四) 拒保体

拒保体是指准被保险人的预期死亡率严重超出了通常可以接受的范围,其危险程度严重超过了可采用附加条件承保的次标准体的危险程度。拒保体并不是指单个被保险人的高死亡率,而是针对具有这种危险程度的被保险人群体,由于预期死亡率极高,风险太大,为了维持风险经营的安全稳定性及维护广大客户的公平利益而采用拒保方式作为核保结论的一类人。

需要注意的是,采用此种处理方法,会给被保险人造成较大的伤害,增加其心理负担,甚至影响其永远不能被其他保险公司接受获得保险保障。所以在采用拒保方式处理保件时,要谨慎。

### (五) 其他核保结论

在核保过程中,除了得出上述四种结论外,还有可能出现一些其他情况,比如,营销员为被保险人设计的保险规划不合理,建议其变更投保其他更合适的险种。另外,还有在核保过程中建议投保人主动撤单等情况。

核保结论是对一份投保申请所做出的最终审核决定,核保结论一经确定就意味着保险公司与投保者就按照此结论开始执行各自的权利和义务,故核保人员在作结论时一定不可草率行事,应本着对公司及投保客户负责的态度,尽可能作出准确的核保决定,最大限度地达到危险选择控制风险的目的。

 专栏 6-1

## 国内第一部电子核保手册系统面世

由中国人寿再保险股份有限公司主导开发、拥有完全自主知识产权的电子核保手册系统于 2011 年 1 月 7 日正式发布。该系统是我国保险业第一部本土化的电子核保手册系统,不仅填补了中国再保险业在核保风险评估方面的空白,也为国内寿险市场提供了具有本土特色的核保标准。

近年来,我国寿险业发展迅速,国内寿险市场保险费大幅增加,保险深度、密度不断提高,市场上各家寿险公司都面临着被保险人的风险评估问题。然而由于没有一套我国自己的、适合国内被保险人的风险评估指南,国内寿险公司一般使用国外公司提供的汉化版核保手册或通过翻译国外手册进行使用。

凭借多年的经验积累,中国人寿再保险股份有限公司(以下简称中再寿险)在分析应用上亿条承保、理赔经验数据及医学经验数据的基础上,结合我国人群数据和流行病学数据,经过刻苦攻关和反复论证,终于把这套电子核保手册呈现给业界。"本土化"是这部核保手册的最大特色。经过 3 年多的研究开发,中再寿险投入了大量人力、物力、财力,为我国寿险市场量身定做了这部电子核保手册,内容更符合国内核保人员风险评估习惯,数据更贴近我国人群,评点更科学、准确,是国内首个适合中国人群风险评估的核保手册。该手册以医务、财务、职业、运动、居住地和旅行地、计算器等六个模块为核保评估工作提供了科学、可靠、便捷的辅助工具,同时还具备多风险因素评点计算器、财务核保计算器、体重及BMI(体重指数)评估、工作表功能、国家风险评估、健康风险评估、职业风险评估等七大创新功能。

(资料来源:金融时报)

## 第二节 人身保险的承保

### 一、人身保险承保的概念

人身保险承保,是保险经营的重要环节,是保险人在投保人提出要约请求后,经审核认为符合承保条件并同意接受投保人申请,承担保险合同规定的保险责任的行为。

### 二、人身保险承保的流程

人身保险承保的流程大致包括投保单初审、核保、审核检验后接受业务、收取人身保险保险费、缮制保险单与复核签章、递送保险单与签收保险单、资料存档、新单回访等。投保单初审和核保作业等内容已在前文阐述,本部分主要介绍后面的工作流程。

#### (一)审核检验后接受业务

人身保险的投保申请资料,经过前述的核保环节后,形成了确定的核保结论,根据寿险公司的核保规则和核保手册要求,对于可以承保和可以附加条件承保的业务,在审核检验后决定接受业务。如果投保金额或保险标的风险超出保险人承保权限,则无权决定是否承保,只能将该笔业务逐级上报,并向上一级主管部门提出承保建议。

(1)标准件。标准件是指符合核保部门任何的承保条件,即使无核保人员签字,仍可认为符合承保标准并予以出单的寿险业务。这些保件的被保险人均为核保人员评估确认为标准体或临界标准体的人。保险公司所承保的被保险人大多采用标准承保,直接按照核保手册承保即可,不需附加其他承保条件。

(2)非标准件。为了扩大承保面,在竞争中赢得主动,保险公司不但对标准体被保险人予以承保,而且在一定限度内,也要对具有某些缺陷的被保险人附加条件予以承保。不能标准承保的业务统称为非标准件,包括核保结论为次标准体、延期体和拒保体的寿险业务。

对于延期体经过适当的时间间隔可以按照标准件承保;对于拒保体则选择放弃、拒绝该笔业务;对于次标准体通常采用增收额外保险费、削减保险金额、缩短保险期限、附加特别约定或批注承保。

(3)附加险的承保要求。附加险具有风险责任高、费率低的特点,一般情况下,附加风险成本较主险的风险成本要高很多。精算部门在确定费率时按照保险业通行的做法把费率厘定得较低,同时规定,附加险必须与主险一起投保,以保证保险公司的成本维持在合理的水平上。所以,不能单独承保附加险。

此外,附加险的缴费方式须与主险一致,附加险的缴费年限不得超过对应主险的缴费年限;附加险保险期限不得超过其对应的主险的保险期限;主险为趸缴方式的不得附加短期险;附加险与对应主险基本保险金额的配比关系必须恰当,即附加险保险金额不得超过主险保险金额的一定比例,且不得超过该附加险规定的最高限额等。

### (二) 收取人身保险保险费

目前,保险公司收取保险费的方式包括现金收费和非现金收费两种方式。

#### 1. 现金收费

现金收费是指保险公司直接或通过第三方以现金的形式收费。根据《关于加强人身保险收付费相关环节风险管理的通知》(保监发〔2008〕97号)规定,现金收付费仅限于以下几种情形。

(1) 保险公司在营业场所内现金收费。由投保人本人亲自前往保险公司柜面缴纳保险费,要求携带身份证明资料,以便核实投保人身份,确保收费主体合格。

(2) 保险公司在营业场所外通过保险公司员工、保险营销员收取现金保险费,依照保险合同单笔金额不超过人民币1 000元。各家保险公司在大部分城市地区已经取消销售人员收取保险费的方式,实现了人身保险收付费零现金管理。

(3) 保险公司委托保险代理机构在保险代理机构营业场所内现金收费。如由银行(邮政)柜面代收等。

(4) 中国保监会规定的其他现金收付费方式。

保险代理机构、保险营销员不得接受投保人委托代缴保险费、代领退保金,不得接受被保险人或受益人委托代领保险金。

#### 2. 非现金收费

非现金收费是指保险公司不以现金的形式,而是通过银行等资金支付系统收费。

目前开通的非现金收费方式有:银行(邮政)自动转账、支(汇)票、汇兑、公司柜面POS刷卡(现金)。银行转账是一种方便、安全、及时的缴费方式,为了切实保障客户的利益,应当建议客户选择通过银行转账方式缴纳首期保险费。非现金收费要核对投保人的账户信息,确保收费主体合格,以及投保人账户资金不受保险公司员工、保险营销员等个人控制。

我国保险承保业务环节中,习惯性做法是客户递交投保单等投保资料后,核保通过之前,保险公司就先委托银行进行保险费扣划或者现金收取保险费,此时只能称为暂收首期保险费。投保人前往公司柜面缴纳保险费或者通过保险销售人员缴纳保险费的,保险公司将出具统一印制的暂收款收据。个人出具的任何凭证都没有法律效力。禁止销售人员使用临时收据、自制凭证、复印收据、投保单、外部购买凭证和白条等作为收取人身保险保险费的凭据。通过银行转账方式缴纳保险费,经保险公司认可账户扣款信息,将按照客户预留的有效手机号提供转账成功的告知。

暂收款收据上应当背书载明,此仅为暂收收据,并对保险合同何时成立,在保险单签发前发生保险事故怎样处理做出约定;或者在保险合同条款中明确约定,合同自签发正式保险单之日成立并生效,以避免出现理赔纠纷。

待核保完成后,对核保通过且已足额缴纳保险费的投保件进行保险单签发处理,并出具正式保险费发票,送达客户并收回暂收款收据。核保结论若为拒保或延期,应及时通知,并退还投保人首期保险费。

### (三)缮制保险单和复核签章

核保结论若为保险公司同意承保,应及时签发保险单或其他保险凭证。因为这涉及保险合同当事人的权益,也关乎保险人的法定义务。由于迟延签发保险单,而在此期间发生保险事故,保险公司有可能要承担损害赔偿的责任。

缮制单证是在接受业务后印制保险单或保险凭证等程序。保险单或保险凭证是载明保险合同双方当事人权利和义务的书面凭证,是被保险人向保险人索赔的主要依据。因此,保险单证质量的好坏,约定事项的明确与否,往往直接影响人身保险合同的顺利履行。缮制保险单的要求有:单证相符、保险合同要素明确、数字准确、复核签章、手续齐备。

每种人身保险单证上都应该要求复核签章,如保险单上必须有保险公司及负责人的签章;保险费收据上必须有财务部门及负责人的签章;批单上必须有制单人与复核人的签章;检验报告上必须有具体承办业务人员及负责人的签章等。

有些保险公司已经将保险单制作外包,保险公司只需对制作好的保险单进行清分,并下发至分支机构。这节省了保险公司的人力资源,提高了出单效率。

### (四)递送保险单和签收保险单

递送保险单要及时。就客户的购买心理而言,只有在拿到保险单并进行初步研读后,心里才会踏实。所以,在保险单制作完成之前,保险营销员应及时和客户就保险单状态进行沟通,打消客户等待的担心和顾虑。一旦保险单制作完毕,要及时向客户递送保险单。递送保险单要注意以下六个环节。

(1) 检查保险单有无错误,内容包括姓名、身份证号码、保险金额、投保险种等。

(2) 将客户资料输入计算机或写入档案卡,以便做好售后服务等工作。

(3) 准备保险单和需求表。放一张名片在保险单的封套内,把保险条款特别重要的地方用彩笔勾出来。准备好包括现有保险单在内的全盘保障计划和综合需求计划表,以便在交付保险单时说明已实现的保障部分,及提示日后需追加的保障部分。

(4) 电话约定递送保险单的时间。

(5) 递交保险单。递送保险单时,可先向客户表示祝贺,然后就保障范围和条款进行解释。在解释时,既要呈现保险单的功能,也要注意提及除外责任和保全知识等。

(6) 售后服务的允诺,要求推介名单。

保险单递送给客户后,经客户本人确认无误,应当签收保险单,由投保人在签收回执上亲笔签名,并由送单工作人员交回公司存档。

投保人在签收保险单时,应注意下列事项。

(1) 仔细审核保险公司提供的整套保险单资料。一般保险产品的保险单材料都包含有保险合同、投保单(副本)、送达回执、客户服务指南、首期保险费发票等。

(2) 逐条核对保险单及首期保险费发票上的所有项目。如有错误,及时通知保险公司予以更正。

(3) 认真阅读保险条款和有关说明。收到保险单后,应注意了解保险合同的生效时间、保险期间、每年的缴费时间,并认真阅读保险责任、责任免除、现金价值表以及退保约定等内容。

(4) 妥善保管整套保险单材料。保险单及有关单证票据务必妥善保管,注意防水、防潮、防蛀。若保险单材料丢失,应及时到保险公司挂失补办。

(5) 了解保险单的犹豫期规定。自投保人签收保险合同的次日起,有 10 天(银行保险渠道为 15 天)犹豫期。在此期间,如果投保人认为保险合同不符合需求,可以解除保险合同,保险公司将无息退还全部保险费。

### (五) 资料存档

保险单证以及组成保险合同的各项资料,要求保险公司立卷归档,妥善保管。案卷资料按照保险监管部门的要求至少要保存 10 年,对于保险金额巨大和影响寿险公司经营管理的重要案卷资料,则根据公司内部档案资料管理的规定,至少保存 20 年。

存档资料分为两类:一类为实物资料,一类为电子资料。实物资料在承保结束后由当地分公司或中心支公司档案人员进行归档保管。电子资料由扫描人员进行扫描上传,以备总公司核保人员调阅电子档案。对另外增加的资料,实物资料归入原投保单档案中,扫描资料归入原投保单的电子档案中。

### (六) 新单回访

保险公司应当建立回访制度,指定专门部门负责回访工作,并配备必要的人员和设备。保险公司一般在犹豫期内对合同期限超过一年的人身保险新单业务进行回访,并及时记录回访情况,发现问题,及时纠正处理。回访应包括以下内容。

(1) 确认受访人是否为投保人本人。

(2) 确认投保人是否购买了该保险产品以及投保人和被保险人是否按照要求亲笔签名。

(3) 确认投保人是否已经阅读并理解产品说明书和投保提示的内容。

(4) 确认投保人是否知悉保险责任、责任免除和保险期间。

(5) 确认投保人是否知悉退保可能受到的损失。

(6) 确认投保人是否知悉犹豫期的起算时间、期间以及享有的权利。

(7) 采用期缴方式的,确认投保人是否了解缴费期间和缴费频率。

保险公司在回访中发现存在销售误导等问题的,应当自发现问题之日起 15 个工作日内由销售人员以外的人员予以解决。

**专栏 6-2**

### 国内首款线上糖尿病人专属保险——"退糖鼓"

"退糖鼓"由互联网保险服务平台大特保、传统保险公司中国太平保险以及德国慕尼黑再保险公司联合推出。"退糖鼓"是一款专门针对糖尿病患者的健康险种,专为糖尿病并发症而设计,打破生病不能投保的惯例。

谁能保:30~65 岁 2 型糖尿病患者,皆可入保;续保可保至 68 周岁。

保什么:脑中风后遗症、终末期肾病、截肢及双目失明四种并发症。

保多久:1 年。

多少钱:最低每天 1.2 元,最高保额达 30 万元,确诊后即一次性赔付。

(资料来源:沃保网)

## 第三节 人身保险核保和承保实训

### 一、人身保险核保实训

请学生分组讨论下列任务,分析核保所需要考虑的风险因素和核保资料。

**任务 1** 小张和小赵两人是大学同学,同岁(27 岁),毕业后在同一家公司工作,他们一起投保某寿险公司的一款定期寿险,保险金额都选择的是 10 万元,保险期限都选择的是 20 年,且都选择 20 年缴费。所不同的是,小张一向身体健康,而小赵曾在上大学期间因肺结核住院治疗 20 天痊愈,小赵还是一位乙肝病毒的携带者。

试分析:寿险公司接到他俩的投保申请后,是否会做同样的业务处理?最终寿险公司是否会接受他们都投保呢?如果接受,他们两人应缴纳的保险费相同吗?此例中保险公司的核保处理反映出核保具有怎样的意义?

**任务 2** 35 岁男性,某洗衣店负责人,为本人投保,受益人为其子女。申请投保终身寿险 50 万元,意外伤害保险 75 万元,住院津贴每日 800 元。告知:患支气管炎,目前定期接受治疗,其他一切正常。体检报告:身高 174 厘米;体重 90 公斤;血压 155/95 mmHg。家族史及生活习惯:父母双亲均在 60 岁以前身故;吸烟每天 40 支,每日喝啤酒 1 瓶,应酬时喜欢烈酒。

根据以上资料,你认为对此人核保需要考虑的风险因素有哪些?

**任务 3** 被保险人楼某,男,45 周岁,居住于北京市大兴区,是一名出租车司机,已有 10 年工龄,欲投保某公司重大疾病保险 30 万元,并附加意外伤害保险 10 万元。投保人是被保险人的女儿,是一家商场售货员,已按揭购住房,银行贷款 20 万元。投保单上告知:被保险人身高 166 厘米,体重 80 公斤;患胃溃疡已 5 年,断续服药;每天吸烟 20 支;被保险人的父亲于 62 岁时死于心梗,母亲现年 70 岁,仍健在。

请问:将以上投保信息提交核保,需要考虑哪些风险因素?

## 二、案例分析实训

要求学生分组讨论下列案例。

**任务1** 体检合格能否免除如实告知义务。

李女士2006年5月投保了某保险公司人寿保险1万元,附加住院医疗保险1万元。她在投保单健康告知"目前是否生病或有自觉不适症状"栏内填写了"无"。由于李女士投保时年龄已超过50岁,保险公司要求其在定点医院做了普通体检,因体检无异常,保险公司以标准件予以承保。2007年2月,李女士因头晕住院治疗,诊断为"颈椎病"。保险公司经调查,发现李女士的病历中多处有关于李女士反复头晕十余年,并且曾经晕倒的记载。鉴于李女士在投保时故意隐瞒上述病症,保险公司以不实告知为由,做出了拒赔的决定。李女士对保险公司的拒赔决定极为不满,以其经过保险公司指定医院体检合格后承保以及既往病史记录有误为由,向法院提起诉讼,请求判令保险公司赔付医疗费并承担本案的诉讼费用。

试分析:被保险人体检合格能否免除如实告知义务。

**任务2** 被保险人体检未开始之前发生事故。

投保人董某于2013年4月11日通过某保险公司业务员以安某为被保险人填写了一份人寿保险投保单,保险金额为1万元,投保人董某于投保当日缴纳了首期保险费1181元。业务员开出"人身险暂收收据"交给董某。由于被保险人超龄,保险公司按业务规定于2013年4月25日向投保人发出要求被保险人进行体检的通知书。4月26日,业务员带被保险人安某到医院体检,体检开始之前被保险人突发疾病,当时办理了住院手续,并于4月29日死亡。投保人兼受益人董某于2013年10月21日到保险公司要求其赔偿保险金。

试分析:在保险费预缴的情况下,人身保险合同是否已经成立?保险公司发出体检通知书是一种什么行为?假设安某顺利体检了,体检结果出来后对合同会产生哪些可能结果?

**任务3** 被保险人体检后发生事故。

2007年9月20日,李某向某保险公司购买一份定期寿险,保险金额为100万元。代理人收取了5000元保险费,并向李某出具了保险费暂收款收据。保险公司核保后向李某发送了"体检通知书",要求李某于9月25日至9月30日到指定的医院按要求进行体检。李某按照要求于9月25日到医院进行体检,体检结束后在回家的路上不幸因交通意外死亡。此时保险合同尚未签发。

试分析:本案应如何处理?

**任务4** 保险公司能否单方面终止附加险合同。

2012年3月,廖先生在益阳某保险分公司为妻子郭女士投保了一份重大疾病终身保险,并随主险购买了一份住院医疗附加险。2014年10月,郭女士因病住院,在该保险公司报销了医药费515元。2015年6月,廖先生获悉保险公司无故终止了他已购买多年的住院医疗附加险,其间还多收了2000多元的附加险保险费。此后,廖先生多次与保险公司理论,要求其继续履行附加险合同,或全额退还多年来所缴纳的附加险保险费并赔偿相应损失。而保险公司则称,附加险为1年期短期健康险,每年要核定投保人的续保资格并已提高了附加险费率,公司有权决定是否修改或终止附加险合同,并拒绝廖先生提出的附加险续保要求。

试分析:保险公司能否单方面终止附加险合同?

### 三、人身保险承保实训软件操作

在掌握了人身保险承保过程的基本理论之后,要求学生对承保流程进行上机实训操作,这里采用的是由上海逸景网络科技有限公司提供的人身保险实训软件。

#### (一)正常承保流程实训

1. 实训目的和要求

(1)学会计算养老年金保险的保险费。

(2)熟练掌握养老年金保险的办理流程。

(3)掌握养老年金保险承保流程各单证的填写。

2. 案例描述

2013年3月6日,姜海山到中国农业银行开户并存入12 000元整,于2013年3月10日在保险代理人推荐下向中国人寿保险公司为自己投保了"国寿福禄满堂养老年金保险",并如实告知如下事项。

(1)特别约定:无。

(2)被保险人的健康告知:身高175厘米;体重65千克;无身体缺陷或其他疾病;无危险嗜好或从事危险活动。

(3)财产及其他告知:投保人年固定收入为10万元;主要收入来源为工薪所得。

(4)投保人的家庭财产:约2 000万元。

保险公司于当天电脑核保通过了投保申请,同时出具了保险单和发票。保险单生效日为2013年3月11日,双方约定应缴保险费对应日为每年的3月10日。

开户人基本信息、投保内容资料和保险人资料分别见表6-1~表6-3。

表6-1 开户人基本信息

| 姓名 | 姜海山 | 性别 | 男 |
| --- | --- | --- | --- |
| 证件类型 | 身份证 | 证件号码 | 440582197702243419 |
| 发证机关 | 上海市公安局普陀分局 | 证件有效期 | 2007.02.25—2027.02.25 |
| 国籍 | 中国 | 民族 | 汉 |
| 电子邮件 | jhs@sina.com | 电话 | 18945672345 |
| 婚姻状况 | 已婚 | 文化程度 | 本科 |
| 联系地址 | 上海市普陀区曹杨路10号 | 邮编 | 200432 |
| 工作单位 | 上海天鹏有限责任公司 | 收入状况 | 年收入10万元 |
| 公司电话 | 021-60835877 | 职业 | 一般职业-企业部门经理 |
| 与被保险人关系 | 本人 | | |

表 6-2 投保内容资料

| 主险投保项目 | 国寿福禄满堂养老年金保险 | 附加险投保项目 | 无 |
|---|---|---|---|
| 险别 | 养老保险 | 保险期限 | 至 85 周岁 |
| 缴费方式 | 年缴 | 保险费缴付方式 | 银行自动转账 |
| 开户行 | 中国农业银行 | 开户名 | 姜海山 |
| 保险金额 | 通过查询资料计算 | 缴费期 | 20 年 |
| 利差返还方式 | 储存生息 | 每期标准保险费 | 10 000 元 |
| 约定领取年龄 | 60 周岁 | 领取年限 | 至 85 周岁 |
| 领取类型 | 平准 | 红利演示 | 高等 |

表 6-3 保险人资料

| 保险公司名称 | 中国人寿保险公司 | 保险公司纳税人识别号 | 310226873274200 |
|---|---|---|---|
| 地址 | 上海市杨浦区邯郸路 100 号 | 电话 | 021-60888989 |

请根据上述案例模拟姜海山在银行开户存款和保险公司承保实验流程。

3. 操作流程

学生打开逸景人身保险实训系统,并用自己的登录名与密码登录。在桌面单击"实训中心 即时考核"图标,进入任务流程操作。具体操作步骤和过程详见附录1。

### (二) 非正常承保(加费)流程实训

1. 实训目的和要求

(1) 了解意外伤害保险的办理流程。

(2) 掌握意外伤害保险流程各单证的填写。

(3) 学会计算意外伤害保险的保险费。

2. 案例描述

2013 年 7 月 2 日,王宏文到中国建设银行开户并存入 10 000 元整。于 2013 年 7 月 8 日在代理人介绍下向中国人寿保险公司为自己投保了"国寿如 E 综合意外保险计划",投保的主险为"国寿绿舟意外伤害保险",选择了(意外伤害身故/残疾/Ⅲ度烧伤)项目并选择了 10 万元保障额度,保险期间为 1 年,采用趸缴缴费方式,以银行转账方式缴纳保险费,并如实告知如下事项:

(1) 特别约定:无。

(2) 被保险人的健康告知:身高 172 厘米;体重 61 千克;无身体缺陷或其他疾病;无危险嗜好或从事危险活动。

(3) 财产及其他告知:投保人年固定收入为 10 万元;主要收入来源为工薪所得。

(4) 投保人的家庭财产:约 100 万元。

人工核保阶段核保员根据职业核保规定,做了加费承保,保险单生效日为 2013 年 7 月 9 日。开户人基本信息、投保内容资料和保险人资料分别见表 6-4~表 6-6。

表 6-4　开户人基本信息

| 姓名 | 王宏文 | 性别 | 男 |
|---|---|---|---|
| 证件类型 | 身份证 | 证件号码 | 310322198205087886 |
| 发证机关 | 上海市公安局黄浦分局 | 证件有效期 | 2007.02.25—2027.02.25 |
| 国籍 | 中国 | 民族 | 汉 |
| 电子邮件 | whw@qq.com | 电话 | 13678987896 |
| 婚姻状况 | 已婚 | 文化程度 | 本科 |
| 联系地址 | 上海市黄浦区南京路10号 | 邮编 | 200433 |
| 工作单位 | 上海新腾有限公司 | 收入状况 | 年收入10万元 |
| 公司电话 | 021-66754587 | 职业 | 建筑工程业-土木工程-土石方机械操作（意外险等级为4） |
| 与被保险人关系 | 本人 | | |

表 6-5　投保内容资料

| 主险投保项目 | 国寿绿舟意外伤害保险 | 附加投保项目 | 无 |
|---|---|---|---|
| 缴费方式 | 趸缴 | 保险费缴付方式 | 银行转账 |
| 保险期限 | 至2014-7-8 | 缴费期 | 1年 |
| 保险金额 | 100 000元 | 每期标准保险费 | 根据费率表计算 |
| 核保类型 | 次标准体 | 险别 | 意外伤害保险 |

表 6-6　保险人资料

| 保险公司名称 | 中国人寿保险公司 | 保险公司纳税人识别号 | 310226873274200 |
|---|---|---|---|
| 地址 | 上海市杨浦区邯郸路100号 | 电话 | 021-60888989 |

请根据上述案例模拟王宏文在银行开户存款和保险公司承保实验流程。

3. 操作流程

学生打开逸景人身保险实训系统，并用自己的登录名与密码登录。在桌面单击"实训中心　即时考核"图标，进入任务流程操作。具体操作步骤和过程详见附录2。

（三）限责承保流程实训

1. 实训目的和要求

（1）了解终身重大疾病保险的办理流程。

（2）掌握终身重大疾病保险流程各单证的填写。

（3）学会计算终身重大疾病保险的保险费。

2. 案例描述

2012年5月20日，张明明到中国工商银行开户并存入100 000元整。于2013年6月21日在代理人的介绍下向中国人寿保险公司为自己投保了"国寿康宁终身重大疾病保险"，并如实告知如下事项：

（1）特别约定：无。

（2）被保险人的健康告知：身高170厘米；体重60千克；有身体缺陷或其他疾病：患有糖尿病，未发现有其他明显症状；无危险嗜好或从事危险活动。

（3）财产及其他告知：投保人年固定收入为12万元；主要收入来源为工薪所得。

（4）投保人的家庭财产：约500万。

由于被保险人风险保额较高，保险公司对其进行了体检，体检报告与保险人告知事项符合。人工核保阶段核保员根据体检报告和核保规定需要限制责任进行承保，保险单生效日为2013年6月22日，双方约定应交保险费对应日为每年的6月21日。

开户人基本信息、投保内容资料和保险人资料分别见表6-7～表6-9。

表6-7 开户人基本信息

| 姓名 | 张明明 | 性别 | 男 |
|---|---|---|---|
| 证件类型 | 身份证 | 证件号码 | 310033198008288792 |
| 发证机关 | 上海市公安局杨浦分局 | 证件有效期 | 2009.01.25—2029.01.25 |
| 国籍 | 中国 | 民族 | 汉 |
| 电子邮件 | zmm@qq.com | 电话 | 13698976591 |
| 婚姻状况 | 已婚 | 文化程度 | 本科 |
| 联系地址 | 上海市杨浦区邯郸路5号 | 邮编 | 200433 |
| 工作单位 | 上海复明有限公司 | 收入状况 | 年收入12万元 |
| 公司电话 | 021-60876767 | 职业 | 一般职业-部门经理 |
| 与被保险人关系 | 本人 | | |

表6-8 投保内容资料

| 主险投保项目 | 国寿康宁终身重大疾病保险 | 险别 | 健康保险 |
|---|---|---|---|
| 缴费方式 | 年缴 | 保险费缴付方式 | 银行转账 |
| 保险期限 | 终身 | 缴费期 | 10年 |
| 保险金额 | 500 000元 | 每期标准保险费 | 根据费率表计算 |
| 核保类型 | 次标准体 | 核保类型 | 非标准件 |

表6-9 保险人资料

| 保险公司名称 | 中国人寿保险公司 | 保险公司纳税人识别号 | 310226873274200 |
|---|---|---|---|
| 地址 | 上海市杨浦区邯郸路100号 | 电话 | 021-60888989 |

请根据上述案例模拟张明明银行开户存款和保险公司承保实验流程。

3. 操作流程

学生打开逸景人身保险实训系统，并用自己的登录名与密码登录。在桌面单击"实训

中心 即时考核"图标,进入任务流程操作。具体操作步骤和过程详见附录3。

## 本章小结

(1) 人身保险核保是指保险人对被保险人的身体健康状况、职业、财务状况、投保动机等因素进行危险程度的评估,决定是否承保以及确定承保条件的过程。人身保险核保有利于贯彻权利义务对等的原则;有利于防范保险公司的经营风险;有利于保险公司的持续经营。

(2) 人身保险核保既要考虑被保险人的年龄、性别、身高、体重、家族史、现病史及既往病史等健康方面的因素,又要考虑被保险人的职业、特殊爱好、所处的环境、与投保人的关系、投保动机、投保险种等非健康因素,还要考虑其财务状况。

(3) 核保人员通常是在综合各种信息和个人判断的基础上决定是否接受投保人的投保申请。个人保险业务核保信息主要来源于投保单、中介人及其经营业绩、体检报告、地区销售经理、消费者调查报告。团体保险核保信息主要来源于投保单、业务报告书、被保险人清单、告知声明书/体检表、特别补充告知问卷、契约调查报告书。

(4) 人身保险的核保要经过五次风险选择,即营销员核保、电脑系统自动核保、体检医师核保、专业部门核保、生存调查。

(5) 保险公司通过五次风险选择,将申请保险的被保险人分成可保体和非保体两类。可保体是指保险公司可以接受的危险体,可保体又分为标准体和次标准体。非保体是指至少此次投保时,因危险过大或危险程度难以确定而不能被保险公司所接纳的被保险人群体,非保体又分为延期体和拒保体。

(6) 人身保险承保的流程大致包括投保单初审、核保、审核检验后接受业务、收取人身保险保险费、缮制保险单与复核签章、递送保险单与签收保险单、资料存档、新单回访等。

(7) 为了让学生更好地理论联系实际,对人身保险的核保和承保进行了情景模拟操作训练。

## 关键概念索引

核保　健康因素　非健康因素　财务因素　营销员核保　电脑系统自动核保　体检医师核保　专业部门核保　生存调查　标准体　非标准体　延期体　拒保体　承保

## 复习思考题

1. 简述人身保险核保的意义。
2. 人身保险核保主要包括哪些健康因素?
3. 简述人身保险核保的信息取得途径。
4. 简述人身保险核保的五次风险选择。
5. 保险公司通常对非标准体是怎么处理的?
6. 简述人身保险的承保流程。

# 第七章 人身保险缴费及实训

本章要点

- 人身保险新单缴费
- 人身保险续期缴费
- 人身保险缴费实训

> 缴纳保险费是投保人应尽的义务。人身保险的保险费缴纳方式一般包括趸缴(即一次性缴清)、期缴(包括年缴、半年缴、季缴和月缴)以及不定期缴。如果采用期缴的方式缴纳保险费,投保人必须在宽限期之内及时缴纳续期保险费,否则会导致保险合同失效。
> 
> 很多保险公司为了方便客户缴纳续期保险费,提供了多种收费方式,如授权银行代扣、银行柜台代收或者网上缴费、电话缴费等方式。

## 第一节 人身保险新单缴费

### 一、人身保险新单缴费的途径

#### (一) 通过银行转账方式缴费

客户通过银行转账方式缴费步骤如下。

(1) 填写《保险费自动转账付款授权书》。客户在缴费之前要仔细填写《保险费自动转账付款授权书》,并亲笔签名。

(2) 银行转账划款。保险公司通过《保险费自动转账付款授权书》中的银行账户自动转账划款。

(3) 通知收费信息。划款成功后,保险公司将根据客户选择的通知方式(如手机短信等)告知收费成功信息。

(4) 送达合同及发票。保险公司会把保险合同和保险费发票送达给客户,客户在保险合同送达回执上签字,公司会收回该回执。

### (二) 在保险公司客户服务中心缴费

客户在保险公司客户服务中心缴费步骤如下。

(1) 到保险公司客户服务中心缴纳首期保险费。客户可以通过保险公司网站在线自助服务频道查询客户服务中心地址,到就近的客户服务中心缴纳首期保险费。

(2) 领取收款收据。保险公司会向客户出具公司统一的收款收据。

(3) 送达合同及发票。保险公司会把保险合同和保险费发票送达给客户,客户在保险合同送达回执上签字,公司会收回该回执。

### (三) 由销售人员代收保险费

如果保险费金额在 1 000 元以内,可以由销售人员代收。但为了确保客户的权益,大部分保险公司已经不允许销售人员代收保险费。

## 二、通过银行转账方式缴费须注意的事项

在实务中,客户通常通过银行转账的方式缴纳保险费。客户通过银行转账方式缴纳首期保险费时,要注意以下几点。

(1) 保险营销员应协助客户到保险公司指定的联网银行开立活期存款账户,并应确定账户的金额在保险费足额划账后,账号所留余额不得少于银行的最低要求,以免被清户而影响续期保险费的收取。

(2) 保险营销员应辅导客户签署《保险费自动转账付款授权书》。账户名为投保人,并保证投保人的姓名及账号的准确。保险营销员将授权书第一联交回公司,第二联交客户留存,等保险单正本送达后,应将授权书第二联的回执请客户签收后交回收银室。《保险费自动转账付款授权书》示例见表7-1。

**表7-1 中国人寿保险股份有限公司保险费自动转账付款授权书**

投保人(下称授权人)自愿授权中国人寿保险股份有限公司(以下简称保险公司),委托本授权书指定的开户银行(以下称为转账银行),从背面授权书指定的账户(以下简称转账账户)内,以保险合同约定的缴费方式,按期划付下述保险合同约定之各期保险费,同时郑重声明已仔细阅知,理解下述各项规定并同意遵守。

1. 同意保险公司在保险合同规定的保险费缴付日期和宽限期内的任意时间委托转账银行划付到期应付保险费,并同意在上述保险费划付期间存入足够资金以备转账银行划付保险费。

2. 如账户类型为信用卡,在银行余额不足时,同意保险公司委托转账银行以透支的方式划付保险费,透支利息由本人承担。

3. 保险合同效力中止后,本授权书效力同时也中止,保险公司暂停委托转账银行划付保险费。合同效力恢复后,本授权书效力随即恢复,合同复效时应补缴保险费及利息,以现金方式向保险公司支付。

4. 本授权书自授权之日起生效,持续有效至授权人通知终止,或授权账户终止,或保险合同缴费期满,或合同效力终止时。

5. 同意终止授权或变更账户、通信地址时,在单期保险费缴付的 30 日前向保险公司递交书面通知。

6. 因不可归责与转账银行、保险公司的事由,导致不能及时划付保险合同到期应付保险费、划账错误等责任,由授权人承担。

(续表)

| 序号 | 保险合同号/投保单号 | 险种名称 | 被保险人 | |
|---|---|---|---|---|
| 1 | | | | 第二联由保险公司留存 |
| 2 | | | | |
| 3 | | | | |
| 4 | | | | |

| 转账账户 | 账户所有人 | | 与投保人的关系 | |
|---|---|---|---|---|
| | 证件名称 | | 证件号码 | |
| | 账户形式(信用卡、借记卡、活期存款、其他) | | | |
| | 开户银行 | | 账号 | |

| 投保人通信地址及邮编 | | 电话 | |
|---|---|---|---|

投保人(授权人)签名：　　　　　　　　　　　　账户所有人签名：

授权日期：　　　　　　　　　　　　　　　　　　日期：

以下栏目由转账银行、保险公司填写

| 转账银行： | 保险公司意见： |
|---|---|
| 经办人： | 受理人： |
| 日期：　　年　月　日 | 日期：　　年　月　日 |
| （银行盖章） | （公司盖章） |

| 营业机构 | | 业务员 | | 工号 | |
|---|---|---|---|---|---|

**专栏 7-1**

## 投保人未按照规定期限支付保险费有哪些法律后果

人身保险合同中约定分期支付保险费的合同,一般是长达几年或者几十年的长期合同。因此,合同双方必须在合同中订明分期支付保险费的具体办法,比如,支付保险费的周期、每期支付的时间和数额等。投保人应当严格按照合同的约定如期支付保险费。如果投保人不能按期支付保险费,就会影响合同的效力。因为保险合同是双务合同,投保人依照合同约定按时缴纳保险费,保险人按照合同约定承担保险责任。对投保人超过规定期限未支付保险费的法律后果,规定如下：

第一,除合同另有约定外,投保人超过规定的期限 60 日未支付当期保险费的,合同效力中止。"合同效力中止"是暂时性的,待满足一定条件后,合同效力还可以恢复,与"合同效力终止"是有区别的。根据本条规定,在投保人未按照约定期限支付当期保险费时,除合同另有约定外,合同效力并不立即中止,而是再给投保人 60 天的宽限期,在此期间,保险合同的效力仍然维持。投保人只要在 60 日期满前支付当期保险费,保险合同就继续有效。投保人只有在超过规定的期限 60 日未支付当期保险费的,合同效力才中止。本条规定 60 日的宽限期,是为了避免在合同生效后,因投保人一时不能按照合同约定的期限支付保险费而影响合同的效力,为投保人提供了一种未按约定支付当期保险费的补救措施。而且从另一方面讲,这一规定也有利于保险人,保险人因此可以稳定保险费来源。需要说明的是,本条关于保险合同效力中止的规定,适用于合同双方对投保人超过规定期限未支付保险费对合同效力影响未作约定的情形,如果双方对此作了约定,应当以合同约定的为准。

第二,由保险人按照合同约定的条件减少保险金额,即用减少保险金额的办法来折抵投保人未缴的保险费,因为保险金额的大小与缴纳保险费的多少是成正比的。因此,本条规定保险人可以按照合同约定的条件减少保险金额以折抵投保人未按规定缴纳的保险费,从而继续维持合同的效力。根据本条规定,如果采用这种办法,保险人应当按照合同约定的条件减少保险金额,而不能随意减少。

(资料来源:华律网)

## 第二节　人身保险续期缴费

寿险产品一般都是长期产品,保险费都需要多期缴纳。续期保险费的收缴是寿险公司回收成本、赚取利润的重要手段,是寿险公司实现盈利和持续经营的重要基础。

### 一、人身保险续期缴费的流程

续期保险费缴纳的主要方式是银行转账,其具体流程参见图 7-1。

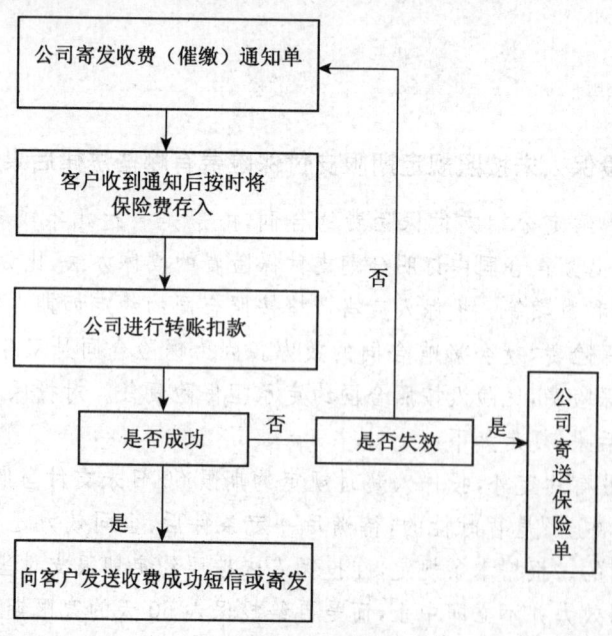

图 7-1　续期缴费服务流程

## 二、人身保险续期缴费注意事项

人身保险续期缴费应注意以下事项。

（1）在保险合同宽限期（一般为 60 天）结束前缴纳续期保险费。若投保人超过宽限期仍未缴纳续期保险费，将导致保险合同失效。

（2）若采用银行自动转账的方式进行缴费，投保人要确保自己的缴费账户中存有足够的金额，否则将导致划账不成功，致使保险合同失效。

（3）及时、足额缴纳续期保险费是投保人应尽的义务，寿险公司发出的《续期缴费通知书》仅是对投保人的善意提醒。

（4）银行转账是一种方便、安全、及时的缴费方式，为了切实保障投保人的利益，建议投保人选择通过银行转账方式缴纳续期保险费。

**专栏 7-2**

**保险合同中止后，投保人申请恢复合同效力，是否需要如实告知**

陈某，2013 年 6 月在某保险公司投保某防癌险，保险金额 20 万元。2015 年，因经济原因未及时在宽限期内缴费，保险单于 2015 年 8 月效力中止。

2016 年 4 月 3 日，陈某因乳腺肿物在某人民医院门诊就诊，B 超结果：右乳实质性肿块伴钙化，血流丰富（BI-RADS 分级：4b）。2016 年 4 月 5 日向保险公司申请复效，陈某对保险公司关于"原保险单停效至今是否出现任何身体的不适症状或疾病？""原保险单停效至今是否去医院进行过门诊的检查、服药、手术或其他治疗？"等问题作了否定回答。于是保险公司收到陈某补缴的保险费和利息后，保险合同恢复效力。

2016 年 6 月 5 日，陈某经广州某医院确诊为右乳浸润性导管癌，6 月 14 日向保险公司申请重疾险理赔。7 月 10 日，保险公司做出解除合同并不退还保险费、且不给付保险金的理赔结论。双方因此发生争议，陈某诉至法院，请求判令保险公司予以赔付重疾保险金 20 万元。

保险合同属于民事合同，合同双方应遵守诚信原则。本案陈某在保险合同停效期间危险程度显著增加，未履行如实告知的义务，违反了诚实信用原则，保险公司有权根据相关法律规定做出拒付并解除保险合同的结论。

（资料来源：保险理赔人百家号）

## 第三节　人身保险续期保险费缴纳实训

在掌握了人身保险缴费的基本理论之后，要求学生对缴费流程进行上机实训操作，这里采用的是由上海逸景网络科技有限公司提供的人身保险实训软件。

## 一、续期保险费正常扣款缴纳实训

### （一）实训目的和要求

（1）了解银行开户和重大疾病保险续期保险费缴纳的流程。

（2）掌握银行开户和重大疾病保险续期保险费缴纳流程中各单证的填写。

### （二）案例描述

2012年2月21日，魏子林去中国工商银行开户并存入10万元，于2011年2月21日在代理人的介绍下向中国人寿保险公司为自己投保了"国寿康宁定期重大疾病保险"，保险金额50万元，保险期间为20年，采用10年期缴费。保险单生效日为2011年2月22日。双方约定每年的2月21日为续期缴费日。

中国人寿保险公司续期收费员于2012年2月25日查询2012年2月1日至2012年2月29日期间需要续期缴费的保险单，并进行通知续期缴费，客户因无银行账号，通知客户去工商银行办理续期保险费账户的开户手续，并存入保险费。银行柜员扣款后发出回执单。保险公司接收回执单后，续期保险费即办理完成。投保人资料见表7-2。

表7-2 投保人资料

| 姓名 | 魏子林 | 证件类型 | 身份证 |
|---|---|---|---|
| 证件号码 | 310346198004267894 | 发证机关 | 上海市公安局虹口分局 |
| 证件有效期 | 20年 | 国籍 | 中国 |
| 电话 | 13071527478 | 联系地址 | 上海市虹口区四川北路10号 |
| 邮编 | 200421 | | |

请根据上述案例模拟银行开户流程及保险公司收缴定期重大疾病保险续期保险费实验流程。

### （三）操作流程

学生打开逸景人身保险实训系统，并用自己的登录名与密码登录。在桌面单击"实训中心 即时考核"图标，进入任务流程操作。具体操作步骤和过程详见附录4。

## 二、续期保险费非正常扣款缴纳实训

### （一）实训目的和要求

（1）熟练掌握养老年金保险续期收费办理流程。

（2）掌握养老年金保险续期收费流程各单证的填写。

### （二）案例描述

2013年3月10日，姜海山在中国人寿保险公司为自己投保了"国寿福禄满堂养老年金保险"，保险费为10 000元，保险金额为13 010元。保险公司于当天电脑核保通过了投保申请，同时出具了保险单和发票。保险单生效日为3月11日，双方约定应缴保险费对应日为每年的3月10日。缴费年限为20年，采用年缴缴费方式，以银行转账方式缴纳保险费。中国人寿保险公司续期收费员于 2014 年 3 月 9 日查询了 2014 年 3 月 1 日至 2014 年 3 月 31 日到期的保险单,并进行通知续期缴费。

请根据上述案例模拟保险公司收纳续期保险费实验流程。

(三)操作流程

学生打开逸景人身保险实训系统,并用自己的登录名与密码登录。在桌面单击"实训中心 即时考核"图标,进入任务流程操作。具体操作步骤和过程详见附录 5。

## 本 章 小 结

(1) 人身保险的保险费缴纳方式一般包括趸缴(即一次性缴清)、期缴(包括年缴、半年缴、季缴和月缴)以及不定期缴。缴费的途径通常包括银行转账、在保险公司客服中心缴纳或由销售人员代收。

(2) 在实务中,客户通常是通过银行转账的方式缴纳保险费。通过银行转账方式缴纳首期保险费时,客户要签署《保险费自动转账付款授权书》。

(3) 续期保险费应在宽限期结束前缴纳,否则会导致保险合同失效。

(4) 为了让学生更好地理论联系实际,对银行开户以及人身保险续期保险费缴纳进行了情景模拟操作训练。

## 关键概念索引

保险费　续期缴费　期缴　趸缴　保险费自动转账付款授权书

## 复 习 思 考 题

1. 简述人身保险保险费缴纳的途径。
2. 简述人身保险续期保险费缴纳的流程。
3. 试比较分析人身保险保险费期缴和趸缴的优缺点。

# 第八章 人身保险保全及实训

 **本章要点**

- 人身保险保全的内涵及意义
- 人身保险保全服务的内容
- 人身保险保全服务的要点
- 人身保险保单保全实训

> 由于人寿保险保单的长期性,投保人必须在约定的缴费期内持续缴纳续期保险费才能维持合同的效力;同时,在保险有效期内,投保人因经济条件或其他条件变化而出现各种变更要求以及实现寿险合同赋予投保人的各种权益时,都需要寿险公司提供相应的保全服务。在保全服务过程中,寿险公司必须以客户为中心,在合法、合情、合理的前提下,依照公正、公平、公开的原则,以准确、迅捷的方式向客户提供各类保全项目。

## 第一节 人身保险保全概述

### 一、人身保险保全的内涵

人身保险合同的保全是指保险公司为了维护已生效的人身保险合同的持续有效,根据合同条款约定及客户要求而提供的一系列服务。保全的目的是保证人身保险合同的完整性和时效性。从风险控制的角度看,保全是对保险标的承保后、理赔前的风险进行管理的过程。

随着寿险市场竞争的不断加剧,优质服务已成为寿险公司的一项重要竞争策略。寿险公司一般都设有客户服务部,专门负责管理从保险单签发到终止的大部分维护工作,在建立和维持寿险公司与代理人和保户之间的良好关系方面起着关键作用。

## 二、人身保险保全的意义

为保证个人寿险业务能够快速增长,及时收取保险费,提高保险单继续率,做好合同的保全工作就显得尤为重要。

(1) 保全可以提高续期保险费的续缴率,减少退保。个人寿险营销发展初期,人情保险单以及营销员采用不当技术如误导、诱导等手段所签发保险单的存在,可能导致续期保险费收缴的困难,造成保险单失效。全方位、高品质的保全服务可以提高续期保险费的续缴率,唤醒和增强保户的寿险意识,及时消除保户对寿险公司的误解,避免因服务不周导致保险单失效或退保。

(2) 保全可以密切与客户的关系,开拓准客户。营销员业务量增大、营销员的脱落以及银行转账保险单增多等因素,使寿险公司与原保户的接触和联系减少。全方位、高品质的保全服务不仅可以密切与客户的关系,避免竞争对手插足,造成客户的流失,而且可以加强对准保户的开拓。实践证明,高品质的服务是建立准保户的最佳方式。

(3) 保全可以满足客户不断变化的保险需求。由于寿险合同的长期性,在保险期限内,一方面,客户可能发生调动搬迁、经济条件、家庭结构、个人需求等方面的变化;另一方面,利率以及通货膨胀也会影响客户的保险单维持行为和未来的实际保障程度。因此,面对客户生命周期、生活环境以及经济形势的各种变迁,保险公司必须迅速提供保全服务,以满足客户变化了的保险需求,树立良好的公司形象,降低同业竞争的威胁。

由此可见,如何为保户提供优良的售后服务,尽力保全已生效的保险单,是保险公司合同管理的重要内容,它直接关系到保险公司的生存和发展,重视保险合同的保全已成为众多保险公司的共识。

# 第二节 人身保险保全服务的内容

人身保险保全服务专指售后的保险单保全及与保险单相关的附加服务,包括保险单保全服务的基本作业、附加价值服务和咨询与投诉服务。

## 一、保险单保全服务的基本作业

保全服务在保险单的不同阶段有不同的保全项目,大致可分为缴费期间提供的保全项目、保险期间提供的保全项目以及生存给付时提供的保全项目,具体项目参见表8-1。

表8-1 保全服务项目类别

| 序号 | 保全服务项目 | 寿险公司提供服务的时间 | | |
|---|---|---|---|---|
| | | 保险期限内 | | 生存给付期内 |
| | | 缴费期限内 | 非缴费期限内 | |
| 1 | 通信地址、住所变更 | √ | √ | √ |
| 2 | 姓名文字变更 | √ | √ | √ |

(续表)

| 序号 | 保全服务项目 | 寿险公司提供服务的时间 | | |
|---|---|---|---|---|
| | | 保险期限内 | | 生存给付期内 |
| | | 缴费期限内 | 非缴费期限内 | |
| 3 | 证件类别及号码变更 | √ | √ | √ |
| 4 | 性别错误更正 | √ | √ | √ |
| 5 | 出生日期错误更正 | √ | √ | √ |
| 6 | 更换投保人 | √ | √ | |
| 7 | 受益人变更 | √ | √ | √ |
| 8 | 增加附加险 | √ | | √ |
| 9 | 附加险核保 | √ | | √ |
| 10 | 投保要约的确认 | √ | √ | √ |
| 11 | 保险合同补发、换发 | √ | √ | √ |
| 12 | 解除合同 | √ | √ | √ |
| 13 | 保险关系转移 | √ | √ | √ |
| 14 | 保险单借款 | √ | √ | |
| 15 | 续期保险费缴费通知 | √ | | |
| 16 | 保险费抵缴 | √ | | |
| 17 | 保险费自动垫缴 | √ | | |
| 18 | 缴费方式变更 | √ | | |
| 19 | 授权账号变更或撤销 | √ | √ | √ |
| 20 | 减保 | √ | √ | |
| 21 | 保额增加权益 | √ | √ | |
| 22 | 减额缴清 | √ | √ | |
| 23 | 可转换权益 | √ | √ | |
| 24 | 合同效力恢复 | √ | √ | |
| 25 | 利差返还 | √ | √ | √ |
| 26 | 红利给付 | √ | √ | √ |
| 27 | 生存金额领取通知 | √ | √ | √ |
| 28 | 年金领取方式变更 | √ | √ | |
| 29 | 年金领取年龄变更 | √ | √ | |
| 30 | 犹豫期撤单 | √ | 投保人签收合同后规定的日期内 | |

## (一) 缴费期间提供的保全项目

在缴费期间,寿险公司提供的保全项目有以下七项。

(1) 续期收费。续期收费是保险公司为了维持保险合同的持续有效,按照保险合同约定向投保人收取第二期以及以后各期保险费的业务活动。续期收费主要适用于人寿保险及长期附加险的续期收费。续期保险费的收缴直接关系到业务的稳定和利润的实现,而收费服务的好坏又直接影响着续期保险费的收缴。因此续期收费服务是寿险公司保全的一项重要工作。

(2) 保险金额的变更。在保险单有效期内,被保险人可以根据自己保障需求的变化和缴费能力申请变更保险金额,具体可分为主险加保、减保;附加险加保、减保,以及附加险的续保与取消。变更后的续期保险费按寿险公司计算的新保险费缴纳。为了防止逆选择,办理加保时需要核保,对加保次数和保险金额也有限制。减保部分一般按部分退保处理。附加险取消时若有未到期保险费应退还给客户。

(3) 保险单转换。随着时间的推移,被保险人持有的保险单已不再适合其保险需求,客户对续期保险费的缴纳缺乏信心,甚至出现退保的想法。随着保险公司新产品的不断推出,客户可以通过保险单的转换以适应其变化后的需求,这是保险公司为防止保户不满意原有产品条款而运用的一种保全措施。保险单转换可以继承转换前保险单的红利权益,同时原保险单的责任准备金转换为新保险单的责任准备金,以避免因退保带来的利益损失。

(4) 保险单复效。人身保险合同因投保人不按期缴纳续期保险费致使合同失效后,自失效之日起的一定时间内(通常为 2 年),投保人可向保险人申请复效,经保险人审查同意,投保人补缴失效期间的保险费及利息后,保险合同即可恢复效力。保险合同复效申请人为投保人。在宽限期后 60 日内,投保人申请复效的保险单可不经核保审核;保险单失效 2 个月内原则上可不体检,但如果健康告知有异常或核保员认为有必要体检时可进行相应的体检;失效 2 个月以上的保险单,在投保时属于非体检件的须做普检。投保时为体检件的,可按当时体检标准体检,同时核保员可根据实际情况增加体检项目。失效 2 个月以上的高额保件,须重新填写高保额问卷,并重新进行生存调查;若保险单尚有未清偿的垫缴保险费或贷款,应通知投保客户在办理复效时一并清偿。当主险失效时,其附加险同时失效。办理复效时,若客户仍需投保附加险,附加险部分应办理加保手续,附加险保险费按被保险人申请复效时的年龄计算。

(5) 缴费方式和缴费期限变更。在缴费期间,由于投保人财务状况的变动而引起缴费能力的变化,投保人可以申请变更缴费方式和缴费期限。缴费期限的变更受到保险单费率和缴费期限档次的限制。为了防止逆选择,寿险公司在受理延长缴费期限的申请时需要核保,并且规定主险和附加险的缴费方式相同。对于趸缴和全期缴费方式一般不予变更。

(6) 缴清保险。缴清保险是指在保险单缴费期间,投保人停止缴纳续期保险费,用保险单已积累的现金价值作为余下保险期间的趸缴保险费,在原保险单的保险期间和保险责任维持不变的情况下,重新确定保险金额。缴清保险的保险金额比原保险单上的保险金额要小。办理缴清保险后附加险同时终止,不得申请办理贷款和减保。

(7) 展期保险。在保险单缴费期间，投保人停止缴纳续期保险费，用保险单已累积的现金价值作为趸缴保险费，用以购买与原保险单保险金额相同的死亡保险，其保险期间的长短取决于保险单现金价值的多少。

### (二) 保险期间提供的保全项目

在保险期间，寿险公司提供的保全项目有以下几项。

#### 1. 保险合同内容的变更

保险合同内容变更包括投保人信息的变更、被保险人重要信息的变更、受益人的变更等。保险合同内容变更需由变更人提出申请并应及时通知保险公司，以办理相关更改手续。

(1) 通信地址、住址的变更。

(2) 性别、出生日期错误更正。性别和年龄的更改可能会引起承保手续的增加，如原来不需要体检的现在需要增加体检。

(3) 姓名更改。仅更正被保险人、投保人、受益人姓名，不得易人。若更改被保险人、受益人姓名，被保险人和受益人需要在申请书上签字。

(4) 证件类别及号码更正。被变更人需要在申请书上签字。

(5) 授权账号变更或撤销。

(6) 职业变更。被保险人职业变更，可能引起相关险种的费率变更。被变更人需要在申请书上签字。

(7) 投保人变更。变更申请人一般应为投保人。申请时，新旧投保人、被保险人均须在申请书上亲笔签名，需要提交的资料包括：保险合同变更申请书、保险合同、投保人身份证明、新投保人补充告知问卷，若为他人代理办理的还需提供委托授权书及委托人的身份证件等。投保人及相关信息变更可在保险合同有效期内的任意时间提出申请。若存在保险单抵押贷款、保险费豁免或保险单失效，则投保人不能变更。投保人变更应由原投保人提出并经被保险人同意后方可办理；若投保人身故，则申请资格人为被保险人本人；被保险人为未成年人时，由其法定监护人代为行使权利。更改后的投保人对被保险人应具有保险利益。

(8) 受益人变更。受益人变更申请人为投保人或被保险人。投保人申请变更受益人时，须征得被保险人的同意。申请时需要提交的资料包括保险合同变更申请书、保险合同、最近一期保险费缴费凭证、投保人身份证明和受托人身份证明。受益人变更可在保险合同有效期和领取期内任意时间提出申请，变更受益人须相应变更下列信息：姓名、性别、身份证号码、受益人与被保险人关系等。对于疾病、伤残、医疗保险金、各项津贴的受益人为被保险人本人的，不受理受益人的变更；保险单状态为自动垫缴保险费状态，或保险单存在贷款的，不受理受益人的变更；变更后的受益人与被保险人的关系若为直系亲属且保险金额在规定的范围内（通常规定为 20 万~30 万元）的不需要重新核保，否则须重新核保。受益人为数人时，被保险人最好指定受益顺序和各自的受益份额。如果主险变更受益人，附加险也随之改变。

## 2. 补发保险单

当原发保险单遗失或被污损时，投保人或被保险人可以申请补发或换发保险单，保险公司在收取一定工本费的基础上补发或换发保险单。但是保险单质押贷款未还的合同不能挂失。

## 3. 贷款

寿险保险单贷款分为一般贷款与自动贷款垫缴保险费。当贷款本息达到保险单的现金价值时，保险公司应及时通知投保人作全部或部分清偿。如果投保人没有按规定时间前来办理，保险公司有权解除保险合同。

## 4. 保险关系转移

在保险有效期间，投保人或被保险人因住址发生变动的，可申请办理保险单迁移，保险公司要为投保人提供保险单迁移变动手续服务。在办理迁移时，一般采用未来法计算保险单的责任准备金，连同保险单资料一同迁往迁入公司。申请保险关系转移时需要提交的资料有：保险单、最近一次保险费缴费凭证、投保人和被保险人的身份证明、保险关系转移申请书。为了防止因迁移导致的保险单失效，保户应在迁出日60天之内到迁入公司办理迁入手续，需提交的资料有保险关系转移通知单、保险关系迁入通知书。保险关系迁移只能由投保人提出。目前，保险单迁移只限于在一个保险公司内部转移，不同保险公司的保险单不能相互转移。

## 5. 红利事项

对于分红保险，保险公司在每一会计年度结束后向投保人提供分红保险年度报告。分红保险年度报告包括红利分配方式和红利金额的确认。如果投保人申请领取当年红利，应填写红利领取申请书。

## 6. 查询服务

在保险合同的有效期内，保险公司为投保人提供相应的查询服务，使投保人可以随时查询保险单的缴费明细、退保情况、现金价值情况、分红保险的红利分配情况以及给付情况等。

## 7. 保险合同的解除

投保人于签收保险合同后的犹豫期内提出解除保险合同，投保人所交的保险费予以全额返还。在犹豫期后投保人提出解除保险合同，须提前30日通知保险公司，并提交保险单、最后一次保险费缴费凭证、解除保险合同申请书、投保人身份证。保险人应当自收到解除合同通知之日起30日内按合同约定退还保险单的现金价值。

### （三）生存给付时提供的保全项目

生存给付是在保险合同有效期内，被保险人生存至保险期满或约定的年龄、约定的领取时间，保险公司按合同约定，向生存受益人给付满期保险金或年金。保险公司在生存及满期给付前通知保户按时领取保险金。为了给客户提供方便，保险公司增加了给付渠道，如柜台领取、邮政汇款、银行自动转账或派员送达。生存给付领取时所需提交的资料有生存保险金领取申请书、保险单、最近一次保险费的缴费凭证、生存受益人的身份证明等。

## 二、附加价值服务

附加价值服务是保险公司针对一定层次的客户（一般指公司的 VIP 客户）所提供的与保险业务无直接关系的额外服务。

保险公司开展附加价值服务的主要目的是增进保险公司对客户具体服务需求的了解，加强投保人与保险公司之间的联系和沟通，提高客户的满意度和忠诚度，从而有效提升保险公司的市场竞争力。由于考虑成本费用因素，附加价值服务有一定的条件，一般只针对一定保险金额或一定保险费以上的有效保险单。附加价值服务项目有以下几项。

（1）免费体检。为了留住现有客户，同时为控制可能存在的各种风险，尤其是那些保险金额较高的客户，为他们提供免费体检是一个重要手段。

（2）举办各种客户联谊活动。举办客户联谊活动是增进寿险公司和客户之间感情的重要手段。一般来说，重大节日是举办客户联谊活动的良好契机，各家寿险公司都会利用这个时机举办活动，如在"六一"儿童节举办少儿活动，吸引家长携带小朋友参加，以增加客户对公司的忠诚度。

（3）参与一些社会公益活动，通过回馈社会来树立公司形象，如赞助运动团体、赞助艺术团体以及对公益活动的捐赠。

（4）设立保险医疗"绿色通道"。在医疗保险的理赔过程中，客户要想获得寿险公司的理赔需要办理多次手续，还要为理赔提供各种资料，手续相当繁琐。设立绿色通道可以为客户提供无障碍的、全方位的医疗服务。

（5）为自己的保户提供将保障与服务融为一体的项目，如急难救助卡、寿险磁卡等。急难救助是将一般保险的"事后理赔"服务往前延伸为事故发生时的"立即"援助。急难救助与寿险的结合，向保户提供了更切实际与需要的服务。在欧美，寿险与紧急援助结合已成为市场发展的一种趋势。国内的寿险公司也有相应的附加价值服务，如平安寿险的紧急援助服务、太平洋寿险的急难救助卡、太平人寿与国际 SOS 救援组织联手推出的"太平人寿急难救助服务"。

（6）提供健康保险卡。客户持有健康保险卡前往指定医院就诊时可以享受到医院提供的优先服务。具体的内容各家寿险公司不尽相同，但一般都可以享受到比较便利的服务。

**专栏 8-1**

### 太平洋境外救援责任保险

刘先生出国前其所在单位为其投保了太平洋寿险公司的"出国人员意外伤害、医疗、救援保险 B 款"保险，保险费为 560 元。按照条款约定，在合同约定之日起 60 天内，刘先生将享有最高 40 万元身故保障、30 万元医疗费用和 20 万元境外救援费用保障。在保险期限内，刘先生在德国突发心肌梗塞，被迅速送往当地医院进行心脏手术。手术后医生建议刘先生回国修养。太平洋寿险接到客户报案后迅速启动境外救援系统，委托合作关心安盛援助公司为刘先生安排了专门的医护人员远赴德国,为刘先生在回国的路程中提供完善的医疗服务。刘先生在德国手术期间的医疗费用也将得到最高 30 万元的理赔。客户所在单位的领导对太平洋寿险及时、周到的境外救援服务非常满意,同时表示出国人员买一份高额保险,尤其是包括境外救援服务的保险十分必要。

(资料来源:太平洋寿险公司网站)

### 三、咨询与投诉服务

#### (一) 咨询服务与其他售后服务要点

1. 咨询服务要点

当客户或准客户通过电话、信件及亲访等途径向寿险公司就投保前对险种以及险种条款咨询和投保后对保险单退保、现金价值的累积、红利分配以及保险单的变更、给付情况进行咨询时,保险公司的咨询人员应热情接待,并登记每一个客户和准客户咨询的问题,通过电脑查询或在相关部门的协助下立即向客户做出准确答复,尽量让每一个客户满意。

对保险内容及双方应尽的责任和义务咨询是客户咨询的最主要的内容。保险营销员要想在这方面把工作做好需要有扎实的基本功。专业的回复既可以化解客户心中的疑惑,增加客户投保或续保的信心,又可以使客户对保险营销员产生进一步的信任感。

当客户就国内保险状况、寿险公司、新产品或由新闻而产生的问题进行咨询,以及对缴款、理赔等方面问题提出咨询时,保险营销员要有耐心、诚恳地面对,如果问题无法当面解答,也必须向主管或公司有关部门讨教后及时答复,不能敷衍了事。

为了有效开展咨询服务,寿险公司应有一系列措施加以保证。如开展门店服务,建立电话热线等。其中,电话咨询服务包括语音服务、人工服务和电话留言服务。

2. 其他售后服务要点

(1) 定期联系沟通。客户希望保险营销员能与他们定期联系,以维系良好的互动关系。在定期联系中,保险营销员可以了解客户对目前所购买的保险单是否满意或有无其他需求,并随时更新客户的资料。

(2) 提供新产品信息。有些客户想进一步了解寿险产品的发展趋势或对自己所购买的保险单内容比较关心,他们都希望能收到寿险公司定期提供的最新保险产品介绍与相关资讯。

(3) 新契约回访服务。为了提高服务水平,保障客户的合法权益,寿险公司对承保的新契约个人业务保险单客户进行 100% 回访。回访通过客户填写回访问卷或电话回访的方式进行。回访内容主要为确认客户是否收到保险单、是否在投保资料上亲笔签名、是否了解产品的保险责任和责任免除、是否了解犹豫期退保的权益、对新型保险产品可能存在的风险是否有认知等。

(4) 短信服务。寿险公司可以利用短信平台,为客户提供保险单状态及重要信息的短信通知提醒,客户也可以发送短信到寿险公司的短信平台查询自己的保险单信息。服务范围包括:客户生日祝福、理赔流程提醒、保险单退保提醒、减保提醒、保险单补发提醒、保险单质押贷款提醒、保险单失效提醒、保险单借款到期提醒、年金领取提醒、红利派发提醒、万能险结算提醒、健康知识服务和节日慰问等。

(5) 友情服务、提供帮助。在客户面临困难时为客户提供最佳的售后服务是保险营销员的责任。

### (二) 投诉服务

当投保人、被保险人和受益人通过电话、信件及亲访等途径就公司员工的工作态度与不适当的行为及各项申请办理的时效等事项,向寿险公司客户服务部投诉时,客户服务部门应该立即提出适当的建议或解决办法,努力与保户达成和解,让保户真正体会到自己的权益受到了保护。同时,客户服务人员应该对保户的每一件投诉资料进行整理分析,并提供给相关部门做研究改进之用。投诉制度建立的目的就是不断规范保险公司的内部管理,努力提高保险公司服务水平。

**专栏 8-2**

"商誉使者"乔·坎多而弗对客户的售后服务

乔·坎多而弗在成交一笔业务后,第一件事情就是给客户写一封感谢成交信,第二件事是对超过 100 万美元保险单的客户赠送一个用胡桃木雕刻的精致摆件,上面写着一句萧伯纳的名言——有些人只看见已经发生的事情,并且问为什么会这样,我却常常梦想一些从未发生的事情,然后追问为什么不能这样。乔·坎多而弗说:"送摆件只是感激客户愿意与我做生意的一种方式,结果客户却以收到摆件为荣。"乔·坎多而弗做的第三件事是向客户赠送生日卡和圣诞卡,尤其是生日卡的赠送其意义非同寻常。乔·坎多而弗说:"几年之后,甚至他们之中有几位最富有和最有身份的客户还向我提到,收到我的生日贺卡对他们来说是多么意味深长。我的客户每年从我手里得到的充其量只是少数的几张贺卡,我却没想到价值这样小的卡片会产生如此好的商誉。"

(资料来源:百度文库)

## 第三节 人身保险保全服务的要点

### 一、人身保险保全作业流程

人身保险保全作业一般经过受理、初审、经办、复核、单证缮制、清分和日结、归档六个处理环节。其流程参见图 8-1。

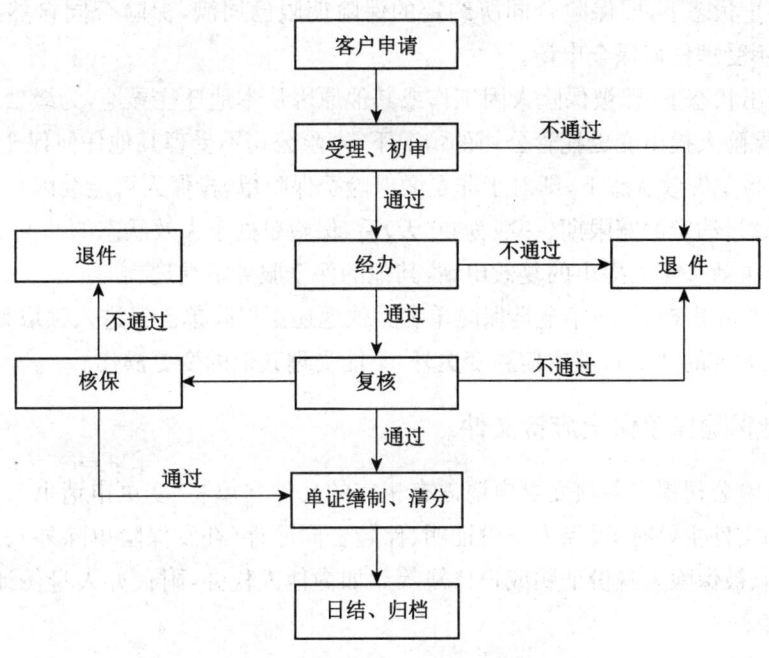

图 8-1 保险单保全作业流程图

## 二、人身保险保单保全变更申请途径

当投保客户需要保险单保全时,可以通过下列途径申请。
(1) 直接向其所投保的寿险公司的保全部门提出变更申请。
(2) 可委托他人如保险营销员、专门的收费员等到寿险公司服务网点的保全部门申请办理。
(3) 可通过信函提出申请。此类申请目前一般仅限于通信地址或住所变更、解除保险合同等寿险公司认可的保全项目。

## 三、人身保险保单保全变更申请书填写要求

客户在填写保险单保全变更申请书时须注意下列要求。
(1) 用钢笔或签字笔按申请书上对应的项目正确、完整地填写,不应涂改。
(2) 申请书上的签章应与投保单上相应的签章一致。
(3) 申请日期应与委托书上的日期一致。
保险单的状态应符合下列规定要求。
(1) 在标准状态下,即保险责任尚未终止,保险合同依然有效,投保人也未申请迁出、保险金额变更等情况下,寿险公司可受理投保人各项保全申请,变更各项信息,如养老金领取、满期给付、保险单补发、续期缴费、转换险种等。
(2) 在退保状态下,即在保险合同自然终止前,投保人提出提前终止保险合同,并领取保险单的现金价值,保险人不再承担相应责任的情况下,寿险公司不受理任何保全申请。

(3)在终止状态下,即保险合同所约定的保险期限已届满,保险合同自然终止的情况下,寿险公司不受理任何保全申请。

(4)在迁出状态下,即被保险人因工作或其他原因从本地迁往异地,为缴费和领取保险金的便利,向保险人提出变更托管公司的情况下,寿险公司不受理其他任何保全申请。

(5)在保险单失效状态下,即对于非趸缴保险费保险单,投保人可能会因各种原因而欠缴保险费,在超过约定的宽限期(一般为60天)后,保险单处于失效状态的情况下,寿险公司接受投保人在失效2年内提出的复效申请,其他的保全服务不受理。

(6)在领取的状态下,即年金类保险单和其他返还型保险单已经进入领取期的情况下,除可受理领取方式的变更和基本信息变更外,不能受理其他的变更操作。

### 四、人身保险保单保全应备文件

客户向寿险公司提出各项变更申请需有相应的文件并填写"变更申请书"。一般说来,保全应准备的文件主要有:投保人身份证明、保险合同原件(补发保险单除外)、最后一次保险费缴费证明、被保险人身份证明或户口簿等。如为他人代办,附代办人身份证明等,具体的资料参见表8-2。

表8-2 个人保险保全项目应备资料一览表

| 服务项目 | 申请人 | 应备资料 | 应备资料代码说明 |
|---|---|---|---|
| 通讯地址/住所/电话变更 | 投保人或被保险人 | 2,6 | 1.保险合同 |
| 性别/生日变更 | 投保人 | 1,2,3,6,8,18 | 2.《保险合同变更申请书(个人)》 |
| 姓名/文字变更/证件类别及号码变更 | 投保人 | 1,2,6,8,18,27(姓名更改) | 3.《补充告知问卷(个人)》 |
| 职业变更 | 投保人 | 1,2,6,8,18,21 | 4.《投保要约补充告知/确认申请书》 |
| 投保人变更 | 原投保人 | 1,2,6,8,新投保人6,新投保人3,28 | 5.最近一期保险费缴费凭证 |
| 受益人变更 | 投保人或被保险人 | 1,2,6,7,8 | 6.投保人身份证 |
| 保险合同复效 | 投保人 | 1,3,6,8,10,29 | 7.被保险人身份证 |
| 续期缴费转账授权/变更/撤销 | 投保人 | 2,16 | 8.代办人身份证与委托书 |
| 终止附加险 | 投保人 | 1,2,6,8 | 9.相应《附加医疗险补充协议》 |
| 增加附加险 | 主险投保人申请,同时被保险人在申请书上签名 | 1,2,3,9 | 10.《恢复保险合同效力申请书》 |
| 附加险加保 | 投保人,被保险人(增加有死亡责任附加险) | 1,2,3,6,8,9 | 11.《解除保险合同申请书(个人)》 12.《借款申请书》 13.《生存保险金/利差/红利领取申请书(个人)》 |

(续表)

| | | | |
|---|---|---|---|
| 附加险减保 | 投保人 | 1, 2, 6, 8 | 14.《保险合同补/换发申请书》 |
| 犹豫期解除合同 | 投保人 | 1, 5, 6, 8, 11 | 15.《保险关系转移申请书》 |
| 解除合同 | 投保人 | 1, 5, 6, 8, 11 | 16.《保险费自动转账付款授权书》 |
| 借款 | 投保人申请,同时被保险人在申请书上签名 | 1, 5, 6, 8, 12, 23 | 17.《投保要约补充告知/确认书》 |
| 还款 | 投保人 | 12, 22, 23 | 18. 被更正/告知人身份证 |
| 生存金、年金、满期金、红利领取 | 生存受益人 | 1, 5, 8, 13, 19, 20, 24 | 19. 被保险人户籍证明 20. 受益人身份证 |
| 保险合同补/换发 | 投保人 | 6, 14, 25（污损补发才需要） | 21. 职业变更证明 22. 领取借款时的付款收据 |
| 保险关系转移 | 投保人申请,同时被保险人在申请书上签名 | 1, 5, 6, 7, 8, 15 | 23. 资料交接凭证 24. 存折首页复印件 |
| 出国告知 | 投保人申请,同时,投保人（若出国者为被保险人、受益人）、被保险人、受益人都须由本人亲笔签名 | 1, 2, 6, 8, 18, 26 | 25. 污损保险合同 26. 护照 27. 户籍部门出具的变更证明 |
| 垫缴还款 | 投保人 | 1, 2, 6, 8 | 28. 投保人若死亡的证明,继承人共同同意变更何人为投保人说明 |
| 保险费垫缴方式变更 | 投保人 | 1, 2, 6, 8 | 29. 就诊资料 |
| 减少保险金额 | 投保人 | 1, 2, 5, 6, 8 | |
| 利差返还/红利领取方式变更 | 投保人 | 1, 2, 6, 8 | |
| 变更期缴保险费缴付方式 | 投保人 | 1, 2, 5, 6, 8 | |
| 变更领取年龄/领取方式 | 投保人申请,同时被保险人在申请书上签名 | 1, 2, 6, 8 | |
| 减额缴清 | 投保人 | 1, 2, 5, 6, 8 | |
| 保险金额增加权益 | 投保人申请,同时被保险人在申请书上签名 | 1, 2, 5, 6, 7, 8 | |
| 健康/职业补告知 | 投保人申请,同时被保险人在申请书上签名 | 1, 3, 6, 8, 17, 18 | |
| 投保单的补签名 | 投保人申请,同时被保险人在申请书上签名 | 1, 4, 6, 7 | |
| 可转换权益 | 投保人申请,同时被保险人在申请书上签名 | 1, 2, 5, 6, 7, 8 | |

### 五、人身保险保单保全服务注意事项

保险单保全服务需要注意以下事项。

（1）除退保外，其他的保全项目必须以保险单有效为前提，如果保险单失效，应先申请复效。

（2）申请保险单各项保全，投保人必须在签章栏内签章，并填写身份证号；如申请投保人、受益人变更的，同时须由被保险人签章，若被保险人为未成年，应请其法定监护人代签。

（3）涉及退费、退保及生存金领取金额较大的，应请客户亲自办理，不能代理。

（4）委托办理，受托人须携带本人及委托人的身份证，并在申请书上签名，填上其身份证号码，涉及内容变更及投保人变更、受益人变更等内容时，须同时出示投保人及被保险人的委托书。

（5）凡涉及续期收费的保全项目，如缴费类别变更、缴费方式变更、保险金额变更等，若当期保险费已缴，则不得于本期办理变更。

（6）寿险公司的保全人员接受各项变更申请后，应认真审核申请人的资格及相关证件，如果变更对客户权益有重大影响，如变更保险金额等，应事先向客户解释清楚，避免引起未来不必要的纠纷，变更项目应完整，避免操作失误。

## 第四节 人身保险保单保全实训

学生在掌握了人身保险保单保全基本知识后，开始进入实训环节。

### 一、案例分析实训

**任务1** 李某的父亲作为投保人为李某的母亲购买了一份终身死亡保险，缴费期限为10年，每年缴纳2 000元，后李某的父亲因病身故，此时保险费已经缴纳三期，李某在父亲死后向保险公司提出要求终止保险合同，并退还保险费。

请问：李某的退保要求是否合理？如果购买的保险是一份养老保险，那么李某是否有权利提出退保？

**任务2** 张先生和李女士2008年5月结婚，2008年10月，张先生作为投保人为妻子购买了2份重大疾病终身保险，保险金额2万元，缴费期限20年，年缴保险费1 420元。2011年3月，张先生和李女士离婚，离婚时并未就保险合同进行分割处理。2011年10月，李女士持保险单到保险公司提出变更投保人为自己的申请，否则进行退保。

请问：被保险人是否有权利申请变更投保人？是否可以要求退保？保险单如何分割？

### 二、人身保险保全实训软件操作

要求学生对各项保全服务进行上机实训操作，这里采用的是由上海逸景网络科技有限公司提供的人身保险实训软件。

### (一) 保险单基本信息变更实训

1. 实训目的和要求
(1) 了解保险单基本信息变更的流程。
(2) 掌握保险单基本信息变更流程中各单证的填写。

2. 案例描述

2012年3月15日,王军以其妻子张玲为被保险人向中国太平保险公司投保了"洪福定期两全保险",保险单号码为TP20120315006090,保险金额为150 000元,缴费年期为20年,年缴保险费2 460元,保险单受益人为王军,受益份额100%。王军身份证号码为440376197905086754,张玲身份证号码为440456198306085634。

2016年4月,王军拟变更洪福定期两全保险保单的基本信息(详见表8-3)。在联系保险公司后,4月20日,王军向太平人寿保险有限公司提交了保全变更申请书(保险单变更申请单号为20150418015)及其他相关证明材料,保险公司审核后,于4月21日出具了批单。

表8-3 基本信息变更情况表

| 变更项目 | 变更前 | 变更后 |
| --- | --- | --- |
| 投保人地址 | 地址:广州市海珠区滨江东路好景花园2栋304,邮编:510300,电话:02067834556 | 地址:广州市越秀区寺佑新马路200号A1508室,邮编:531130,电话:02053201889 |
| 缴费方式 | 年缴 | 季缴 |
| 缴费形式 | 银行自动转账 | 现金缴费 |

请根据案例背景资料模拟保险单基本信息变更的保全作业。

3. 操作流程

学生打开逸景人身保险实训系统,并用自己的登录名与密码登录。在桌面单击"实训中心 即时考核"图标,进入任务流程操作。具体操作步骤和过程详见本教材的附录6。

### (二) 受益人变更实训

1. 实训目的和要求
(1) 了解保险单受益人变更的流程。
(2) 掌握保险单受益人变更流程中各单证的填写。

2. 案例描述

2012年3月15日,王军以其妻子张玲为被保险人向中国太平保险公司投保了"洪福定期两全保险",保险金额为150 000元,缴费年期为20年,年缴保险费2 460元,保险单受益人为王军,受益份额100%。王军身份证号码为440376197905086754,张玲身份证号码为440456198306085634。

2016年5月,王军拟变更洪福定期两全保险保单的身故受益人为其岳父张长海(详见表8-4),张长海身份证号码为440512195609080051。在联系保险公司后,5月10日,王军向中国太平保险公司提交了保全变更申请书(保险单变更申请单号为20150310018)及其他相关证明材料,保险公司审核后,于5月11日出具了批单。

表8-4 受益人变更情况表

| 变更项目 | | 受益份额 |
| --- | --- | --- |
| 原受益人 | 王军 | 100% |
| 变更后受益人 | 张长海 | 100% |

请根据案例背景资料模拟保险单受益人变更的保全作业。

3. 操作流程

学生打开逸景人身保险实训系统,并用自己的登录名与密码登录。在桌面单击"实训中心 即时考核"图标,进入任务流程操作。具体操作步骤和过程详见附录7。

### (三) 保险单复效实训

1. 实训目的和要求

(1) 了解保险单复效的流程。

(2) 掌握保险单复效流程中各单证的填写。

2. 案例描述

2012年3月15日,王军以其妻子张玲为被保险人向中国太平保险公司投保了"洪福定期两全保险",保险金额为150 000元,缴费年期为20年,年缴保险费2 460元,保险单受益人为王军,受益份额100%。王军身份证号码为440376197905086754,张玲身份证号码为440456198306085634。

王军的保险单在第3个保险单年度缴费日未缴纳保险费,宽限期120天之后仍未缴费,保险单处于中止状态。在保险单中止90日后,2015年10月15日,王军向保险公司提出合同复效申请,并填写了保险单变更申请书(保险单变更申请单号为201510150214)和补充问卷调查,并提交了其他相关资料。申请复效时,张玲身高163 cm,体重45公斤,身体状况良好。王军就职于广州市商业银行天河支行,月收入约8 000元。

保险公司接到申请后,于2015年10月16日进行核保及保全审核,10月19日出具了批单,10月20日保险公司向王军发出补缴保险费通知书,要求其在10月30日前补缴保险费,保险公司的开户行为中国农业银行天河北支行,户名为中国太平保险公司,账号为420140057855688,10月29日王军交纳了欠缴保险费,财务开具收款收据。

假设王军保险单复效中不计利息,请根据所学知识,模拟该保全业务的操作,并出具批单。

3. 操作流程

学生打开逸景人身保险实训系统,并用自己的登录名与密码登录。在桌面单击"实训中心 即时考核"图标,进入任务流程操作。具体操作步骤和过程详见附录8。

### (四) 保险单贷款实训

1. 实训目的和要求

(1) 了解保险单贷款的流程。

(2) 掌握保险单贷款流程中各单证的填写。

2. 案例描述

2012年3月15日,王军以其妻子张玲为被保险人向中国太平保险公司投保了"洪福定期两全保险",保险金额为150 000元,缴费年期为20年,年缴保险费2 460元,保险单受益人为王军,受益份额100%。王军身份证号码为440376197905086754,张玲身份证号码为440456198306085634。

2014年5月9日,王军因父母住院急需一笔现金,于是向保险公司申请保险单贷款,填写了保险单贷款申请书(编号为201405096654),并提交了其他相关资料。洪福定期两全保险合同中有关保险单借款的条款为第十七条,具体内容如下:"本合同生效1年后且在累积有现金价值的情况下,投保人可以向本公司申请借款,借款金额最高不得超过本合同当时现金价值的80%,每次借款的时间最长为6个月。借款利息应在借款期满之日缴付。如果逾期未付,所有利益将被并入借款金额中。在下一借款期内按其最近一次宣布的借款利息计息。当现金价值不足以偿还借款和利息时,本合同的效力即中止,但若本合同及附加合同已更改为减额付清保险,则本公司不接受借款申请。"

经查询,贷款当时保险单现金价值为5 805元,贷款期限为6个月,当前保险单贷款的利率为4%/年。保险公司接王军贷款申请后,于5月12日给予办理,并出具批单,5月13日,保险公司支付贷款给王军,并开具收据,保险公司的开户行为中国农业银行天河北支行,户名为中国太平保险公司,账号为420140057855688。王军银行账号为420260057855697;开户行为中国农业银行天河北支行。

请根据上述资料,模拟寿险公司保险单贷款的业务流程,出具批单,并设计保险单贷款的明细表,要求明细表中的数据直到保险单现金价值为0时截止。

3. 操作流程

学生打开逸景人身保险实训系统,并用自己的登录名与密码登录。在桌面单击"实训中心 即时考核"图标,进入任务流程操作。具体操作步骤和过程详见本教材的附录9。

## 本 章 小 结

(1) 人身保险保全服务专指售后的保险单保全及与保险单相关的附加服务。从风险控制的角度看,保全是对保险标的承保后理赔前的风险进行管理的过程。保全服务包括保险单保全服务的基本作业、附加价值服务以及咨询与投诉服务。

(2) 保险单保全作业流程一般包括受理,初审,经办,复核,单证缮制、清分和日结、归档六个环节。客户在申请保险单保全时需要按照规定正确填写保险单变更申请书,同时根据变更的项目准备相关的文件资料。

(3) 为了让学生更好地理论联系实际,对人身保险的保险单保全进行了情景模拟操作训练。

## 关键概念索引

人身保险保全　投保人变更　受益人变更　缴清保险　展期保险　保险单转换

保险单复效附加值服务　咨询服务　投诉服务

## 复习思考题

1. 简述保险单保全服务的基本作业内容。
2. 保险单附加值服务通常包括哪些项目？
3. 人身保险保单申请保全一般应具备哪些文件资料？

# 第九章 人身保险索赔、理赔及实训

**本章要点**

- 人身保险索赔的定义及索赔时效
- 人身保险的索赔单证
- 人身保险理赔的定义及基本原则
- 人身保险理赔的基本流程
- 人身保险金的给付
- 人身保险理赔与给付实训

> 当人身保险事故发生后,保险人按照合同约定,应对投保人进行相应的赔偿。被保险人或受益人在事故发生后,必须在保险公司规定的时间内报案,保险公司接到报案后,应尽快对保险事故进行勘查、定损和理赔,以发挥保险的经济补偿作用。保险公司的理赔业务是比较复杂的工作,必须经过一定的程序和步骤。因此,要求操作人员必须具备相应的知识和经验,以处理各种可能出现的问题。

## 第一节 人身保险索赔基本知识

### 一、索赔的定义

人身保险索赔是指当被保险人遭受承保责任范围内的风险损失时,被保险人向保险人提出赔偿的要求。

### 二、报案及索赔时效

人身保险合同的投保人、被保险人或受益人在事故发生之后应在保险合同条款规定的时限内及时报案。报案的方式包括上门报案、电话(传真)报案、业务员转达报案等。报案的内容包括：出险的时间、地点、原因；被保险人的现状；被保险人的姓名、投保险种、保险金额、投保日期；联系电话及联系地址等。

保险事故发生后应及时通知保险人。我国《保险法》规定，投保人、被保险人或者受益人知道保险事故发生后，应当及时通知保险人。故意或者因重大过失未及时通知，致使保险事故的性质、原因、损失程度等难以确定的，保险人对无法确定的部分，不承担赔偿或者给付保险金的责任，但保险人通过其他途径已经及时知道或者应当及时知道保险事故发生的除外。各家保险公司的保险合同条款中对此也有具体的规定。例如，中国人寿保险公司的康宁终身保险条款规定：投保人、被保险人或者受益人应于知道保险事故发生10日内以书面形式通知本公司，否则，投保人、被保险人或者受益人应承担由于通知延迟致使本公司增加的勘查、调查费用。中国平安保险公司的平安福寿两全保险条款规定：投保人、被保险人或者受益人应于知道或应当知道保险事故发生之日5天内通知保险公司，否则，投保人、被保险人或者受益人应承担由于通知延迟致使本公司增加的勘查、检验等各项费用，但因不可抗力导致的迟延除外。

关于人身保险的索赔时效，我国《保险法》规定，人寿保险以外的其他保险的被保险人或者受益人，对保险人请求赔偿或者给付保险金的权利，自其知道保险事故发生之日起2年不行使而消灭。人寿保险的被保险人或者受益人对保险人请求给付保险金的权利，自其知道保险事故发生之日起5年不行使而消灭。

### 三、索赔单证

被保险人或者受益人履行了出险通知义务后，必须提交必要的索赔单证。在人身保险业务中应具备的索赔单证见表9-1，部分索赔单证说明见表9-2。

表9-1 人身保险索赔应备单证

| 申请项目 | | 应备单证 | 单证代码说明 |
| --- | --- | --- | --- |
| 人寿保险 | 疾病死亡 | 1,2,3,4,5,6,7,13,15,16 | 1.保险单、最近一期保险费收据及单位证明；2.索赔申请书；3.被保险人身份证明；4.被保险人户籍证明；5.受益人身份证明；6.门诊手册原件；7.出院小结；8.医疗费用收据原件；9.医疗费用收据复印件；10.重大疾病诊断证明；11.手术证明；12.意外事故证明；13.死亡证明；14.法医鉴定书；15.户口注销证明；16.火化证明；17.宣告死亡证明 |
| | 意外死亡 | 1,2,3,4,5,6,7,13,15,16 | |
| | 宣告死亡 | 1,2,3,4,5,17 | |
| 人身意外伤害保险 | 意外死亡 | 1,2,3,4,5,6,7,13,15,16 | |
| | 意外残疾 | 1,2,3,6,12,14 | |
| 健康保险 | 重大疾病 | 1,2,3,7,9,10 | |
| | 意外医疗（门诊） | 1,2,3,6,8,12 | |
| | 意外医疗（住院） | 1,2,3,7,8,12 | |
| | 住院医疗 | 1,2,3,7,8 | |

表 9-2　部分索赔单证说明

| 单证名称 | 单证说明 |
|---|---|
| 索赔申请书 | 可通过网站下载、柜面领取。索赔申请书保险金由保险金受益人本人签字，医疗、残疾、失能、重大疾病保险金受益人为被保险人本人，身故为指定受益人或法定继承人；申请人如为无民事行为能力人或限制民事行为能力人，应由其法定监护人申请，同时应出具法定监护证明。如有受托人则需在《索赔申请书》对应授权委托栏填写；申请权利人在委托人处签字 |
| 门诊手册原件 | 被保险人在医院接受医疗服务时，医院会提供"门诊手册或门诊病历"及就医记录 |
| 出院小结 | 住院医疗的被保险人，在办理出院手续时向其主治医生索要"出院小结或出院记录"，这是医院必须提供给病人的医疗证明 |
| 重大疾病诊断证明 | 诊断明确后，及时向主治医生索要"重大疾病诊断证明书或医疗诊断证明书"，避免事后索要困难 |
| 意外事故证明 | 被保险人发生意外时，其家属应准备"意外事故证明"材料，如意外车祸应向交警部门索要"交通事故责任认定书"，意外被打伤或遭抢劫受伤应向"110"或当地公安部门报警并请其出具相关证明 |
| 死亡证明 | 若被保险人在医院内死亡，家属应保管好医院出具的"居民医学死亡证明书" |
| 法医鉴定书 | 残疾保险金的索赔必须提供残疾鉴定证明。合法有效的残疾证明可从司法部门或保险公司规定的医院获得 |
| 户口注销证明 | 被保险人死亡后必须由其家属到当地派出所进行户口注销。户口注销后，派出所会出具"户口注销证明" |
| 宣告死亡证明 | 对因失踪而推定被保险人"死亡"的案件，被保险人家属向当地法院申请被保险人"宣告死亡"，经法院公告和法律规定的等待期后，法院会做出"宣告死亡判决书" |

## 第二节　人身保险理赔的基本原则

### 一、人身保险理赔的概念

人身保险理赔是指应投保方给付保险金的请求，保险人以法律规定和人身保险合同为依据，审核认定保险责任并进行保险金给付的行为。

按照实务惯例，满期给付和生存给付属于"寿险保全"的范畴，因此，通常意义上人身保险理赔包括身故、残疾、意外伤害医疗、疾病住院医疗及重大疾病等保险金的给付，不包括满期给付和生存给付。

承担保险金给付责任是人身保险合同中规定的保险人的最基本的义务，也是投保人实现实际的保险保障和自身保险权益的途径。理赔工作的好坏，不仅关系到保险公司的形象和声誉，甚至关系到保险公司的生存和发展。

## 二、人身保险理赔的基本原则

人身保险公司在理赔工作中，为确保理赔质量，防止和控制理赔工作的错赔、乱赔、滥赔的现象，提高人身保险公司的信誉，要求严格遵循理赔的基本原则。

### （一）重合同、守信用原则

重合同、守信用是人身保险理赔的总则。任何经济合同本身都要求合同当事人双方重合同、守信用。人身保险合同作为一种建立在最大诚信原则基础上的特殊的经济合同，是保险人履行义务、承担给付责任的重要依据，对合同双方都具有法律的约束力，因此，人身保险合同理赔尤其要严格遵守重合同、守信用的原则。在人身保险营销活动中，保险人履行保险金给付义务相对滞后，也就是作为人身保险公司来说是先享受收取保险费的权利，在保险事故发生时才履行给付保险金的义务，这样对于人身保险的销售来说，购买保险产品的投保人实质上只是获取了保险人的商业信用。因此，保险人信用直接关系着未来保险拓展的空间。维护人身保险公司的信用是保险活动的重要环节，而人身保险的理赔活动就是保险人履行保险合同的义务，如果保险人未能重合同、守信用地进行给付，人身保险公司的信誉必然受到损害。所以在人身保险理赔中，保险人一定要遵守重合同、守信用的原则，努力提高社会对保险人的信赖程度，维护保险人的声誉和市场竞争地位，为保险公司的长远发展拓展空间。

### （二）实事求是原则

由于人身保险所承保的责任涵盖了人生历程中几乎所能遭遇的各种风险，从疾病到死亡，这也带来了承保的客观风险的多样性和复杂性，使得被保险人的索赔请求也各不相同。即使对同一保险标的发生的同一风险事故，由于人们所处立场不同，也难免有不同的理解。对保险条款的理解，保险双方也会经常发生分歧。被保险人索赔时可能夸大或忽视了自己索赔权利的运用。相较之下，保险人作为专职风险事故处理专家，必然对损失原因的辨明以及保险条款的理解存在一定的信息优势。因此，为了维护公平的保险保障制度，要求保险人按照实事求是的原则，耐心做好理赔工作，对保险事故造成的损失实事求是，严格按照承保条款办事，针对不同的风险事故具体问题具体分析，灵活合理地对保险事故进行理赔。

### （三）主动、迅速、准确、合理原则

这是人身保险理赔工作应遵循的"八字方针"，也是衡量理赔质量的重要标准。"主动、迅速"，要求理赔人员在处理理赔案件时要积极主动，及时出现在事故现场，主动了解事故情况，及时进行保险金的给付，减少拖延理赔案件的发生，提高保险公司声誉。"准确、合理"，要求理赔人员在审核理赔案件的时候要分清责任，合理评估，准确地计算核定理赔金额，减少错赔、滥赔现象的发生，严格公正地处理每一起理赔案件。为保证个人寿险业务能够快速增长，及时收取保险费，提高保险单继续率，做好合同的保全工作就显得尤为重要。

## 第三节 人身保险理赔的基本流程

从人身保险事故发生到保险人做出理赔策略，需要经过一系列的工作处理过程，为了

保证人身保险理赔工作的质量,必须遵循一定的理赔程序。人身保险的理赔工作根据不同险种和保险事故的不同而存在一定的差异,通常包括登记立案、单证审核、现场勘查、责任审核,赔付计算、复核、通知给付、单证流转和结案归档、追踪调查。

## 一、登记立案

### (一) 出险登记

发生保险事故后,被保险人或者受益人应按照保险条款的规定及时通知保险人。保险人接到被保险人或者受益人的报案后,应及时填写"出险登记簿",对通知事项予以记载。记载的内容一般包括报案时间、被保险人姓名、保险单号、事故发生日期、事故发生原因、事故发生地点等。

### (二) 查抄单底

根据被保险人的出险通知书或电话的口头报案通知,理赔内勤人员应及时抄录有关保险单、批单副本,以便勘查之前了解被保险人的承保情况。抄单后要在所抄单底上注明抄单日期,加盖私章或签名,经复核人复核签章。

### (三) 核对报案记录

抄录保险单底后,要与报案内容详细核对,检查被保险人的姓名或名称是否相符;检查出险日期是否在保险责任有效期限之日内;检查事故原因是否属于承保责任范围。

### (四) 编号立案

理赔人员接到出险通知或索赔申请后,应及时查阅和核对有关保险单底,对于存在保险关系且符合索赔时效的申请,予以编号立案。编号应反映出险别,根据报案先后冠以各险别简称及年份,一次出险同时有几个被保险人发生损失的,应分别编号立案。对以电话或口头通知出险的,应根据通知先行编号立案。

## 二、单证审核

单证审核是人身保险公司理赔人员审核人身保险事故及保险责任的行为过程。在理赔申请人向人身保险公司提起理赔请求时,有义务提供理赔相关的单证材料。出于风险防范的目的,人身保险公司在接到被保险人或受益人的索赔申请单证以后,理赔内勤人员要立即进行单证审核,以决定是否理赔。理赔部门的审核通常也分几个等级,每个等级的理赔审核人员具有不同的审核权限,在相应的审核范围内,对理赔事故进行核赔。

单证审核主要审理的内容包括以下几点。

(1) 审核申请人所提交的保险合同、申请书等单证资料的真实性和有效性,主要包括审核损失发生的日期是否在保险合同的有效期内;审核保险事故发生的时候,人身保险合同是否在保险合同的中止期。

(2) 审核申请人所提交的相关材料是否完整,检查提交的材料是否就是理赔需要的材料,所出具的死亡、伤残、疾病等证明是否真实;并检查提交的材料是否具有理赔认可的法律效力,是否是定点或认可的医院出具的证明,是否具有相应的印章等内容。

(3) 审核申请人在索赔时与被保险人的关系，受到损害的是否为被保险人；投保时是否对保险标的具有可保利益，被保险人的年龄、身体状况等内容。

(4) 审核申请人提交的材料以及理赔事故是否有现场勘查的必要，人身保险理赔人员根据申请的单证判断是否需要现场勘查。在初步确定赔偿责任后，保险公司根据损失核对保险单副本与出险通知单，并编制理赔调查通知书，提出调查内容及要点，为现场勘查准备。

### 三、现场勘查

现场勘查是掌握保险事故出险情况的重要手段。现场勘查是正确处理理赔案件的有效手段，能够有效地保证理赔工作的真实、准确，减少骗赔、误赔、错赔等事件发生的可能。

现场勘查是理赔人员根据理赔调查书的相关内容提前做好准备，并与被保险人取得联系，采取包括走访、现场调查、委托调查等方法进行调查，客观、合理、公正地给出现场勘查结果。现场勘查的主要内容包括以下几方面。

(1) 现场勘查确认保险事故发生的时间和地点。对于保险事故发生时间的调查确认，可以有效地保证事故发生在保险责任期限之内；对于保险事故发生地点的调查确认，包括对出险地点的拍照、对现场概况的考察以及具体的人员伤亡核实，有利于确认保险事故的责任范围。

(2) 现场勘查和核实保险事故发生的原因，这也是对于保险事故责任的进一步确认。

(3) 现场勘查被保险人的年龄、姓名、受到伤害的程度和进行医学治疗的过程，核实被保险人的损害程度和范围以及支出的相关费用情况。

(4) 现场勘查获得保险事故的举证材料，保险理赔人员在现场勘查过程中还要取得有关行政部门如公安局出具的事故证明材料。

现场勘查是明确理赔责任的重要方法，但对于人身保险来说，并不是每个人身保险理赔案件都需要进行现场勘查。对于单证完备、保险责任明确且给付金额较少的理赔申请，大多不需要进行现场勘查，就可以直接进入责任审核程序，这也提高了人身保险公司的理赔效率。但对于较为特殊的人身理赔请求，则要进行现场勘查，以减少保险欺诈行为的发生。同时在现场勘查的过程中，要对现场勘查中涉及的被调查人的姓名、职业、年龄、勘查地点、时间、内容等相关信息进行及时记录，以保证现场勘查的真实有效。

根据现场勘查和现场记录，保险理赔人员要及时地做出保险事故的勘查报告或检验报告。现场勘查的报告要保证真实、准确，有据可循，并应该附加相关的证明材料，注明详细的立案编号、被保险人相关信息、现场勘查的时间、勘查地点、保险事故的原因、费用的支出以及其他通过现场勘查获取的材料，同时及时提交报告，从而为进一步的责任审核提供第一手资料和理赔依据。

### 四、责任审核

责任审核是保险人在现场勘查后，根据单证的审核以及对现场的勘查报告，最终审核保险事故的性质,以确定保险赔偿责任的行为过程。如果损失属于保险责任范围内的,就要确定保险人的保险赔偿责任和赔偿范围;如果损失不属于保险责任,保险人必须向被保险人或受益人发出拒绝赔偿或拒绝给付保险金的书面通知。如果涉及第三者责任,还必须分清责任大小。

保险人承担赔偿责任是以保险合同规定的被保险人的义务为前提条件的。如果被保险人没有履行保险单规定的义务,保险人可以拒绝赔付。责任审核内容主要包括以下几点。

(1) 审核人身保险合同是否是合法的和有效的。在签订人身保险合同的时候,要秉持最大诚信原则,保证合同的合法有效。在进行责任审核的时候,主要审核是否存在违反最大诚信原则的不实告知,是否存在保险欺诈的事实。如果发现违反保险合同最大诚信原则行为的,且足以影响保险人做出承保决策的,保险人有权撤销对保险事故的责任负担,但对于存在不可抗辩条款的保险事故例外,一般的可抗辩期为2年。

(2) 审核投保人或被保险人是否遵循保险合同的要求行事。审核人身保险理赔请求是否遵循了合同的要求,也就是审核投保人或被保险人是否存在违背保险合同的欺诈行为。对于保险合同中规定投保人或被保险人应当遵循的事项遭到违背时,保险公司可以拒赔。

(3) 审核申请人提请的理赔事故是否是由保险责任范围内的风险造成的事故。在人身保险中,在审核导致人的生命或身体遭受损害是否是所承保风险引起时,需要审核保险合同的具体条款以及批单的内容,从而区分保险责任和除外责任,确定造成伤害的风险是承保范围内的风险。

经过了责任的审核以及各方面的核查、勘查和论证后,对于不属于保险责任的理赔申请,最终做出拒赔的决定,并由相关理赔人员填写并提交拒赔报告书,报上级主管部门审批后,向申请人发出拒赔通知书。

## 五、赔付计算

人身保险公司理赔人员通过责任审定,确定保险赔偿责任和赔偿范围,并根据被保险人的保险金额和保险人的承保条件决定赔偿方式,然后按照确定的赔偿方式,履行保险金的给付义务。

由于人的生命或身体是无价的,不能简单地用金钱衡量,在通常情况下,人身保险的给付金额是合同事前约定好的数额,一旦发生保险事故,就按照事前约定好的保险金额进行给付。但是针对以下一些特殊情况,要扣除或退还相应的保险费用。

(1) 如果存在自动垫缴保险费的情况,给付的人身保险金的数额应该是扣除了垫缴保险费的本金和利息的金额。

(2) 如果是在人身保险合同的宽限期内发生保险事故,给付的人身保险金的数额应该是扣除了应缴保险费后的金额。

(3) 当发生保险事故的时候,保险单存在抵押贷款的情形时,保险金的给付金额应该是扣除了贷款本利后的金额。

(4) 当发生保险事故时,存在预付的理赔款项时,保险金的给付金额应该是扣除了预付赔款后的金额。

(5) 当发生保险事故时,发现被保险人年龄存在误报,从而导致实缴保险费少于应缴保险费数额的,理赔只能调整给付金额,按照一定的比率给付保险金;对于超过应缴保险费的部分,也应该按照实际情况计算,给予退还。

(6) 对于存在多次保险事故发生的情况,其实际的保险金给付金额可以分次予以给付,但合计总额不能超过保险金额。

## 六、复核

复核是人身保险理赔的必经程序。复核人员接到案卷,要认真全面地复核案件材料,主要查对案件责任范围和责任免除,核对给付金额并签署意见和证明。在复核时要注意以下几点。

(1) 死亡或意外事故的日期是否在保险单有效期内。

(2) 应提交的各类单证(包括证明)是否齐全。

(3) 立案的案件是否属于保险责任。

(4) 保险单证上的年龄是否与户口簿上的年龄一致。

(5) 对死亡案件的保险金给付申请要注意受益人问题。

经复核员审核后的单证,在审核栏内盖章,然后再由部门负责人、公司经理审定。

## 七、通知给付

我国《保险法》规定,对属于保险责任的,在与被保险人或者受益人达成赔偿或者给付保险金的协议后10日内,履行赔偿或者给付保险金义务。保险合同对赔偿或者给付保险金的期限有约定的,保险人应当按照约定履行赔偿或者给付保险金义务。我国《保险法》还规定,保险人自收到赔偿或者给付保险金的请求和有关证明、资料之日起60日内,对其赔偿或者给付保险金的数额不能确定的,应当根据已有证明和资料可以确定的最低数额先予支付;保险人最终确定赔偿或者给付保险金的数额后,应当支付相应的差额。

理赔内勤根据复核结论对属于保险责任的案件向申请人做出理赔决定通知,将案卷通过交接手续送计财部门,同时通知受益人或受益人指定的代理人前来办理保险金领取手续。

领款人到保险公司领取保险金时要提供本人身份证、工作证和户口簿等身份证明。同时在领款收据上注明领款人身份与被保险人关系并签名盖章。

理赔人员和计财部门仔细核对领款人的身份证明及收据上填写的领款人是否是申请人本人,若领款人是受申请人委托的,则要提供申请人的委托书或申请人的身份证、工作证及本人证件后,才能给付保险金。计财部门按领款收据上的给付金额与调查报告单上的数字核对相符后配款,在付款凭证上盖现金付讫章连同现金一起交给领款人。

(1) 保险公司向受益人或受益人指定的代理人支付保险金,如无特殊约定,受益人为被保险人或其指定的受益人,如果被保险人未指定受益人,被保险人身故时,应向被保险人的继承人支付。对于无法确定受益人范围的案件,保险公司首先要进行保险金给付公告,由权利申请人持有效证明(如身份证明、委托授权证明或被保险人关系证明等)到保险公司办理登记手续,保险公司审查合格的权利人或其代理人领取保险金,最后由保险金领取人出具自行负责处理受益权纠纷的保证书。

(2) 在人身保险理赔中,除年金给付外,保险事故发生时保险人一般一次性给付全部保险金。但依据寿险合同的"保险金给付选择权条款",被保险人或受益人也可以选择其他的保险金给付方式,如将保险金作为本金存储生息,在一定期间内只支取利息;在一定时期内分期领取保险金;受益人用保险金购买趸缴即期领取的终身年金等。

(3) 保险金给付后还涉及保险单的效力问题。一般死亡给付、满期生存给付后,保险单效力随即终止。而发生残疾给付或医疗费用赔付后的保险单,如果累计的赔付额没有超过保险金额,保险单继续有效。

(4) 个人保险金给付对象是针对被保险人或受益人,团体保险金给付对象有针对投保单位的,也有针对被保险人或受益人的。通常,团体医疗保险金从理赔申请到保险金给付都是针对投保单位的。保险公司理算出每个被保险人应赔付的金额并列出清单,将总额以现金方式支付给投保单位,由投保单位分发给每位被保险人,完成给付。团体意外伤害保险和团体重大疾病保险的保险金给付对象是被保险人本人或身故受益人,保险人向被保险人或受益人直接给付保险金。

## 八、单证流转和结案归档

(1) 部门在调查报告单财务付讫章栏内盖现金付讫章。在赔款日结汇总表上盖现金付讫章,自留调查报告单。汇总日结表各一份及领款收据作传票附件,其余单证交统计,经统计后,调查报告单、日结汇总表各一份及批单退还业务内勤,统计留一份日结汇总表。

(2) 业务内勤接到计财部门退还盖有现金付讫章的调查报告单后,对伤残给付案件,要将保险凭证、缴费收据及户口簿、批单一起交外勤退还被保险人。对死亡给付案件,保险凭证及缴费收据留保险公司入案卷袋。一份批单由业务内勤粘贴在保险凭证副本上,一份批单入案卷袋存档。

(3) 按调查报告单上的给付额,在理赔给付登记簿上逐项进行登录,并将结案日期在报案登记簿上注明。

(4) 赔案经登录后装订,放入案卷袋中归档。赔案套袋上注明给付金额、结案日期、经办人。归档赔案按年份、险种、编号分类放置,长期保存。

(5) 个人保险业务结案归档的方式是一人一案,团体保险业务的归档方式是一险种一案。

特别值得一提的是,团体保险的理赔除了处理具体的理赔案件,还有一项非常重要的内容就是统计分析,即对众多的理赔案件归类、分档,并进行统计分析。常见的统计方法有两种:一种是按险种统计,统计该险种的单项赔付率;二是按投保人统计,统计该保险单的赔付率。通过统计这些理赔数据,可以提出理赔分析及相关的建议,促进团体保险业务整体理赔风险控制和业务发展。

## 九、追踪调查

对大额案件和超权限案件,保险公司在给付保险金后,应安排人员定期进行追踪调查。调查的重点:一是受益人是否真正按所给付的金额获得了保险金;二是有无保险欺诈的线索暴露(如死亡人员出现、残疾人员异常恢复等)。

专栏 9-1

### 泰康人寿理赔流程

一、客户报案

时间限制:保户在保险事故发生之日起 10 日内通知本公司。

报案方式:电话报案、亲自到公司报案、网上报案、业务代表转达报案。

二、寿险公司立案调查

1. 寿险公司对符合要求的案件立案。
2. 判定保险事故发生后被保险人是否受损。
3. 判定保险损失是否在可赔付范围之内。
4. 核定其他事故、诊断等证明。
5. 保险赔付额的计算。
6. 确定保险金给付对象。

三、寿险公司结案赔付

1. 寿险公司在调查结束后结案并通知保户领取赔款或发出其他通知。
2. 有些案件寿险公司之所以不赔,主要是由于以下几种情况。
(1) 投保前已经患有疾病,投保时又未履行如实告知义务。
(2) 保险单尚未生效或已经失效期间发生的保险事故。
(3) 保险单观察期间发生的保险事故。
(4) 牙齿的镶、种、补以及其他的修复治疗。
(5) 患有先天性疾病或遗传性疾病。
(6) 未在寿险公司指定医院住院治疗。
(7) 属于公司条款规定的法定传染病。
(8) 公费、劳保医疗管理部门的自费药及其他自费项目。
(9) 文件不齐全。
(10) 属于除外责任。

四、泰康保险公司对理赔时限有着严格规定:一般案件从立案日期到结案,日期不能超过10个工作日,重大疑难案件不超过60个工作日,特殊案件需延长时间的,要经总公司理赔管理部门批准。

(资料来源:泰康在线网站)

## 第四节 人身保险金的给付

### 一、人寿保险金的给付

对于传统的人寿保险业务,保险事故造成被保险人死亡或保险期满时被保险人继续生存,保险人按保险合同中约定的保险金额给付。

对于投资型的人寿保险业务,保险事故造成被保险人死亡,保险人按个人投资账户的投资收益的多少决定保险金的给付,但最低不低于保险单中规定的基本保额。

### 二、人身意外伤害保险金的给付

意外伤害造成被保险人死亡或残疾,保险人负有以下给付责任。

(1) 被保险人因意外伤害死亡,保险公司按保险单规定的保险金额给付保险金,保险责任即行终止。

(2) 被保险人在保险期间因意外事故下落不明并且经人民法院宣告死亡,保险人按保险单规定的保险金额给付保险金,保险责任即行终止。人民法院撤销死亡宣告时,保险金领取人必须将已领取的保险金全数退还保险人。

(3) 被保险人在保险期间因意外伤害致残疾,保险人按照残疾程度给付相应的保险金。如果自造成意外伤害之日起经过180天治疗仍未结束,则按第180天的身体情况鉴定伤残程度,给付相应的保险金。

(4) 被保险人因意外伤害造成残疾并按规定领取残疾保险金后,在保险期间又因同一原因死亡,保险人只给付保险金额与已领取的残疾保险金的差额,保险责任即行终止。

(5) 在保险期间内,如果被保险人多次遭受意外伤害,对于每次意外伤害,保险人都必须按合同规定给付保险金,但累计给付的保险金总额以保险金额为限。当保险人累计给付的保险金总额达到保险金额时,保险责任即行终止。

特别注意的是,人寿保险中的死亡保险金给付和人身意外伤害保险中的残疾保险金给付不存在重复保险的比例分摊,也不存在代位追偿。被保险人拥有数份保险单,保险事故发生时,任何一家保险公司必须按约定的保险金额给付,不得有所增减。如果是第三者的责任造成被保险人死亡和残疾,保险公司给付后不得行使代位追偿权。

### 三、医疗费用保险金的赔付

医疗费用保险属于费用损失保险,代位追偿原则和重复保险的比例分摊原则同样适用,被保险人不能通过保险额外获利。

(1) 被保险人无论门诊或住院治疗,一律按卫生和社会劳动保障部门规定的公费医疗标准用药。

(2) 被保险人在指定门诊治疗,由本人结算全部医疗费用,保险公司按规定审核被保险人提供的原始处方、药费收据后,在保险金额的限度内,按照被保险人实际支出的医疗费用赔付。

(3) 被保险人同时拥有社会医疗保险和商业医疗保险,根据社会保险是基础、商业保险是补充的原则,社会医疗保险支付医疗费用后的剩余部分由商业保险公司进行赔付。

(4) 对于第三者责任,如交通事故、他人伤害等情况,根据我国《民法通则》的规定,应该由第三者支付医疗费用,受害人自己承担的剩余部分医疗费用,由保险公司按照保险合同条款规定进行赔付。

(5) 对于用人单位支付医疗费用的,个人投保时视同为社会保险。对于被保险人支出的医疗费用先由用人单位赔付,剩余部分由保险公司赔付。对于用人单位团体投保的,可以由保险公司给予赔付。

(6) 如果被保险人在其他保险公司同时投保医疗费用保险出现重复保险时,被保险人应出具在其他保险公司的保险资料,在医疗费用赔付时,原则上按照保险金额进行比例分摊。

如果被保险人在其他保险公司已经获得理赔,在本公司申请赔付时需要提供医疗费用的原始发票或复印件。当然被保险人也可以在本公司先行理赔,然后根据被保险人声明,向其他保险公司提供相应证明、医疗费用发票或复印件,并且注明理赔金额,目的使被保险人获得的保险金不超过其实际支出的医疗费用。

(7) 如果被保险人在同一家保险公司的其他系列同时投保医疗费用保险时,医疗费用赔付可以根据客户需求,在任何一个系列先予理赔。但是最终被保险人获得的赔付还是以实际支出的医疗费用为限,被保险人不可能因保险额外获利。

 专栏 9-2

保险欺诈行为

保险欺诈国际上一般也称保险犯罪。严格意义上说,保险欺诈比保险犯罪含义更广。保险当事人双方都可能构成保险欺诈。凡保险关系投保人一方不遵守诚信原则,故意隐瞒有关保险标的真实情况,诱使保险人承保,或者利用保险合同内容,故意制造或捏造保险事故造成保险公司损害,以谋取保险赔付金的,均属投保方欺诈。凡保险人在缺乏必要偿付能力或未经批准擅自经营业务,并利用拟订保险条款和保险费率的机会,或夸大保险责任范围诱导、欺骗投保人和被保险人的,均属保险人欺诈。保险欺诈一经实施,必然造成危害结果,有必要严加防范。保险公司和社会因保险欺诈带来的损失非常严重。

保险欺诈行为主要包括:

一是在未发生保险事故的情况下谎称发生了保险事故。在这种情形下,当事人通常会伪造事故现场,编造事故原因,伪造有关证明文件和资料等,以骗取保险人的信任,非法取得保险金。

二是故意制造保险事故。现实中已发生了不少这样的案例:有的以死亡为给付保险金条件的保险合同的受益人,为了获取保险金而杀害被保险人或者造成被保险人伤残、染病;有的财产保险合同的被保险人纵火烧毁保险财产等。在这种情形下,虽然确实发生了被保险人死亡、伤残或者保险财产损失等事故,但这种事故是投保人、被保险人或者受益人图谋获取保险金而故意制造的,因此这种事故不属于保险合同约定的保险事故。投保人、被保险人或者受益人故意制造保险事故的行为,显然是一种保险欺诈行为。

三是保险事故发生后,投保人、被保险人或者受益人以伪造、变造的有关证明、资料或者其他证据,编造虚假的事故原因或者夸大损失程度。这种情形是指确实有保险事故发生,但投保人、被保险人或者受益人并不是根据保险事故实际所造成的人身伤残情况或者财产损失情况提出赔付保险金的请求,而是弄虚作假,伪造证据,夸大人身损害程度或者财产损失程度,企图得到超额的赔付。

(资料来源:黔南保险窗网站)

## 第五节 人身保险理赔与给付实训

学生在掌握了人身保险理赔与给付的基本知识后,开始进入实训环节。

### 一、案例分析实训

**任务1** 李某与保险公司于2003年11月28日签订了一份两全(分红型)保险合同,投保人和被保险人均为李某本人。合同约定:保险金额为12万元,缴费至60周岁,保险年限至60周岁,身故受益人为李某父亲。李某每年均按时缴费,2010年8月27日,李某病故。原告李某父亲于2010年9月2日向保险公司提交理赔申请,申请领取12万元保险金。原告称被保险人于2009年10月被确诊为肠癌,2010年8月病故,为此提出理赔请求。2010年9月27日,被告保险公司经调查发现,投保人李某投保前确诊为家族性全结肠息肉,做出解约拒赔决定。

结合本案例,分析保险公司解约拒赔是否合理?

**任务2** 小学生张某,男11岁,1999年初参加了学生团体平安保险,保险期限为当年3月1日至次年2月28日。当年10月5日张某在家附近的一幢住宅楼施工工地玩耍,被突然从楼上掉下的一块木板砸在头上,当场死亡。有人认为保险公司应先将保险金给死者父母,然后向造成这起事故的施工单位索要等额的保险金。

请问:这种说法是否正确?请说明理由。

**任务3** 王先生为自己患有唐氏综合症疾病的儿子小明买了一份带有死亡责任的保

险,按照保险合同的约定,如果小明死亡的话,王先生作为受益人将得到10万元的保险金,后来小明不慎走失,生死不明,这时,王先生以小明失踪为由向保险公司申请保险金。

结合本案例,分析保险公司是否应给付保险金?

**任务4** 某人投保意外伤害保险,保险金额3 000元,保险期限自2000年6月20日至2001年6月19日。保险条款中规定,责任期限为180天,被保险人死亡,给付保险金额100%;被保险人丧失一肢,给付保险金额的50%;被保险人丧失一食指,给付保险金额的10%。2001年6月10日,该被保险人劳动时右手食指被机器切断,立即进行再植手术。2001年12月7日,责任期限结束时,尚不能断定手指是否成功。

结合本案例,分析保险公司应如何理赔?

**任务5** 1996年秋季,刚上小学二年级的晓军参加了由他所读小学出面投保的学生团体平安保险,交付保险费5元,保险金额1万元,保险期限为1年,自1996年9月1日至1997年8月31日。1997年秋季开学后,晓军升入三年级,继续参加学平险,交付保险费10元,保险金额2万元,保险期限自1997年9月1日至1998年8月31日。1997年10月初,晓军突然发病,经医院抢救无效,于数日后即10月8日死亡。医生诊断死亡原因是狂犬病。晓军父亲告诉医生,晓军被狂犬咬伤的时间是1997年7月上旬。事后,晓军父亲作为被保险人的法定继承人要求保险公司给付保险金2万元,而保险公司只同意给付1万元,双方因此发生争议。

结合本案例,分析保险公司应以哪一年的合同为依据理赔?

**任务6** 一个仅有高中文化的保险公司地区支公司副总,前后只用了不到7年时间,竟然非法集资高达3.5亿元。2010年08月,媒体曝光新华人寿江苏泰州中心支公司副总经理王付荣利用职务之便,在6年多时间内,诈骗、挪用和侵占保险资金约3.5亿元,涉及客户数千人,这起被业界称为"中国保险行业最大的非法集资案"的案件,将新华人寿推到了风口浪尖。现年35岁的王付荣,2002年进入新华人寿泰州中心支公司,据了解,王付荣高中文化程度,在泰州中心支公司先后任团险业务部经理、副总经理。相关报道显示,从2003年开始,王付荣利用职务之便,通过私刻投保单位印章、个单"拼凑"团体保险单等方式承保,向投保人出具保险凭证收取保险费,但并不入账,从而截留保险费,直接打入其个人账户或其所控制的企业账户。此外,王付荣还冒充投保人身份申请退保金,挪作他用。经公安部门侦查,王付荣挪用的资金合计达1.85亿元,其中约6 700万元先后用于投资设立9家公司企业、4 800万元用于支付前期资金利息、2 900万元用于赌博或个人挥霍、1 000万元用于购置房产汽车、1 000万元借贷他人、2 100万元用于支付相关人员工资。在2003年至2006年间,对于到期需要兑付的保险单,王从个人控制账户中按时按息兑付,对大部分续保客户,他则继续自行打印保险凭证,将续期保险费再次打入其个人控制账户。在2006年年底的保监会现场检查中,查实新华人寿泰州中心支公司团体年金业务违规经营,涉及金额5 401.90万元。保监会给予泰州中心支公司责令改正、罚款20万元、停止接受团体保险新业务1年,王付荣也因此被免去泰州中心支公司副总经理一职。在此之后,王不但没有停止其疯狂的非法集资行为,反而变本加厉,陆续在泰州市的大酒店、高档写字楼租赁办公场所,借新华人寿团体人身保险产品的名称,设计固定收益产品,自行打印"保险凭证"收取保险费,甚至在其营建的6个"营销网点"公然招聘业务员,以销售保险产品的名义进行非法集资。调查显示,在2007—2009年,王付荣作案涉及金额共计达3亿元左右。长达6年多的截留和挪用保险费造成了巨大的资金窟窿。据保监会通报,案发时该案件资金缺口约达1.89亿元。

结合本案例,分析投保人应如何有效防止保险方的欺诈?

**任务7** 某保险公司在对其短险赔付率分析中发现,该公司崇明地区近几年赔付率异常。2012年6月起,公司加大对该区域赔案审核及调查。经过几个月的密切跟进,最终证实崇明某医院医务科副主任陈某某冒用他人名义向多家保险公司投保住院医疗及津贴保险,随后利用职务之便虚构病史及各项检查报告,开具正式发票。经上海同业公会牵头向上海市经侦总队报案,最终案件得以侦破。陈某某共向5家保险公司骗取保险金189 800元。经法院审判,陈某某被判处有期徒刑3年2个月,并处罚金20 000元。

结合本案例,分析保险公司应如何有效防止投保方的欺诈?

## 二、人身保险理赔和给付实训软件操作

### (一) 终身重大疾病保险理赔实训

1. 实训目的和要求

(1) 了解终身重大疾病保险正常理赔流程及理赔金额的确定。

(2) 掌握终身重大疾病保险正常理赔流程各单证的填写。

2. 案例描述

张明明先生,于2013年6月21日向中国人寿保险公司投保了"国寿康宁终身重大疾病保险",保险单生效日为2013年6月21日,直到2023年7月,10年间张明明已经缴清全部保险费。2028年10月26日,张明明在自己家中因突发急性心肌梗塞,其配偶李梅将其送至上海市第一人民医院抢救后死亡。其配偶李梅于2028年10月27日报案,并如实告知如下事项。

(1) 出险经过/事故简单过程:急性心肌梗塞,送医院抢救后死亡。

(2) 事故发生/出险地点:上海市杨浦区邯郸路5号。

(3) 出险概况:治疗医院:上海市第一人民医院;就诊科室:心脏科;伤情及目前情况:急性心肌梗塞,送医院抢救后死亡。

当天李梅申请理赔并提交材料,保险公司当日给予理赔,理赔费用转账至李梅的中国工商银行账户中。

相关理赔资料见表9-3~表9-5。

表9-3 理赔案例基本情况

| 是否属重大案件 | 否 | 是否有索赔经历 | 否 |
|---|---|---|---|
| 是否在社保、农合或其他保险公司投保 | | | 否 |
| 是否需要其他途径报销 | 否 | 报案方式 | 上门 |
| 调查经过 | 经过调查,走访张明明邻居,确认2028年10月26日,张明明因为急性心肌梗塞,送医院。经过抢救医生进行核实,张明明确认因为急性心肌梗塞抢救无效死亡,其死亡原因并非糖尿病引起 | | |

(续表)

| 调查意见 | 情况属实给予理赔 | 出具结论理由 | 保险单有效同意理赔 |
|---|---|---|---|
| 理赔支付方式 | 银行转账 | 理赔金额 | 见保险单条款 |

表9-4 投保人/被保险人资料

| 姓名 | 张明明 | 性别 | 男 |
|---|---|---|---|
| 证件类型 | 身份证 | 证件号码 | 310033198008288792 |
| 工作单位 | 上海复明有限公司 | 公司电话 | 021-60876767 |
| 婚姻状况 | 已婚 | 与被保险人关系 | 本人 |
| 电子邮件 | zmm@qq.com | 电话 | 13698976591 |
| 职业 | 一般职业-部门经理 | 文化程度 | 本科 |
| 联系地址 | 上海市杨浦区邯郸路5号 | 邮编 | 200433 |
| 优选等级 | 次标准体件 | 证件有效期 | 2009.01.25—2029.01.25 |

表9-5 报案人/申请人资料

| 姓名 | 李梅 | 性别 | 女 |
|---|---|---|---|
| 证件类型 | 身份证 | 证件号码 | 312881198003038567 |
| 婚姻状况 | 已婚 | 报案人身份 | 配偶 |
| 电子邮件 | lm@qq.com | 手机 | 15000485422 |
| 职业 | 服务业-自由业-律师 | 文化程度 | 本科 |
| 国籍 | 中国 | 证件有效期 | 2010.03.07—2030.03.07 |
| 联系地址 | 上海市杨浦区邯郸路5号 | 邮编 | 200433 |

请根据上述案例模拟保险公司终身重大疾病保险理赔实验流程。

3. 操作流程

学生打开逸景人身保险实训系统，并用自己的登录名与密码登录。在桌面单击"实训中心 即时考核"图标，进入任务流程操作。具体操作步骤和过程详见附录10。

### (二) 人身意外伤害保险理赔实训

1. 实训目的和要求

(1) 了解人身意外伤害保险理赔的办理流程。

(2) 掌握人身意外伤害保险理赔流程各单证的填写。

2. 案例描述

王宏文先生，于2013年7月8日向中国人寿保险公司投保了"国寿如E综合意外保险计划"，该计划包括主险"国寿绿舟意外伤害保险"，选择了(意外伤害身故/残疾/Ⅲ度烧伤)项目，并选择了10万元保障额度，保险期间为1年，采用趸缴缴费方式。2014年7月8日，王宏文先生已经缴费续保。保险单生效日为2014年7月8日，保险单有效日至2015年7

月7日。

2015年3月8日,王宏文在工作时桥梁坍塌被砸断双腿。2015年3月8日在上海市第一人民医院截肢,2015年3月12日被保险人王宏文申请理赔并提交资料,且如实告知如下事项。

(1) 出险经过:桥梁坍塌导致双腿截肢。
(2) 出险地点:上海市江洋大桥。
(3) 治疗医院/科室:上海市第一人民医院/外科。

保险公司当日给予理赔,理赔费用转账至王宏文中国建设银行账户。

相关理赔资料见表9-6和表9-7。

表9-6 理赔案例基本情况

| 是否属重大案件 | 否 | 是否有索赔经历 | 无 |
|---|---|---|---|
| 是否在社保、农合或其他保险公司投保 | | | 无 |
| 是否需要其他途径报销 | 否 | 报案方式 | 上门 |
| 调查经过 | 经过调查,确认2015年3月8日,王宏文在工作时桥梁坍塌被砸断双腿,已在上海第一人民医院截肢 | | |
| 调查意见 | 情况属实给予理赔 | 出具结论理由 | 保险单有效同意理赔 |
| 理赔支付方式 | 银行转账 | 理赔金额 | 见合同条款 |

表9-7 投保人/被保险人资料

| 姓名 | 王宏文 | 性别 | 男 |
|---|---|---|---|
| 证件类型 | 身份证 | 证件号码 | 310322198205087886 |
| 工作单位 | 上海新腾有限公司 | 公司电话 | 021-66754587 |
| 婚姻状况 | 已婚 | 与被保险人关系 | 本人 |
| 电子邮件 | whw@qq.com | 手机 | 13678987896 |
| 职业 | 建筑工程业-土木工程-土石方机械操作 | 文化程度 | 本科 |
| 联系地址 | 上海市黄浦区南京路10号 | 邮编 | 200433 |
| 兼职 | 无 | 身份证有效期 | 2005.7.2—2015.7.2 |

根据上述案例模拟保险公司人身意外伤害保险理赔实验流程。

3. 操作流程

学生打开逸景人身保险实训系统,并用自己的登录名与密码登录。在桌面单击"实训中心 即时考核"图标,进入任务流程操作。具体操作步骤和过程详见本教材的附录11。

**(三) 人寿保险给付实训**

1. 实训目的和要求

(1) 熟练掌握两全保险给付的办理流程。

(2) 掌握两全保险给付流程各单证的填写。

2. 案例描述

2013 年 8 月 15 日,李强在代理人推荐下向中国人寿保险公司为其儿子李小海投保了"国寿福禄宝宝两全保险(分红型)",保额为 30 万元,保险单生效日为 8 月 16 日,双方约定应缴保险费对应日为每年的 8 月 15 日。后期李强正常续期缴费。2014 年 8 月 16 日,李强提出保险单给付申请,申请事项为少儿成长金,领取方式为年领,保全人员进行保险单查询,保险公司当日进行了给付。具体资料见表 9-8～表 9-11。

表 9-8 给付内容资料

| 主险投保项目 | 国寿福禄宝宝两全保险(分红型) | 申请给付时间 | 2014 年 8 月 16 日 |
|---|---|---|---|
| 险别 | 少儿保险 | 保险期限 | 至 80 周岁 |
| 领取方式 | 年领 | 给付方式 | 银行自动转账 |
| 开户行 | 中国工商银行 | 开户名 | 李强 |
| 给付金额 | 根据保险条款进行计算 | 交费期 | 5 年 |
| 约定领取年龄 | 缴纳保险费的次年领取 | 领取年限 | 60 周岁 |

表 9-9 投保人资料

| 姓名 | 李强 | 性别 | 男 |
|---|---|---|---|
| 证件类型 | 身份证 | 证件号码 | 310058197905268761 |
| 电话 | 13020115929 | 联系地址 | 上海市虹口区逸仙路 888 弄 24 号 302 室 |
| 婚姻状况 | 已婚 | 与被保险人关系 | 父子 |

表 9-10 被保险人资料

| 姓名 | 李小海 | 性别 | 男 |
|---|---|---|---|
| 证件类型 | 身份证 | 证件号码 | 310058200912232134 |
| 联系地址 | 上海市虹口区逸仙路 888 弄 24 号 302 室 | 邮编 | 200432 |
| 婚姻状况 | 未婚 | 与被保险人关系 | 本人 |

表 9-11 保险人资料

| 保险公司名称 | 中国人寿保险公司 | 保险公司纳税人识别号 | 310226873274200 |
|---|---|---|---|
| 地址 | 上海市杨浦区邯郸路 100 号 | 电话 | 021-60888989 |
| 付款银行 | 中国工商银行 | | |

备注:在本合同中,保险期间内本公司承担的成长保险金保险责任自本合同生效之日起至被保险人年满 30 周岁的年生效对应日止,若被保险人生存至每满一个保险单年度的年生效对应日,本公司按下列约定给付成长保险金:成长保险金=基本保险金额×被保险人于每满一个保险单年度的年生效对应日的周岁年龄×1%。

请根据上述案例模拟保险公司两全保险给付实验流程。

3. 操作流程

学生打开逸景人身保险实训系统,并用自己的登录名与密码登录。在桌面单击"实训中心 即时考核"图标,进入任务流程操作,具体操作步骤和过程详见附录12。

## 本章小结

(1) 人身保险事故发生后,被保险人或受益人应该在规定的时间内及时报案,并准备相关的索赔资料向保险公司及时索赔。

(2) 保险公司接到报案后,应尽快对保险事故进行勘查、定损和理赔,以发挥保险的经济补偿作用。为了确保理赔质量,保险公司在理赔时应遵循以下基本原则:重合同、守信用原则;实事求是原则;主动、迅速、准确、合理原则。

(3) 人身保险的理赔工作根据不同险种和保险事故的不同而存在一定的差异,通常包括登记立案、单证审核、现场勘查、责任审核和赔付计算、复核、通知给付、单证流转和结案归档、追踪调查。

(4) 为了让学生更好地理论联系实际,对人身保险的理赔和给付进行了情景模拟操作训练。

## 关键概念索引

索赔　索赔时效　索赔单证　理赔　登记立案　单证审核　现场勘查　责任审核　赔付计算　复核　通知给付　单证流转　结案归档　追踪调查　给付

## 复习思考题

1. 人身保险索赔时效是怎么规定的?
2. 简述人身保险理赔的基本流程。
3. 人身保险金的给付需要注意哪些问题?

# 附录1　姜海山国寿福禄满堂养老年金保险承保操作手册

学生打开逸景人身保险实训系统,并用自己的登录名与密码登录。在桌面单击"实训中心　即时考核"图标,进入任务管理页面。在未开始任务中双击所要完成的任务图标,开启该任务。在进行中的任务中选定任务图标,点击右上角图标【查看任务进度】,查看任务的流程。查看任务进度后,学生可以了解到本任务需要完成的所有步骤。接下来,就可以进入第一步开始操作了。

## 一、填写开户申请

填写开户申请书,见附图1-1。

**个人结算帐户开户申请书**

| |  |  |  |  |
|---|---|---|---|---|
| 客户必填 | 中文姓名 | 姜海山　* | 拼音或英文姓名 | |
| | 证件名称 | 身份证　* | 证件号码 | 440582198102243419　* |
| | 发证机关 | 上海市公安局普陀分局　* | 证件有效期 | 2007.02.25—2027.02.25　* |
| | 国籍 | 中国　* | 联系电话 | 18945672345　* |
| | 通讯地址 | 上海市普陀区曹杨路10号　* | 邮政编码 | 200432　* |
| 代理人 | 中文姓名 | | 联系电话 | |
| | 证件名称 | | 证件号码 | |
| | 代办理由 | | | |
| 客户选填 | 民族 | | 性别 | 男□　女□ 婚姻状况 已婚□　未婚□ |
| | 电子邮箱 | | 出生日期 | 移动电话 |
| | 文化程度 | | 工作单位 | 收入状况 |
| 银行工作人员填写 | 账号 | | | |
| | 存款金额 | 12000.00 | | * |
| | 是否寄送对账单:是□　否□ | | 是否开通ATM自助转账:是□　否□ | |
| | 其他服务(另填写其他申请) | 电子银行□　短信服务□　代理基金□　代理保险□ 第三方存管□　预存代缴□ | | |

本人(乙方)承诺所提供的开户资料真实、有效,如有伪造、欺诈,自愿承担法律责任。
如本人(乙方)申请开立个人结算帐户,已仔细阅读《中国农业银行　　个人结算帐户管理协议》,同意并遵守本协议,并确认机记录正确无误。
如本人(乙方)申请领用中国农业银行任何银行卡,则自愿遵守《中国农业银行(借记卡)章程》及各项发卡规定。
客户签名：姜海山　　日期：2017/3/6

开户机构审核意见：
同意存款人开立个人结算账户和服务申请。
开户机构(签章)：
日期：

事后监督　　经办　　授权(复核)

附图1-1　填写开户申请书

## 二、受理开户申请

银行受理开户申请书,见附图 1-2。

### 个人结算帐户开户申请书

| 客户必填 | 中文姓名 | | * | 拼音或英文姓名 | |
|---|---|---|---|---|---|
| | 证件名称 | | * | 证件号码 | * |
| | 发证机关 | | * | 证件有效期 | * |
| | 国籍 | | * | 联系电话 | * |
| | 通讯地址 | | * | 邮政编码 | * |
| 代理人 | 中文姓名 | | | 联系电话 | |
| | 证件名称 | | | 证件号码 | |
| | 代办理由 | | | | |
| 客户选填 | 民族 | | 性别 | 男□ 女□ | 婚姻状况 | 已婚□ 未婚□ |
| | 电子邮箱 | | 出生日期 | | 移动电话 | |
| | 文化程度 | | 工作单位 | | 收入状况 | |
| 银行工作人员填写 | 账号 | | | | |
| | 存款金额 | | | | * |
| | 是否寄送对账单:是□ 否□ | | 是否开通ATM自助转账:是□ 否□ | | | |
| | 其他服务 (另填写其他申请) | 电子银行□ 第三方存管□ | 短信服务□ 预存代缴□ | 代理基金□ | 代理保险□ | |

本人(乙方)承诺所提供的开户资料真实、有效。如有伪造、欺诈,自愿承担法律责任。
如本人(乙方)申请开立个人结算帐户,已仔细阅读《　　　　个人结算帐户管理协议》,同意并遵守本协议,并确认机打记录正确无误。
如本人(乙方)申请领用任何银行卡,则自愿遵守《　　(借记卡)章程》及各项发卡规定。
客户签名:　　　　　*
日期:

开户机构审核意见:
同意存款人开立个人结算账户和服务申请。
开户机构(签章):

日期:2017-03-06

事后监督　　　　经办　　　　授权(复核)

第一联　开户行留存

附图 1-2　银行受理开户申请书

## 三、填写投保单

填写投保单,见附图1-3。

### 人身保险个人投保单

| | | | | |
|---|---|---|---|---|
| 保险公司名称: 中国人寿保险公司 | | | 投保单号: | |

**投保人资料**

| 姓 名: 姜海山 | *有效证件类型: ☑身份证 □军人证 □护照 □其他 | | |
|---|---|---|---|
| 证件号码: 440582198102243419 | *出生日期: 1981-2-24 | | 周岁: 36 |
| 性 别: 男 | 婚姻状况: ☑已婚 □未婚 □离婚 □丧偶 □其他 | | 与被保险人关系: 本人 |
| 住 址: 上海市普陀区曹杨路10号 | *邮编: 200432 | 电话: 18945672345 | |
| 收费地址: 上海市普陀区曹杨路10号 | 邮编: 200432 | 电话: 18945672345 | |
| 工作单位: 上海天鹏有限责任公司 | | 电话: 60835877 | |
| 职业(工种): 工厂、企业部门经 | 兼职: | 职业代码: 000202 | 类别: 00一般职业 |

**被保险人资料**

| 姓 名: 姜海山 | 有效证件类型: ☑身份证 □军人证 □护照 □其他 | | |
|---|---|---|---|
| 证件号码: 440582198102243419 | 出生日期: 1981-2-24 | | 周岁: 36 |
| 性 别: 男 | 婚姻状况: ☑已婚 □未婚 □离婚 □丧偶 □其他 | | |
| 住 址: 上海市普陀区曹杨路10号 | 邮编: 200432 | 电话: 18945672345 | |
| 收费地址: 上海市普陀区曹杨路10号 | 邮编: 200432 | 电话: 18945672345 | |
| 工作单位: 上海天鹏有限责任公司 | | 电话: 60835877 | |
| 职业(工种): 工厂、企业部门 | 兼职: | 职业代码: 000202 | 类别: 00一般职业 |

**家庭保单请填写**

| | 配偶姓名 | | 性别 | | 出生日期 | |
|---|---|---|---|---|---|---|
| | 子女姓名 | | 性别 | | 出生日期 | |
| | 子女姓名 | | 性别 | | 出生日期 | |
| | 子女姓名 | | 性别 | | 出生日期 | |

**受益人资料**

| 姓名 | 出生日期 | 证件号码 | 证件类型 | 与被保险关系 | 比例 |
|---|---|---|---|---|---|
| 姜海山 | 1981-2-24 | 440582198102243419 | 身份证 | 本人 | |
| | | | | | |
| | | | | | |

除另指定分配方式外,本保单之利益由相应的所有受益人平均分配。附加家庭保单时,被保险人之配偶及子女身故受益人为被保险人本人。

附图1-3(1) 填写投保单(第1页)

| 投保事项 | 交别： | ☑年交 □半年交 □季交 □月交 □趸交 | | |
|---|---|---|---|---|
| | 保费交付方式： | ☑自动转帐　　□现金　　□转账支票 | | |
| | 开户银行：中国农业银行　　开户名：姜海山　　帐号：_____ | | | |
| | 利差返还方式(本项仅适用于"利差返还"型险种)： | | | |
| | □抵交保费　　□储存生息　　(本栏如未选择，本公司按"储存生息"方式处理) | | | |
| | 保险期限：□终身 ☑定期(至　☑或 85 岁)　交费期：20 年　约定领取年龄：60 周岁 | | | |
| | **主险** | 投保项目 | 保险金额(元) | 标准保费(元) | 额外/追加保费 |
| | | 国寿福禄满堂养老年金保险(分红型) | 13010.00 | 10000.00 | |
| | | | | | |
| | **附加险** | 投保项目 | 保险金额(元) | 标准保费(元) | 额外/追加保费 |
| | | | | | |
| | | | | | |
| | | | | | |
| | | | | | |
| | | | | | |
| | 保额合计：(大写) 壹万叁仟零壹拾　　　　*　　　￥ 13010.00　　* | | | |
| | 保费合计：(大写) 壹万　　　　　　　　　　*　　　￥ 10000.00 | | | |

业务员姓名：_____　业务员电话：_____　业务员代码：_____
险　　别：_____　*　营业部：_____　暂收据号：_____

| 特别约定： | |
|---|---|

投保声明栏

本人对投保须知及所投保险种的条款尤其是保险人责任免除条款均已了解并共同遵守。如有告知不实，保险人有权解除保险合同，对于合同解除前发生的保险事故，保险人不承担保险责任。*

投保人签章：　　　监护人签章：　　　被保险人签章：
日期：2017-03-10　　日期：_____　　日期：2017-03-10

附图 1-3(2)　填写投保单(第 2 页)

**健康告知**(如保险条款中涉及投保人保费豁免事项,投保人栏必须填写)

| 投保人 | 被保险人 | 询问事项(若有则勾选,若无则不勾选) |
|---|---|---|
| 有 无 | 有 无 | |
| ☐ ☐ | ☐ ☐ | 1. 近期体况:<br>最近 6 个月内是否有新发的或以往既有的任何身体不适症状或体征?如反复持续头痛、眩晕、胸痛、咯血、气喘、腹痛、便血、紫斑、消瘦(体重短期内下降超过 5 公斤)、视力下降。 |
| ☐ ☐ | ☐ ☐ | 2. 近期诊治:<br>最近 6 个月内是否接受过医师的诊察、治疗、用药,对其结果医师是否提出检查、治疗、住院或手术建议? |
| ☐ ☐ | ☐ ☐ | 3. 2 年内健康检查:<br>过去 2 年内接受的健康检查(如血压、尿液、血液、肝功能、肾功能、心电图、X 光、B 超、CT、核磁共振、脑部等)检查结果有无异常情形或被医师建议接受其他检查? |
| ☐ ☐ | ☐ ☐ | 4. 住院史:过去 5 年内曾否住院? |
| ☐ ☐ | ☐ ☐ | 5. 过去曾否患有下列疾病?<br>霍乱、肺结核、脊髓灰质炎、肝炎病毒携带;癌症、肿瘤、何杰金氏病、囊肿、结石;甲状腺疾病、糖尿病、甲状旁腺疾病、肾上腺疾病、高脂血症、痛风;贫血、血友病、紫癜、脾脏疾病;精神疾病、抑郁症、神经官能性疾患、儿童多动症;脑膜炎、脑炎、脊髓炎、神经麻痹、癫痫、脑部疾病、脊髓疾病、白内障、青光眼、视网膜或视神经病变;风湿热、风湿性心脏病、高血压病、继发性高血压、冠心病、心脏病、肺心病、心肌炎、传导阻滞、心律失常、心脏病、脑中风、血管疾病、下肢静脉曲张;肺炎、支气管炎、肺气肿、哮喘、支气管扩张、肺大泡、胸膜炎、气胸、慢性胃炎、肠炎、消化道溃疡或出血、疝、肠梗阻、肝炎、脂肪肝、肝肿大、肝硬化、肝功异常、胆石症、胰腺疾病;肾炎、肾衰竭、肾盂肾炎、多囊肾、性病;红斑狼疮、脊椎疾病、类风湿性关节炎、风湿病、肌肉、骨骼、关节疾病;结缔组织疾病、自体免疫性疾病、先天性疾病、遗传性疾病;脑外伤后综合症、内脏损伤、中毒。 |
| ☐ ☐ | ☐ ☐ | 6. 身体残障情况:<br>有无智能障碍;有无失明、聋哑、跛行或小儿麻痹后遗症;有无语言、咀嚼、视力、听力、嗅觉、四肢及中枢神经系统机能障碍;有无脊柱、胸廓、四肢、五官、手指、足趾缺损或畸形? |
| ☐ ☐ | ☐ ☐ | 7. 您或您的配偶是否曾接受验血而得知为艾滋病毒阳性反应? |
| ☐ ☐ | ☐ ☐ | 8. 妇女栏(女性请填写):<br>① 目前是否怀孕,若有,怀孕_____周?<br>② 目前是否有乳房肿块、疼痛、血性溢乳等不适感觉及异常发现?<br>③ 目前是否有阴道不规则流血、白带异常、下腹痛等不适感觉及异常发现?<br>④ 过去曾否患乳房、子宫、子宫内膜移位、卵巢等的疾病而接受医师的诊察、治疗、用药和住院手术?<br>⑤ 过去曾否因异常妊娠、分娩而住院治疗或手术(包括剖腹生产)? |
| ☐ ☐ | ☐ ☐ | 9. 少儿栏(2 周岁以下填写)<br>① 出生时体重_____千克,有无难产、窒息、先天性疾病或畸形?<br>② 有无体重不增或增长缓慢?有无肺炎、抽搐、腹泻等疾病? |
| ☐ ☐ | ☐ ☐ | 10. 不良嗜好及过敏史:<br>过去有无使用镇静安眠剂、迷幻药及其他违禁药物或吸食有机溶剂、毒品、或有酒精中毒、药物中毒?有无对某物过敏的历史? |
| ☐ ☐ | ☐ ☐ | 11. 有无职业病,如尘肺、慢性铅中毒等? |
| ☐ ☐ | ☐ ☐ | 12. 有无参加飞行、潜水、拳击、赛车等危险运动或嗜好? |
| ☐ ☐ | ☐ ☐ | 13. 被保险人有无吸烟习惯?每天__支,约有__年历史。 |
| ☐ ☐ | ☐ ☐ | 14. 被保险人有无饮酒习惯?(若有,请在栏内说明酒的品种、酒精度数、每周饮酒数量及历史?) |
| ☐ ☐ | ☐ ☐ | 15. 被保险人有无机动车驾驶执照? |
| ☐ ☐ | ☐ ☐ | 16. 家族史:<br>被保险人的双亲、子女、兄弟姐妹是否患有心脏病、中风、高血压、肾脏疾病、癌症、血友病、糖尿病、甲状腺疾病、高脂血症、风湿性疾病、精神病患、肺结核、哮喘、病毒性肝炎、性病、艾滋病等遗传性疾病? |
| ☐ ☐ | ☐ ☐ | 17. 家庭栏:被保险人配偶及子女是否有以上 1~12 项情况?(附加家庭保单时,请告知) |

身高体重栏:被保险人身高 175 厘米,体重 65 千克。

### 财务及其他告知

| | | |
|---|---|---|
| ☐ ☐ | ☐ ☐ | 18. 有无负债? |
| ☐ ☐ | ☐ ☐ | 19. 每年固定收入约(单位:万元):投保人 10.00    被保险人 10.00 |
| ☐ ☐ | ☐ ☐ | 20. 主要收入来源:(请填写:工薪、个体、私营、房屋出租、证券投资、银行利息,其他请说明)投保人:工薪    被保险人:工薪 |
| ☐ ☐ | ☐ ☐ | 21. 目前是否有人身保险单或已在申请本保险以外的人身保险? |
| ☐ ☐ | ☐ ☐ | 22. 过去两年内是否曾被保险公司解除合同或申请人身保险而未承保、延期或附加条件承保? |
| ☐ ☐ | ☐ ☐ | 23. 过去有无人身保险金的索赔? |

**附图 1-3(3)  填写投保单(第 3 页)**

## 四、填写业务员报告书

投保单位复核无误后,填写业务员报告书,见附图1-4。

| 说明栏 | 关于健康、财务及其各项告知,若答复"有"或"是"时,请注明序号及对象(投保人或被保险人),并在说明栏中详细说明。如有诊治,请告知原因、日期、医院名称及诊治结果;如有负债请告知债务情况。对本投保书及告知内容,本公司承担保密义务。 |||
|---|---|---|---|
| | 序号 | 说明对象 | 说明内容 |
| | | | |
| | | | |
| | | | |

(公司内部作业栏,客户无须填写)

| 业务员报告书 | 1. 投保人或被保险人有无身体缺陷或其他疾病? □有 ☑无<br>(不涉及投保人保费豁免的,只回答被保险人)若"有"请说明:<br>_____<br><br>2. 投保人、被保险人是否有危险嗜好或从事危险活动? □有 ☑无<br>若"有"请说明:<br>_____<br><br>3. 您估计投保人的年收入约为 10.00 万元,来源: 工薪<br><br>4. 投保人的家庭财产约 2000.00 万元。<br><br>**业务员声明**<br>所投保险种的条款、投保单各栏及询问事项确经本人如实向投保人说明,由投保人、被保险人亲自告知并签章。如有不实之报告,本人愿负法律责任。<br>营业部经理签名: _____  业务员代码: _____  业务员签名: _____ * |

附图1-4 填写业务员报告书

## 五、填写首期保险费转账授权

填写首期保险费转账授权,具体文件见附图 1-5 和附图 1-6。

**自动转账（申请、取消、变更）协议书**

| 客户基本信息 | | | |
|---|---|---|---|
| 投保人姓名 | 姜海山 | 身份证号码 | 440582198102243419 |
| 手机号码 | 18945672345 | E-Mail | |
| 家庭地址（邮编） | 上海市普陀区曹杨路10号 | | |
| 单位地址（邮编） | 上海天鹏有限责任公司 | | |

投保单保单号码 _____    □收费账号    □付费账号

| 收费账户内容 | | | | |
|---|---|---|---|---|
| 账户所有人姓名（投保人） | | 姜海山 | | |
| 协议银行名称 | 中国农业银行 | 协议账户类别 | □活期存折 | □借记卡 |
| 协议账户号码 | | | | |

注：如您的付费账户欲与收费账户保持一致，请在下面的□中打✓。

♣ 同意付费账户内容一并予以变更：　□是　□否

| 付费账户内容 | | | | |
|---|---|---|---|---|
| 账户所有人姓名 | | 姜海山 | | |
| 协议银行名称 | 中国农业银行 | 协议账户类别 | □活期存折 | □借记卡 |
| 协议账户号码 | | | | |

申请人签章： 　　　　申请日期：_____

附图 1-5　填写自动转账协议书

### 委托银行实行保险费自动转账付款协议书

甲方(投保人)：姜海山
乙方(保险人)：中国人寿保险公司

为提高保险费缴纳的安全性和时效性，维护双方的共同利益，现双方就委托银行以转账方式扣划有关款项一事达成如下协议：
一、甲方同意授权乙方从甲方的协议银行账户内扣取与乙方签订的保险合同中所约定的首期、续期各期到期保险费，及受理变更、理赔等应收补费项目。
二、甲方同意乙方于每期续期保险费入乙方账后寄发续期缴费银行转账成功通知单。
三、甲方因协议银行自动转账金额与应缴费金额不符或对保险费计算有异议时，应自行向乙方洽询。
四、甲方同意如账户内无足够资金余额支付保险费时，协议银行有权决定不予转账。
五、甲方应于公司规定的各期费用缴费期内，将足够的保险费存于自动转账付款账户内。
六、甲方欲终止使用续期自动转账付款账户时，应于当期保险费应缴日一个月前递交终止申请于乙方，同时告知新的自动转账账户，由乙方再报告授权银行，如未指定新的缴费账户时，投保人仍负有以其他方式缴付保险费的义务。
七、甲方同意每期保险费转账后，在账户中存有银行规定的最低存款额，否则该账户被银行注销，则本协议自动终止，投保人仍负有以其他方式缴付保险费的义务。
八、当该账户用于转账交付多份保险合同的首期、续期及其他应缴保险费时，本人同意按乙方规定的转账顺序转账。
九、本协议书将持续有效直至出现以下情况之一时终止效力：
1) 投保人书面申请终止协议　　2) 协议账户终止　　3) 保险合同效力终止
十、目前乙方协议银行为工商银行北京市分行、招商银行北京市分行。
注：若协办行为工商银行，甲方授权银行接收乙方电子银行指令指定的金额从指定账户扣划，无需每次划款前征求甲方意见，银行对甲方与乙方之间就应缴费金额产生的纠纷不承担任何责任。

### 委托银行实行保险费自动转账收款协议书

甲方(账户所有人)：姜海山
乙方(保险人)：　中国人寿保险公司

为提高保险费缴纳的安全性和时效性，维护双方的共同利益，现双方就委托银行以转账方式扣划有关款项一事达成如下协议：
一、甲方同意授权乙方向甲方的协议银行账户内支付与乙方签订的保险合同中所约定的各期到期领取金(受益人为投保人时)、分红、受理变更、理赔等项目产生的付费。
二、各项领取、变更事项必须按照公司的相关规定办理完手续后，乙方可通过已申请生效的收款账号进行支付。
三、收款账号若推迟使用，须到公司申请，否则自动处理给付项目将按提供的账户自动处理(如分红等)。
四、本协议书效力终止同《委托银行实行保险费自动转账付款协议书》第九条。

账户所有人声明：本人已详细了解以上协议内容并确认账户真实有效。
账户所有人签章：　姜海山（印）　　　*　授权日期：　　　　　
注：1、账户所有人(投保人)签章、身份证编号必须与银行账户所载持卡人信息一致。

**特别说明：**通过指定银行转账账户收款时，该账户必须为投保人。涉及付款时，为对应权益人的账户(如撤保、退保、退费、红利领取、合同内容变更的付费权益人为投保人，保险金领取的权益人为保险合同指定的受益人)。

附图 1-6　填写自动转账付款协议书

## 六、出单中心接收投保单

出单中心接收投保单见附图1-7。

附图1-7 出单中心接收投保单

## 七、接收首期保险费转账授权

接收首期保险费转账授权见附图1-8。

### 委托银行实行保险费自动转账付款协议书

甲方(投保人):_____
乙方(保险人):中国人寿保险公司

为提高保险费缴纳的安全性和时效性,维护双方的共同利益,现双方就委托银行以转账方式扣划有关款项一事达成如下协议:

一、甲方同意授权乙方从甲方的协议银行账户内扣取与乙方签订的保险合同中所约定的首期、续期各期到期保险费,及受理变更、理赔等应收补费项目。
二、甲方同意乙方于每期续期保险费入乙方账后寄发续期缴费银行转账成功通知单。
三、甲方因协议银行自动转账金额与应缴费金额不符或对保险费计算有异议时,应自行向乙方洽询。
四、甲方同意如账户内无足够资金余额支付保险费时,协议银行有权决定不予转账。
五、甲方应于公司规定的各期费用缴费期内,将足够的保险费存于自动转账付款账户内。
六、甲方欲终止使用续期自动转账付款账户时,应于当期保险费应缴日一个月前递交终止申请于乙方,同时告知新的自动转账账户,由乙方再转告授权银行,如未指定新的缴费账户时,投保人仍负有以其他方式缴付保险费的义务。
七、甲方同意每期保险费转账后,在账户中存有银行规定的最低存款额,否则该账户被银行注销,则本协议自动终止,投保人仍负有以其他方式缴付保险费的义务。
八、当该账户用于转账交付多份保险合同的首期、续期及其他应缴保险费时,本人同意按乙方规定的转账顺序转账。
九、本协议书将持续有效直至出现以下情况之一时终止效力:
1) 投保人书面申请终止协议    2) 协议账户终止    3) 保险合同效力终止
十、目前乙方协议银行为工商银行北京市分行、招商银行北京市分行。
注:若协办行为工商银行,甲方授权银行接收乙方电子银行指令指定的金额从指定账户扣划,无需每次划款前征求甲方意见,银行对甲方与乙方之间就应缴费金额产生的纠纷不承担任何责任。

### 委托银行实行保险费自动转账收款协议书

甲方(账户所有人):_____
乙方(保险人):中国人寿保险公司

为提高保险费缴纳的安全性和时效性,维护双方的共同利益,现双方就委托银行以转账方式扣划有关款项一事达成如下协议:

一、甲方同意授权乙方向甲方的协议银行账户内支付与乙方签订的保险合同中所约定的各期到期领取金(受益人为投保人时)、分红、受理变更、理赔等项目产生的付费。
二、各项领取、变更事项必须按照公司的相关规定办理完手续后,乙方可通过已申请生效的收款账号进行支付。
三、收款账号若推迟使用,须到公司申请,否则自动处理给付项目将按提供的账户自动处理(如分红等)。
四、本协议书效力终止同《委托银行实行保险费自动转账付款协议书》第九条。

账户所有人声明:本人已阅读以上协议内容并确认账户真实有效。
账户所有人签章:_____    *    授权日期:_____
注:1、账户所有人(投保人)签章、身份证编号必须与银行账户所载持卡人信息一致。

特别说明:通过指定银行转账账户收款时,该账户必须是投保人。涉及付款时,为对应权益人的账户(如撤保、退保、退费、红利领取、合同内容变更的付费权益人为投保人,保险金领取的权益人为保险合同指定的受益人)。

附图1-8 接收首期保险费转账授权

## 八、发送首期保险费扣款通知

发送首期保险费扣款通知见附图 1-9。

### 首期保险费扣款通知单

付款方信息：

| 投保人 | 姜海山 | 投保单号 | 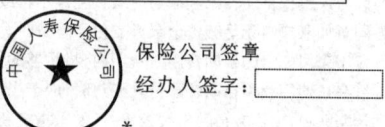 |
|---|---|---|---|
| 保险金额 | 13010.00 | 保险费 | 10000.00 |
| 缴费银行 | 中国农业银行 | 缴费账户 | |
| 账户余额 | | 扣款状态 | |

收款方信息：

| 收款方户名 | 中国人寿保险公司 | 收款方账户 | |
|---|---|---|---|
| 收款银行 | 中国农业银行 | | |

银行经办人：_____

扣款日期：_____

保险公司签章

经办人签字：_____

附图 1-9　发送首期保险费扣款通知

## 九、银行扣款

银行扣款见附图 1-10。

### 首期保险费扣款通知单

付款方信息：

| 投保人 | | 投保单号 | |
|---|---|---|---|
| 保险金额 | | 保险费 | |
| 缴费银行 | | 缴费账户 | |
| 账户余额 | | 扣款状态 | 扣款成功 |

收款方信息：

| 收款方户名 | | 收款方账户 | |
|---|---|---|---|
| 收款银行 | | | |

银行经办人：_____

扣款日期：2017/3/10

保险公司签章

经办人签字：_____

附图 1-10　银行扣款

## 十、通知首期保险费扣款成功

通知首期保险费扣款成功见附图1-11。

### 保险费扣款专用回执

日期：_____

| 收款人 | 保险人名称 | 中国人寿保险公司 | 付款人 | 投保人名称 | 姜海山 * |
|---|---|---|---|---|---|
| | 开户行 | 中国农业银行 | | 开户行 | 中国农业银行 |
| | 账 号 | | | 账 号 | |
| 金 额 | （大写）壹万元 | | * | （小写）10000.00 | |
| 备 注 | | | 银行盖章 | | |

投保单号：_____

保险单号：_____

（中国农业银行盖章）

交易柜员：_____

附图1-11 通知首期保险费扣款成功

## 十一、查看扣款成功通知

查看扣款成功通知见附图1-12。

附图1-12 查看扣款成功通知

## 十二、接收首期保险费扣款回执

接收首期保险费扣款回执见附图 1-13。

附图 1-13　接收首期保险费扣款回执

## 十三、录单

录单见附图 1-14。

# 个人投保信息录入系统

| 投保单号: | | | 编号: | |

| | 姓　　名: | 姜海山 | 有效证件类型: ◉身份证 □军人证 □护照 □其他 | | |
|---|---|---|---|---|---|
| 投保人资料 | 证件号码: | 440582198102243419 | 出生日期: 1981-2-24 | | 周岁: 36 |
| | 性　　别: | ◉男 □女　婚姻状况: ◉已婚 □未婚 □离婚 □丧偶 □其他 | | 与被保险人关系: | 本人 |
| | 住　　址: | 上海市普陀区曹杨路10号 | 邮编: 200432 | 电话: | 18945672345 |
| | 收费地址: | 上海市普陀区曹杨路10号 | 邮编: 200432 | 电话: | 18945672345 |
| | 工作单位: | 上海天鹏有限责任公司 | | 电话: | 60835877 |
| | 职业(工种): | 工厂、企业部门经理 兼职: | 职业代码: 000202 | 类别: | 00一般职业 |

| | 姓　　名: | 姜海山 | 有效证件类型: ◉身份证 □军人证 □护照 □其他 | | |
|---|---|---|---|---|---|
| 被投保人资料 | 证件号码: | 440582198102243419 | 出生日期: 1981-2-24 | | 周岁: 36 |
| | 性　　别: | ◉男 □女　婚姻状况: ◉已婚 □未婚 □离婚 □丧偶 □其他 | | | |
| | 住　　址: | 上海市普陀区曹杨路10号 | 邮编: 200432 | 电话: | 18945672345 |
| | 收费地址: | 上海市普陀区曹杨路10号 | 邮编: 200432 | 电话: | 18945672345 |
| | 工作单位: | 上海天鹏有限责任公司 | | 电话: | 60835877 |
| | 职业(工种): | 工厂、企业部门经理 兼职: | 职业代码: 000202 | 类别: | 00一般职业 |

| 家庭保单请填写 | 配偶姓名 | | 性别 | | 出生日期 | |
|---|---|---|---|---|---|---|
| | 子女姓名 | | 性别 | | 出生日期 | |
| | 子女姓名 | | 性别 | | 出生日期 | |
| | 子女姓名 | | 性别 | | 出生日期 | |

| | 姓名 | 出生日期 | 证件号码 | 证件类型 | 与被投保人关系 | 比例 |
|---|---|---|---|---|---|---|
| 受益人资料 | 姜海山 | 1981-2-24 | 440582198102243419 | 身份证 | 本人 | |
| | | | | | | |
| | | | | | | |

附图 1-14(1)　录单(第 1 页)

| 投保项目 | 交别： | ☑年交 | □半年交 | □季交 | □月交 | □趸交 | | |
|---|---|---|---|---|---|---|---|---|
| | 保费交付方式：☑自动转帐：_____ □现金 □转账支票 | | | | | | | |
| | 开户银行：中国农业银行 | | | 帐号：_____ | | | | |
| | 利差返还方式(本项仅适用于"利差返还"型险种)： | | | | | | | |
| | ☑抵交保费 □储存生息 （本栏如未选择，本公司按"储存生息"方式处理） | | | | | | | |
| | 保险期限：□终身 ☑定期(至 ___ 或 85 岁) 交费期：20 年 约定领取年龄：60 周岁 | | | | | | | |
| | 主险 | 投保项目 | | 保险金额（元） | | 标准保费（元） | | 额外/追加保费(元) |
| | | 国寿福禄满堂养老年金保险 | | 13010.00 | | 10000.00 | | |
| | | | | | | | | |
| | 附加险 | 投保项目 | | 保险金额（元） | | 保险费（元） | | 额外/追加保费(元) |
| | | | | | | | | |
| | | | | | | | | |
| | | | | | | | | |
| | | | | | | | | |
| | | | | | | | | |
| | 保额合计：(大写) 壹万叁仟零壹拾 | | | | | ＊￥13010.00 | | ＊元 |
| | 保费合计：(大写) 壹万 | | | | | ＊￥10000.00 | | ＊元 |

业务员姓名：_____ 业务员电话：_____ 业务员代码：_____

险　　别：养老保险　　营 业 部：_____　　暂收收据号：_____

特别约定：_____

| 核保意见栏 | 待核保的保险项目 | 投保项目 | 优选等级 | 核准保额 | 核准保费 | 核保类型 |
|---|---|---|---|---|---|---|
| | | | ▼ | | | ▼＊ |
| | | | ▼ | | | ▼ |
| | | | ▼ | | | ▼ |
| | | | ▼ | | | ▼ |
| | | | ▼ | | | ▼ |
| | 总核准保费 大写：_____＊ 小写：_____＊ | | | | | |
| | 核保员签章：[印章] 日期：_____ | | | | | |
| | 核保审核员：_____＊ 核保审核意见：___▼＊ | | | | | |

| 录 单 员： | _____ | ＊ | 是 否 退 单： | 否 ▼ |
|---|---|---|---|---|
| 录单复核员： | _____ | ＊ | 录单复核意见： | |

保险公司：中国人寿保险公司_____

附图 1-14(2)　录单(第2页)

**健康告知**(如保险条款中涉及投保人保费豁免事项,投保人栏必须填写)

| 投保人 | 被保险人 | 询问事项(若有则勾选,若无则不勾选) |
|---|---|---|
| 有无 | 有无 | |
| ☐ | ☐ | 1. 近期体况:<br>最近6个月内是否有新发的或以往既有的任何身体不适症状或体征?如反复持续头痛、眩晕、胸痛、咯血、气喘、腹痛、便血、紫斑、消瘦(体重短期内下降超过5公斤)、视力下降。 |
| ☐ | ☐ | 2. 近期诊治:<br>最近6个月内是否接受过医师的诊察、治疗、用药,对其结果医师是否提出检查、治疗、住院或手术建议? |
| ☐ | ☐ | 3. 2年内健康检查:<br>过去2年内接受的健康检查(如血压、尿液、血液、肝功能、肾功能、心电图、X光、B超、CT、核磁共振、脑部等)检查结果有无异常情形或被医师建议接受其他检查? |
| ☐ | ☐ | 4. 住院史:过去5年内曾否住院? |
| ☐ | ☐ | 5. 过去曾否患有下列疾病?<br>霍乱、肺结核、脊髓灰质炎、肝炎病毒携带;癌症、肿瘤、何杰金氏病、囊肿、结石;甲状腺疾病、糖尿病、甲状旁腺疾病、肾上腺疾病、高脂血症、痛风;贫血、血友病、紫癜、脾脏疾病、精神疾患、抑郁症、神经官能性疾患、儿童多动症;脑膜炎、脑炎、脊髓炎、神经麻痹、癫痫、脑部疾病、脊髓疾病、白内障、青光眼、视网膜或视神经病变、风湿热、风湿性心脏病、高血压病、继发性高血压、冠心病、肺心病、心脏病、传导阻滞、心律失常、心脏病、脑中风、血管疾病、下肢静脉曲张;肺炎、支气管炎、肺气肿、哮喘、支气管扩张、肺大泡、胸膜炎、气胸、慢性胃炎、肠炎、消化道溃疡或出血、疝、肠梗阻、肝炎、脂肪肝、肝肿大、肝硬化、肝功异常、胆石症、胰腺疾病;肾炎、肾病、肾衰竭、肾盂积水、多囊肾、性病、红斑狼疮、脊椎疾病、类风湿性关节炎、风湿病、肌肉、骨骼、关节疾病;结缔组织疾病、自体免疫性疾病;先天性疾病、遗传性疾病;脑外伤后综合症、内脏损伤、中毒。 |
| ☐ | ☐ | 6. 身体残障情况:<br>有无智能障碍;有无失明、聋哑、跛行或小儿麻痹后遗症;有无语言、咀嚼、视力、听力、嗅觉、四肢及中枢神经系统机能障碍;有无脊柱、胸廓、四肢、五官、手指、足趾缺损或畸形? |
| ☐ | ☐ | 7. 您或您的配偶是否曾接受验血而得知为艾滋病毒阳性反应? |
| ☐ | ☐ | 8. 妇女栏(女性请填写)<br>① 目前是否怀孕,若有,怀孕_____周?<br>② 目前是否有乳房肿块、疼痛、血性溢乳等不适感觉及异常发现?<br>③ 目前是否有阴道不规则流血、白带异常、下腹痛等不适感觉及异常发现?<br>④ 过去曾否患乳房、子宫、子宫内膜移位、卵巢等的疾病而接受医师的诊察、治疗、用药和住院手术?<br>⑤ 过去曾否因异常妊娠、分娩而住院治疗或手术(包括剖腹生产)? |
| ☐ | ☐ | 9. 少儿栏(2周岁以下填写)<br>① 出生时体重_____千克,有无难产、窒息、先天性疾病或畸形?<br>② 有无体重不增或增长缓慢?有无肺炎、抽搐、腹泻等疾病? |
| ☐ | ☐ | 10. 不良嗜好及过敏史:<br>过去有无使用镇静安眠剂、迷幻药及其他违禁药物或吸食有机溶剂、毒品、或酒精中毒、药物中毒?有无对某物过敏的历史? |
| ☐ | ☐ | 11. 有无职业病,如尘肺、慢性铅中毒等? |
| ☐ | ☐ | 12. 有无参加飞行、潜水、拳击、赛车等危险运动或嗜好? |
| ☐ | ☐ | 13. 被保险人有无吸烟习惯?每天__支,约有__年历史。 |
| ☐ | ☐ | 14. 被保险人有无饮酒习惯?(若有,请在说明栏内说明酒的品种、酒度数、每周饮酒数量及历史?) |
| ☐ | ☐ | 15. 被保险人有无机动车驾驶执照? |
| ☐ | ☐ | 16. 家族史:<br>被保险人的双亲、子女、兄弟姐妹是否患有心脏病、中风、高血压、肾脏疾病、癌症、血友病、糖尿病、甲状腺疾病、高脂血症、风湿性疾病、精神病、肺结核、哮喘、病毒性肝炎、性病、艾滋病等遗传性疾病? |
| ☐ | ☐ | 17. 家庭栏:被保险人配偶及子女是否有以上1~12项情况?(附加家庭保单时,请告知) |
| 身高体重栏:被保险人身高_175_厘米,体重_65_千克。 | | |

## 财务及其他告知

| | | |
|---|---|---|
| ☐ | ☐ | 18. 有无负债? |
| | | 19. 每年固定收入约(单位:万元):投保人:10.00   被保险人:10.00 |
| | | 20. 主要收入来源:(请填写:工薪、个体、私营、房屋出租、证券投资、银行利息,其他请说明)投保人:_工薪_   被保险人:_工薪_ |
| ☐ | ☐ | 21. 目前是否有人身保险单或已在申请本保险以外的人身保险? |
| ☐ | ☐ | 22. 过去两年内是否曾被保险公司解除合同或申请人身保险而未被承保、延期或附加条件承保? |
| ☐ | ☐ | 23. 过去有无人身保险金的索赔? |

附图1-14(3)　录单(第3页)

## 十四、录单复核

录单完成后对个人投保信息进行复核。

## 十五、电脑核保

电脑核保,见附图 1-15。

附图 1-15　电脑核保

## 十六、保险单生效

保险单生效,见附图 1-16。

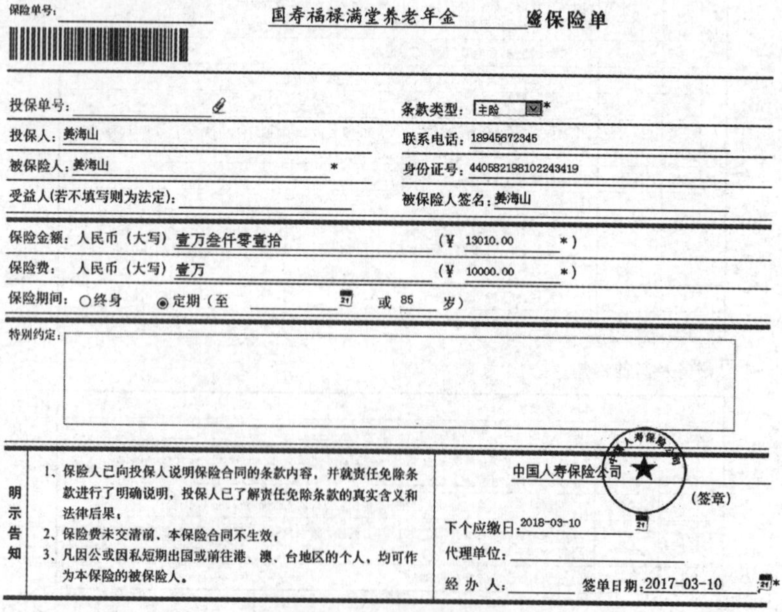

附图 1-16　保险单生效

## 十七、出单

出单,见附图 1-17。

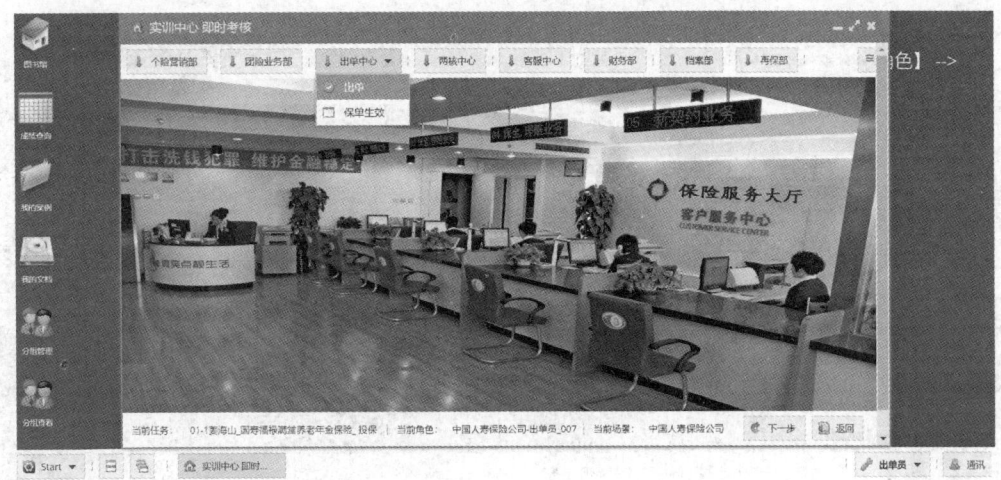

附图 1-17　出单

## 十八、开具发票

开具发票,见附图 1-18。

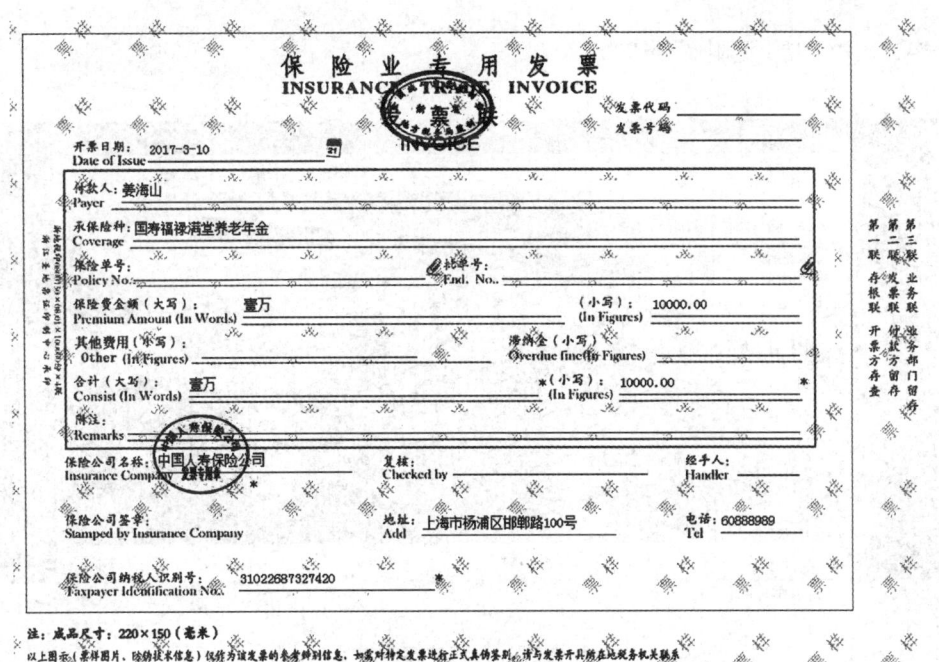

附图 1-18　开具发票

## 十九、客户接收保险单

客户接收保险单,见附图1-19。

附图1-19　客户接收保险单

## 二十、客户接收发票

客户接收发票,见附图1-20。

附图1-20　客户接收发票

## 二十一、提交档案

提交档案,见附图 1-21。

**承保相关单证清分表**

保险公司名称:中国人寿保险公司

| 单证名称 | 单证号 | 是否提交 | 是否归档 |
|---|---|---|---|
| 投保单 | | ☑ | ☐ |
| 电子投保单 | | ☑ | ☐ |
| 保费自动转账授权书 | | ☑ | ☐ |
| 收款凭证 | | ☐ | ☐ |
| 投保变更批单 | | ☑ | ☐ |
| | | | |
| | | | |
| 保险业专用发票 | | ☑ | ☐ |
| | | | |
| | | | |
| | | | |
| 保险单 | | ☑ | ☐ |
| | | | |
| | | | |
| | | | |

经办人:_____  归档人:_____

**附图 1-21　提交档案**

## 二十二、承保归档

承保归档,见附图 1-22。

**承保相关单证清分表**

保险公司名称:

| 单证名称 | 单证号 | 是否提交 | 是否归档 |
|---|---|---|---|
| 投保单 | | ☐ | ☑ |
| 电子投保单 | | ☐ | ☑ |
| 保费自动转账授权书 | | ☐ | ☑ |
| 收款凭证 | | ☐ | ☐ |
| 投保变更批单 | | ☐ | ☐ |
| | | | |
| | | | |
| 保险业专用发票 | | ☐ | ☑ |
| | | | |
| | | | |
| | | | |
| 保险单 | | ☐ | ☑ |
| | | | |
| | | | |
| | | | |

经办人:_____  归档人:_____

**附图 1-22　承保归档**

# 附录2　王宏文国寿绿舟意外伤害保险承保流程操作手册

打开逸景人身保险实训系统,并用自己的登录名与密码登录。在桌面单击"实训中心即时考核"图标,进入任务管理页面。在未开始任务中双击所要完成的任务图标,开启该任务。在进行中的任务中选定任务图标,点击右上角图标【查看任务进度】,查看任务的流程。查看任务进度后,学生可以了解到本任务需要完成的所有步骤。接下来,就可以进入第一步开始操作了。

## 一、填写开户申请

填写开户申请,见附图2-1。

**个人结算帐户开户申请书**

| 客户必填 | 中文姓名 | 王宏文 | * | 拼音或英文姓名 | | * |
| --- | --- | --- | --- | --- | --- | --- |
| | 证件名称 | 身份证 | * | 证件号码 | 310322198605087886 | * |
| | 发证机关 | 上海市公安局黄浦分局 | * | 证件有效期 | 2007.02.25—2027.02.25 | * |
| | 国籍 | 中国 | * | 联系电话 | 13678987896 | * |
| | 通讯地址 | 上海市黄浦区南京路10号 | * | 邮政编码 | 200433 | |
| 代理人 | 中文姓名 | | | 联系电话 | | |
| | 证件名称 | | | 证件号码 | | |
| | 代办理由 | | | | | |
| 客户选填 | 民族 | | 性别 | 男□ 女□ | 婚姻状况 | 已婚□ 未婚□ |
| | 电子邮箱 | | 出生日期 | | 移动电话 | |
| | 文化程度 | | 工作单位 | | 收入状况 | |
| 银行工作人员填写 | 账号 | | | | | |
| | 存款金额 | 10000.00 | | | | * |
| | 是否寄送对账单:是□ 否□ | | | 是否开通ATM自助转账:是□ 否□ | | |
| | 其他服务(另填写其他申请) | 电子银行□ 第三方存管□ | 短信服务□ 预存代缴□ | 代理基金□ | 代理保险□ | |

本人(乙方)承诺所提供的开户资料真实、有效。如有伪造、欺诈,自愿承担法律责任。
如本人(乙方)申请开立个人结算帐户,已仔细阅读《中国建设银行　　个人结算帐户管理协议》,同意并遵守本协议,并确认机打记录正确无误。
如本人(乙方)申请领用中国建设银行任何银行卡,则自愿遵守《中国建设银行(借记卡)章程》及各项发卡规定。

客户签名:王宏文　　日期:2017/7/2

开户机构审核意见:
同意存款人开立个人结算账户和服务申请。
开户机构(签章):
日期:

事后监督　　经办　　授权(复核)

第一联　开户行留存

附图2-1　填写开户申请

## 二、受理开户申请

受理开户申请,见附图 2-2。

### 个人结算帐户开户申请书

| 客户必填 | 中文姓名 | | | | 拼音或英文姓名 | | * |
| :---: | :---: | :---: | :---: | :---: | :---: | :---: | :---: |
| | 证件名称 | | | * | 证件号码 | | * |
| | 发证机关 | | | * | 证件有效期 | | * |
| | 国籍 | | | * | 联系电话 | | * |
| | 通讯地址 | | | * | 邮政编码 | | |
| 代理人 | 中文姓名 | | | | 联系电话 | | |
| | 证件名称 | | | | 证件号码 | | |
| | 代办理由 | | | | | | |
| 客户选填 | 民族 | | | 性 别 | 男□ 女□ | 婚姻状况 | 已婚□ 未婚□ |
| | 电子邮箱 | | | 出生日期 | | 移动电话 | |
| | 文化程度 | | | 工作单位 | | 收入状况 | |
| 银行工作人员填写 | 账号 | | | | | | |
| | 存款金额 | | | | | | * |
| | 是否寄送对账单:是□ 否□ | | | 是否开通 ATM 自助转账:是□ 否□ | | | |
| | 其他服务(另填写其他申请) | 电子银行□ 第三方存管□ | | 短信服务□ 预存代缴□ | 代理基金□ | 代理保险□ | |

本人(乙方)承诺所提供的开户资料真实、有效。如有伪造、欺诈,自愿承担法律责任。

如本人(乙方)申请开立个人结算帐户,已仔细阅读《     个人结算帐户管理协议》,同意并遵守本协议,并确认打印机打记录正确无误。

如本人(乙方)申请领用任何银行卡,则自愿遵守《 (借记卡)章程》及各项发卡规定。

客户签名:_____ *
日期:

开户机构审核意见:

同意存款人开立个人结算账户和服务申请。

开户机构(签章):

(中国建设银行 印章)

日期:2017-7-2

事后监督　　　　　经办　　　　　授权(复核)

第一联　开户行留存

附图 2-2　受理开户申请

## 三、填写投保单

填写投保单,见附图 2-3。

### 人身保险个人投保单

保险公司名称:中国人寿保险公司　　　　投保单号:_____

**投保人资料**

|  |  |
|---|---|
| 姓　名 | 王宏文 |
| *有效证件类型 | ☑身份证 □军人证 □护照 □其他 |
| 证件号码 | 310322198605087886 |
| *出生日期 | 1986-05-08 |
| 周岁 | 31 |
| 性　别 | 男 |
| 婚姻状况 | ☑已婚 □未婚 □离婚 □丧偶 □其他 |
| 与被保险人关系 | 本人 |
| 住　址 | 上海市黄浦区南京路10号 |
| *邮编 | 200433 |
| 电话 | 13678987896 |
| 收费地址 | 上海市黄浦区南京路10号 |
| 邮编 | 200433 |
| 电话 | 13678987896 |
| 工作单位 | 上海新腾有限公司 |
| 电话 | 66754587 |
| 职业(工种) | 土石方机械操作 |
| 兼职 | |
| 职业代码 | 070115 |
| 类别 | 07建筑工程业 |

**被保险人资料**

|  |  |
|---|---|
| 姓　名 | 王宏文 |
| 有效证件类型 | ☑身份证 □军人证 □护照 □其他 |
| 证件号码 | 310322198605087886 |
| 出生日期 | 1986-05-08 |
| 周岁 | 31 |
| 性　别 | 男 |
| 婚姻状况 | ☑已婚 □未婚 □离婚 □丧偶 □其他 |
| 住　址 | 上海市黄浦区南京路10号 |
| 邮编 | 200433 |
| 电话 | 13678987896 |
| 收费地址 | 上海市黄浦区南京路10号 |
| 邮编 | 200433 |
| 电话 | 13678987896 |
| 工作单位 | 上海新腾有限公司 |
| 电话 | 66754587 |
| 职业(工种) | 土石方机械操作 |
| 兼职 | |
| 职业代码 | 070115 |
| 类别 | 07建筑工程业 |

**家庭保单请填写**

| | 姓名 | 性别 | 出生日期 |
|---|---|---|---|
| 配偶姓名 | | | |
| 子女姓名 | | | |
| 子女姓名 | | | |
| 子女姓名 | | | |

**受益人资料**

| 姓名 | 出生日期 | 证件号码 | 证件类型 | 与被保险关系 | 比例 |
|---|---|---|---|---|---|
| 王宏文 | 1986-05-08 | 310322198605087886 | 身份证 | 本人 | |
| | | | | | |
| | | | | | |

除另指定分配方式外,本保单之利益由相对应的所有受益人平均分配。附加家庭保单时,被保险人之配偶及子女身故受益人为被保险人本人。

附图 2-3(1)　填写投保单(第 1 页)

附录2 王宏文国寿绿舟意外伤害保险承保流程操作手册

| 投保事项 | | | | |
|---|---|---|---|---|
| 交别： | □年交 □半年交 □季交 □月交 ☑趸交 | | | |
| 保费交付方式： | ☑自动转帐 □现金 □转账支票 | | | |
| 开户银行：中国建设银行 | 开户名：王宏文 | | 帐号：_____ | |
| 利差返还方式(本项仅适用于"利差返还"型险种)： | | | | |
| □抵交保费 □储存生息 （本栏如未选择，本公司按"储存生息"方式处理） | | | | |
| 保险期限：□终身 ☑定期(至 2018-7-8)或 ___岁) 交费期：1 年 约定领取年龄：___周岁 | | | | |

| 主险 | 投保项目 | 保险金额(元) | 标准保费(元) | 额外/追加保费 |
|---|---|---|---|---|
| | 国寿绿舟意外伤害保险 | 100000.00 | 274.00 | |
| | | | | |

| 附加险 | 投保项目 | 保险金额(元) | 标准保费(元) | 额外/追加保费 |
|---|---|---|---|---|
| | | | | |
| | | | | |
| | | | | |
| | | | | |
| | | | | |

保额合计：(大写) 拾万 * ￥100000.00 *
保费合计：(大写) 贰佰柒拾肆 * ￥274.00 *

业务员姓名：_____ 业务员电话：_____ 业务员代码：_____
险　　别：_____ * 营业部：_____ 暂收收据号：_____

特别约定：

投保声明栏：本人对投保须知及所投保险种的条款……保险人责任免除条款均已了解并同意遵守。如有告知不实，……解除保险合同，对于合同解除前发生的保险事故，保险人不承担保险责任。

投保人签章： 监护人签章： 被保险人签章：
日期：2017-7-8 日期：_____ 日期：2017-7-8

附图 2-3(2) 填写投保单(第2页)

**健康告知**(如保险条款中涉及投保人保费豁免事项,投保人栏必须填写)

| 投保人 | 被保险人 | 询问事项(若有则勾选,若无则不勾选) |
|---|---|---|
| 有 无 | 有 无 | |
| ☐ | ☐ | 1. 近期体况:<br>最近6个月内是否有新发的或以往既有的任何身体不适症状或体征?如反复持续头痛、眩晕、胸痛、咯血、气喘、腹痛、便血、紫斑、消瘦(体重短期内下降超过5公斤)、视力下降。 |
| ☐ | ☐ | 2. 近期诊治:<br>最近6个月内是否接受过医师的诊察、治疗、用药,对其结果医师是否提出检查、治疗、住院或手术建议? |
| ☐ | ☐ | 3. 2年内健康检查:<br>过去2年内接受的健康检查(如血压、尿液、血液、肝功能、肾功能、心电图、X光、B超、CT、核磁共振、脑部等)检查结果有无异常情形或被医师建议接受其他检查? |
| ☐ | ☐ | 4. 住院史:过去5年内曾否住院? |
| ☐ | ☐ | 5. 过去曾否患有下列疾病?<br>霍乱、肺结核、脊髓灰质炎、肝炎病毒携带、癌症、肿瘤、何杰金氏病、囊肿、结石;甲状腺疾病、糖尿病、气喘、甲状旁腺疾病、肾上腺疾病、高脂血症、痛风;贫血、血友病、紫癜、脾脏疾病;精神疾患、抑郁症、神经官能性疾患、儿童多动症;脑膜炎、脑炎、脊髓炎、神经麻痹、癫痫、脑部疾病、脊髓疾病、白内障、青光眼、视网膜或视神经病变;风湿热、风湿性心脏病、高血压病、继发性高血压、冠心病、心肌炎、传导阻滞、心律失常、心脏病、脑中风、血管疾病、下肢静脉曲张;肺炎、支气管炎、肺气肿、哮喘、支气管扩张、肺大泡、胸膜炎、气胸;慢性胃炎、肠炎、消化道溃疡或出血、肠梗阻、肝炎、脂肪肝、肝肿大、肝硬化、肝功异常、胆石症、胰腺疾病;肾炎、肾病、肾衰竭、肾盂积水、多囊肾、性病、红斑狼疮、脊椎病变、类风湿性关节炎、风湿病、肌肉、骨骼、关节疾病;结缔组织疾病、自体免疫性疾病;先天性疾病、遗传性疾病;脑外伤后综合症、内脏损伤、中毒。 |
| ☐ | ☐ | 6. 身体残障情况:<br>有无智能障碍;有无失明、聋哑、跛行或小儿麻痹后遗症;有无语言、咀嚼、视力、听力、嗅觉、四肢及中枢神经系统机能障碍;有无脊柱、胸廓、四肢、五官、手指、足趾缺损或畸形? |
| ☐ | ☐ | 7. 您或您的配偶是否曾接受验血而得知为艾滋病毒阳性反应? |
| ☐ | ☐ | 8. 妇女栏(女性请填写):<br>①目前是否怀孕,若有,怀孕____周?<br>②目前是否有乳房肿块、疼痛、血性溢乳等不适感觉及异常发现?<br>③目前是否有阴道不规则流血、白带异常、下腹痛等不适感觉及异常发现?<br>④过去曾否患乳房、子宫、子宫内膜移位、卵巢等的疾病而接受医师的诊察、治疗、用药和住院手术?<br>⑤过去曾否因异常妊娠、分娩而住院治疗或手术(包括剖腹生产)? |
| ☐ | ☐ | 9. 少儿栏(2周岁以下填写)<br>①出生时体重____千克,有无难产、窒息、先天性疾病或畸形?<br>②有无体重不增或增长缓慢? 有无肺炎、抽搐、腹泻等疾病? |
| ☐ | ☐ | 10. 不良嗜好及过敏史:<br>过去有无使用镇静安眠剂、迷幻药及其他违禁药物或吸食有机溶剂、毒品、或有酒精中毒、药物中毒? 有无对某物过敏的历史? |
| ☐ | ☐ | 11. 有无职业病,如尘肺、慢性铅中毒等? |
| ☐ | ☐ | 12. 有无参加飞行、潜水、拳击、赛车等危险运动或嗜好? |
| ☐ | ☐ | 13. 被保险人有无吸烟习惯? 每天__支,约有__年历史。 |
| ☐ | ☐ | 14. 被保险人有无饮酒习惯?(若有,请在说明栏内说明酒的品种、酒精度数、每周饮酒数量及历史?) |
| ☐ | ☐ | 15. 被保险人有无机动车驾驶执照? |
| ☐ | ☐ | 16. 家族史:<br>被保险人的双亲、子女、兄弟姐妹是否患有心脏病、中风、高血压、肾脏疾病、癌症、血友病、糖尿病、甲状腺疾病、高脂血症、风湿性疾病、精神病患、肺结核、哮喘、病毒性肝炎、性病、艾滋病等遗传性疾病? |
| ☐ | ☐ | 17. 家庭栏:被保险人配偶及子女是否有以上1~12项情况?(附加家庭保单时,请告知) |

身高体重栏:被保险人身高__172__厘米,体重__61__千克。

**财务及其他告知**

| | | |
|---|---|---|
| ☐ | ☐ | 18. 有无负债? |
| | | 19. 每年固定收入约(单位:万元):投保人__10.00__ 被保险人__10.00__ |
| | | 20. 主要收入来源:(请填写:工薪、个体、私营、房屋出租、证券投资、银行利息,其他请说明)投保人__工薪__ 被保险人__工薪__ |
| ☐ | ☐ | 21. 目前是否有人身保险单或已在申请本保险以外的人身保险? |
| ☐ | ☐ | 22. 过去两年内是否曾被保险公司解除合同或申请人身保险而未被承保、延期或附加条件承保? |
| ☐ | ☐ | 23. 过去有无人身保险金的索赔? |

附图2-3(3) 填写投保单(第3页)

## 四、填写业务员报告书

投保单位复核无误后,填写业务员报告书,见附图 2-4。

| 说明栏 | 关于健康、财务及其各项告知,若答复"有"或"是"时,请注明序号及对象(投保人或被保险人),并在说明栏中详细说明。如有诊治,请告知原因、日期、医院名称及诊治结果;如有负债请告知债务情况。对本投保书及告知内容,本公司承担保密义务。 |||
|---|---|---|---|
| | 序号 | 说明对象 | 说明内容 |
| | | | |
| | | | |
| | | | |

**(公司内部作业栏,客户无须填写)**

| 业务员报告书 | 1. 投保人或被保险人有无身体缺陷或其他疾病? □有 ☑无<br>(不涉及投保人保费豁免的,只回答被保险人)若"有"请说明: |
|---|---|
| | 2. 投保人、被保险人是否有危险嗜好或从事危险活动? □有 ☑无<br>若"有"请说明: |
| | 3. 您估计投保人的年收入约为 10.00 万元,来源: 工薪 |
| | 4. 投保人的家庭财产约 100.00 万元。 |
| | **业务员声明**<br>所投保险种的条款、投保单各栏及询问事项确经本人如实向投保人说明,由投保人、被保险人亲自告知并签章。如有不实说明报告,本人愿负法律责任。<br>营业部经理签名: 业务员代码:_____ 业务员签名:_____* |

附图 2-4 填写业务员报告书

## 五、填写首期保险费转账授权

填写首期保险费转账授权,具体文件见附图 2-5 和附图 2-6。

**自动转账(申请、取消、变更)协议书**

| 客户基本信息 | | | |
|---|---|---|---|
| 投保人姓名 | 王宏文 | 身份证号码 | 310322198605087886 |
| 手机号码 | 13678987896 | E-Mail | whw@qq.com |
| 家庭地址(邮编) | 上海市黄浦区南京路10号 | | |
| 单位地址(邮编) | 上海新腾有限公司 | | |

投保单 _____
保单号码 _____      ☑收费账号   ☑付费账号

| 收费账户内容 | | | | |
|---|---|---|---|---|
| 账户所有人姓名(投保人) | | 王宏文 | | |
| 协议银行名称 | 中国建设银行 | 协议账户类别 | ☐活期存折 | ☐借记卡 |
| 协议账户号码 | | | | |

注:如您的付费账户欲与收费账户保持一致,请在下面的☐中打√。

♣ 同意付费账户内容一并予以变更:  ☐是   ☐否

| 付费账户内容 | | | | |
|---|---|---|---|---|
| 账户所有人姓名 | | 王宏文 | | |
| 协议银行名称 | 中国建设银行 | 协议账户类别 | ☐活期存折 | ☐借记卡 |
| 协议账户号码 | | | | |

申请人签章: 【王宏文印】*            申请日期:2017-7-8

附图 2-5  填写自动转账协议书

## 委托银行实行保险费自动转账付款协议书

甲方(投保人)：王宏文
乙方(保险人)：中国人寿保险公司

为提高保险费缴纳的安全性和时效性，维护双方的共同利益，现双方就委托银行以转账方式扣划有关款项一事达成如下协议：
一、甲方同意授权乙方从甲方的协议银行账户内扣取与乙方签订的保险合同中所约定的首期、续期各期到期保险费，及受理变更、理赔等应收补费项目。
二、甲方同意乙方于每期续期保险费入乙方账后寄发续期缴费银行转账成功通知单。
三、甲方因协议银行自动转账金额与应缴费金额不符或对保险费计算有异议时，应自行向乙方洽询。
四、甲方同意如账户内无足够资金余额支付保险费时，协议银行有权决定不予转账。
五、甲方应于公司规定的各期费用缴费期内，将足够的保险费存于自动转账付款账户内。
六、甲方欲终止使用续期自动转账付款账户时，应于当期保险费应缴日一个月前递交终止申请于乙方，同时告知新的自动转账账户，由乙方再转告授权银行，如未指定新的缴费账户时，投保人仍负有以其他方式缴付保险费的义务。
七、甲方同意每期保险费转账后，在账户中存有银行规定的最低存款额，否则该账户被银行注销，则本协议自动终止，投保人仍负有以其他方式缴付保险费的义务。
八、当该账户用于转账交付多份保险合同的首期、续期及其他应缴保险费时，本人同意按乙方规定的转账顺序转账。
九、本协议书将持续有效直至出现以下情况之一时终止效力：
1) 投保人书面申请终止协议　　2) 协议账户终止　　3) 保险合同效力终止
十、目前乙方协议银行为工商银行北京市分行、招商银行北京市分行。
注：若协办行为工商银行，甲方授权银行接受乙方电子银行指令指定的金额从指定账户扣划，无需每次划款前征求甲方意见，银行对甲方与乙方之间就应缴费金额产生的纠纷不承担任何责任。

## 委托银行实行保险费自动转账收款协议书

甲方(账户所有人)：王宏文
乙方(保险人)：　中国人寿保险公司

为提高保险费缴纳的安全性和时效性，维护双方的共同利益，现双方就委托银行以转账方式扣划有关款项一事达成如下协议：
一、甲方同意授权乙方向甲方的协议银行账户内支付与乙方签订的保险合同中所约定的各期到期领取金(受益人为投保人时)、分红、受理变更、理赔等项目产生的付费。
二、各项领取、变更事项必须按照公司的相关规定办理完手续后，乙方可通过已申请生效的收款账号进行支付。
三、收款账号若推迟使用，须到公司申请，否则自动处理给付项目将按提供的账户自动处理(如分红等)。
四、本协议书效力终止同《委托银行实行保险费自动转账付款协议书》第九条。

账户所有人声明：本人完全了解以上协议内容并确认账户真实有效。
账户所有人签章：　　　　　　　　　*　授权日期：2018-7-8
注：1、账户所有人(投保人)签章、身份证编号必须与银行账户所载持卡人信息一致。

**特别说明：** 通过指定银行转账账户收款时，该账户必须是投保人。涉及付款时，为对应权益人的账户(如撤保、退保、退费、红利领取、合同内容变更的付费权益人为投保人，保险金领取的权益人为保险合同指定的受益人)。

附图 2-6　填写自动转账付款协议书

## 六、出单中心接收投保单

出单中心接收投保单,见附图 2-7。

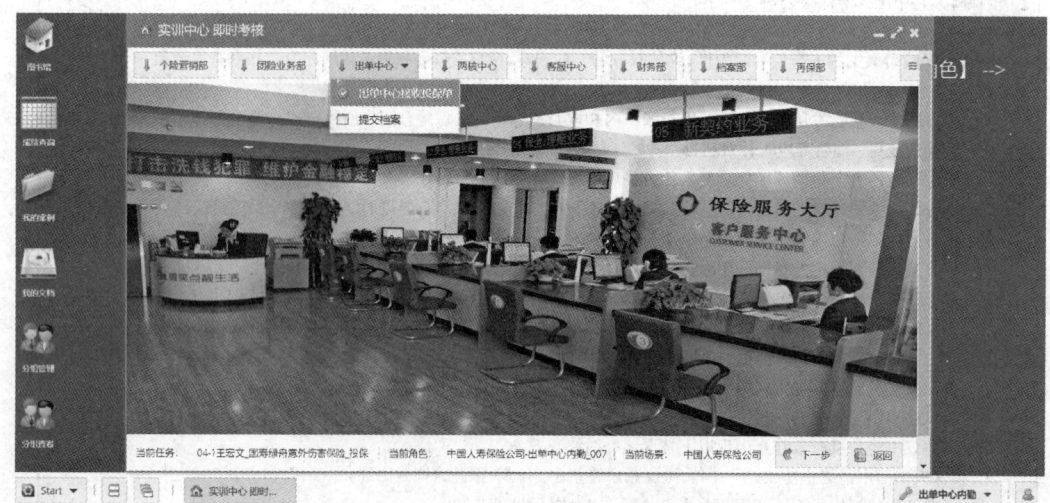

附图 2-7 出单中心接收投保单

## 七、接收首期保险费转账授权

接收首期保险费转账授权，见附图2-8。

**委托银行实行保险费自动转账付款协议书**

甲方(投保人)：_____
乙方(保险人)：中国人寿保险公司

  为提高保险费缴纳的安全性和时效性，维护双方的共同利益，现双方就委托银行以转账方式扣划有关款项一事达成如下协议：

  一、甲方同意授权乙方从甲方的协议银行账户内扣取与乙方签订的保险合同中所约定的首期、续期各期到期保险费，及受理变更、理赔等应收补费项目。
  二、甲方同意乙方于每期续期保险费入乙方账后寄发续期缴费银行转账成功通知单。
  三、甲方因协议银行自动转账金额与应缴费金额不符或对保险费计算有异议时，应自行向乙方洽询。
  四、甲方同意如账户内无足够资金余额支付保险费时，协议银行有权决定不予转账。
  五、甲方应于公司规定的各期费用缴费期内，将足够的保险费存于自动转账付款账户内。
  六、甲方欲终止使用续期自动转账付款账户时，应于当期保险费应缴日一个月前递交终止申请于乙方，同时告知新的自动转账账户，由乙方再转告授权银行，如未指定新的缴费账户时，投保人仍负有以其他方式缴付保险费的义务。
  七、甲方同意每期保险费转账后，在账户中存有银行规定的最低存款额，否则该账户被银行注销，则本协议自动终止，投保人仍负有以其他方式缴付保险费的义务。
  八、当该账户用于转账交付多份保险合同的首期、续期及其他应缴保险费时，本人同意按乙方规定的转账顺序转账。
  九、本协议书将持续有效直至出现以下情况之一时终止效力：
  1) 投保人书面申请终止协议  2) 协议账户终止  3) 保险合同效力终止
  十、目前乙方协议银行为工商银行北京市分行、招商银行北京市分行。
  注：若协办行为工商银行，甲方授权银行接收乙方电子银行指令指定的金额从指定账户扣划，无需每次划款前征求甲方意见，银行对甲方与乙方之间就应缴费金额产生的纠纷不承担任何责任。

**委托银行实行保险费自动转账收款协议书**

甲方(账户所有人)：_____
乙方(保险人)：中国人寿保险公司

  为提高保险费缴纳的安全性和时效性，维护双方的共同利益，现双方就委托银行以转账方式扣划有关款项一事达成如下协议：

  一、甲方同意授权乙方向甲方的协议银行账户内支付与乙方签订的保险合同中所约定的各期到期领取金(受益人为投保人时)、分红、受理变更、理赔等项目产生的付费。
  二、各项领取、变更事项必须按照公司的相关规定办理完手续后，乙方可通过已申请生效的收款账号进行支付。
  三、收款账号若推迟使用，须到公司申请，否则自动处理给付项目将按提供的账户自动处理(如分红等)。
  四、本协议书效力终止同《委托银行实行保险费自动转账付款协议书》第九条。

账户所有人声明：本人已阅读以上协议内容并确认账户真实有效。
账户所有人签章：_____  *  授权日期：_____
注：1、账户所有人(投保人)签章、身份证编号必须与银行账户所载持卡人信息一致。

**特别说明：** 通过指定银行转账账户收款时，该账户必须是投保人。涉及付款时，为对应权益人的账户(如撤保、退保、退费、红利领取、合同内容变更的付费权益人为投保人，保险金领取的权益人为保险合同指定的受益人)。

附图2-8 接收首期保险费转账授权

## 八、发送首期保险费扣款通知

发送首期保险费扣款通知，见附图 2-9。

### 首期保险费扣款通知单

付款方信息：

| | | | |
|---|---|---|---|
| 投保人 | 王宏文 | 投保单号 | |
| 保险金额 | 100000.00 | 保险费 | 274.00 |
| 缴费银行 | 中国建设银行 | 缴费账户 | |
| 账户余额 | | 扣款状态 | |

收款方信息：

| | | | |
|---|---|---|---|
| 收款方户名 | 中国人寿保险公司 | 收款方账户 | |
| 收款银行 | 中国建设银行 | | |

银行经办人：

扣款日期：

中国人寿保险公司

保险公司签章

经办人签字：

*

附图 2-9　发送首期保险费扣款通知

## 九、银行扣款

银行扣款，见附图 2-10。

### 首期保险费扣款通知单

付款方信息：

| | | | |
|---|---|---|---|
| 投保人 | | 投保单号 | |
| 保险金额 | | 保险费 | |
| 缴费银行 | | 缴费账户 | |
| 账户余额 | | 扣款状态 | 扣款成功 |

收款方信息：

| | | | |
|---|---|---|---|
| 收款方户名 | | 收款方账户 | |
| 收款银行 | | | |

银行经办人：

扣款日期：2017/7/8

保险公司签章

经办人签字：

*

附图 2-10　银行扣款

## 十、通知首期保险费扣款成功

通知首期保险费扣款成功，见附图 2-11。

### 保险费扣款专用回执

日期：2017-07-08

| 收款人 | 保险人名称 | 中国人寿保险公司 | 付款人 | 投保人名称 | 王宏文 * |
| | 开户行 | 中国工商银行 | | 开户行 | 中国建设银行 |
| | 账 号 | | | 账 号 | |
| 金 额 | （大写）贰佰柒拾肆元 | | * | （小写）274.00 | |
| 备 注 | | | 银行盖章 | | |

投保单号：_____

保险单号：_____

（中国建设银行 印章）

交易柜员：_____

附图 2-11　通知首期保险费扣款成功

## 十一、查看扣款成功通知

查看扣款成功通知，见附图 2-12。

附图 2-12　查看扣款成功通知

## 十二、接收首期保险费扣款回执

接收首期保险费扣款回执，见附图 2-13。

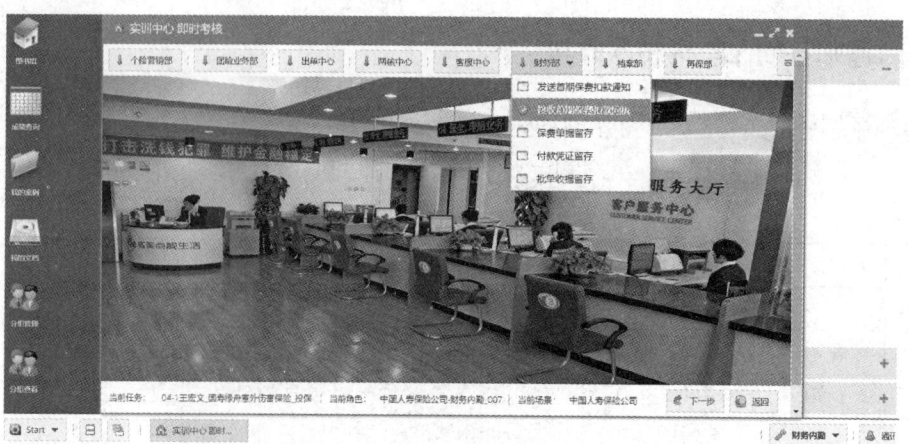

附图 2-13　接收首期保险费扣款回执

## 十三、录单

录单，见附图 2-14。

### 个人投保信息录入系统

投保单号：________　　　　编号：________

**投保人资料**

姓　　名：王宏文　有效证件类型：☑身份证 ☐军人证 ☐护照 ☐其他

证件号码：310322198605087886　出生日期：1986-05-08　周岁：31

性　　别：☑男 ☐女　婚姻状况：☑已婚 ☐未婚 ☐离婚 ☐丧偶 ☐其他　与被保险人关系：本人

住　　址：上海市黄浦区南京路10号　邮编：200433　电话：13678987896

收费地址：上海市黄浦区南京路10号　邮编：200433　电话：13678987896

工作单位：上海新腾有限公司　电话：66754587

职业(工种)：________　兼职：________　职业代码：070115　类别：07建筑工程业

**被投保人资料**

姓　　名：王宏文　有效证件类型：☑身份证 ☐军人证 ☐护照 ☐其他

证件号码：310322198605087886　出生日期：1986-05-08　周岁：31

性　　别：☑男 ☐女　婚姻状况：☑已婚 ☐未婚 ☐离婚 ☐丧偶 ☐其他

住　　址：上海市黄浦区南京路10号　邮编：200433　电话：13678987896

收费地址：上海市黄浦区南京路10号　邮编：200433　电话：13678987896

工作单位：上海新腾有限公司　电话：66754587

职业(工种)：土石方机械操作(推　兼职：________　职业代码：070115　类别：07建筑工程业

| 家庭保单请填写 | | | | | |
|---|---|---|---|---|---|
| | 配偶姓名 | | 性别 | | 出生日期 |
| | 子女姓名 | | 性别 | | 出生日期 |
| | 子女姓名 | | 性别 | | 出生日期 |
| | 子女姓名 | | 性别 | | 出生日期 |

**受益人资料**

| 姓名 | 出生日期 | 证件号码 | 证件类型 | 与被投保人关系 | 比例 |
|---|---|---|---|---|---|
| 王宏文 | 1986-05-08 | 310322198605087886 | 身份证 | 本人 | |
| | | | | | |
| | | | | | |

附图 2-14(1)　录单(第 1 页)

附录 2　王宏文国寿绿舟意外伤害保险承保流程操作手册

| 投保项目 | 交别： | □年交　　□半年交　　□季交　　□月交　　☑趸交 | | |
|---|---|---|---|---|
| | 保费交付方式：☑自动转帐：_____　□现金　　□转账支票 | | | |
| | 开户银行：中国建设银行　　　　帐号：_____ | | | |
| | 利差返还方式(本项仅适用于"利差返还"型险种)： | | | |
| | 　　□抵交保费　　□储存生息　　(本栏如未选择，本公司按"储存生息"方式处理) | | | |
| | 保险期限：□终身　☑定期(至 2018-7-8 📅) 或____岁) 交费期：1__年　约定领取年龄：____周岁 | | | |
| 主险 | 投保项目 | 保险金额(元) | 标准保费(元) | 额外/追加保费(元) |
| | 国寿绿舟意外伤害保险 | 100000.00 | 274.00 | |
| | | | | |
| 附加险 | 投保项目 | 保险金额(元) | 保险费(元) | 额外/追加保费(元) |
| | | | | |
| | | | | |
| | | | | |
| | | | | |
| | | | | |
| | 保额合计：(大写) 拾万 | | *￥100000.00* | 元 |
| | 保费合计：(大写) 贰佰柒拾肆 | | *￥274.00* | 元 |

业务员姓名：_____　业务员电话：_____　业务员代码：_____
险　　别：意外保险_____　营 业 部：_____　暂收收据号：_____

特别约定：_____

| 待核保的保险项目 | 投保项目 | 优选等级 | 核准保额 | 核准保费 | 核保类型 |
|---|---|---|---|---|---|
| 核保意见栏 | 国寿绿舟意外伤害保险 | | | | * |
| | | | | | |
| | | | | | |
| | | | | | |

总核准保费　大写：_____　*　小写：_____　*
核保员签章：[印章]
核保审核员：_____　*　核保审核意见：_____　*

| 录单员： | * | 是否退单： | 否 |
|---|---|---|---|
| 录单复核员： | * | 录单复核意见： | |

保险公司：中国人寿保险公司_____

附图 2-14(2)　录单(第 2 页)

**健康告知**(如保险条款中涉及投保人保费豁免事项,投保人栏必须填写)

| 投保人 | 被保险人 | 询问事项(若有则勾选,若无则不勾选) |
|---|---|---|
| 有 无 | 有 无 | |
| ☐ | ☐ | 1. 近期体况:<br>最近6个月内是否有新发的或以往既有的任何身体不适症状或体征?如反复持续头痛、眩晕、胸痛、咯血、气喘、腹痛、便血、紫斑、消瘦(体重短期内下降超过5公斤)、视力下降。 |
| ☐ | ☐ | 2. 近期诊治:<br>最近6个月内是否接受过医师的诊察、治疗、用药,对其结果医师是否提出检查、治疗、住院或手术建议? |
| ☐ | ☐ | 3. 2年内健康检查:<br>过去2年内接受的健康检查(如血压、尿液、血液、肝功能、肾功能、心电图、X光、B超、CT、核磁共振、脑部等)检查结果有无异常情形或被医师建议接受其他检查? |
| ☐ | ☐ | 4. 住院史:过去5年内曾否住院? |
| ☐ | ☐ | 5. 过去曾否患有下列疾病?<br>霍乱、肺结核、脊髓灰质炎、肝炎病毒携带、癌症、肿瘤、何杰金氏病、囊肿、结石;甲状腺疾病、糖尿病、甲状旁腺疾病、肾上腺疾病、高脂血症、痛风;贫血、血友病、紫癜、脾疾病;精神疾患、抑郁症、神经官能性疾患、儿童多动症;脑膜炎、脑炎、脊髓炎、神经麻痹、瘫痪、脑部疾病、脊髓疾病、白内障、青光眼、视网膜或视神经病变;风湿热、风湿性心脏病、高血压病、继发性疾病、冠心病、心肌炎、心律失常、传导阻滞、心律失常、心脏病、脑中风、血管疾病、下肢静脉曲张;肺炎、支气管炎、肺气肿、哮喘、支气管扩张、肺大泡、胸膜炎、气胸;慢性胃炎、肠炎、消化道溃疡或出血、痔、肠梗阻、肝炎、脂肪肝、肝肿大、肝硬化、肝功异常、胆石症、胰腺疾病;肾炎、肾病、肾衰竭、肾盂积水、多囊肾、性病;红斑狼疮、脊椎疾病、类风湿性关节炎、风湿病、肌肉、骨骼、关节疾病、结缔组织疾病;自体免疫性疾病;先天性疾病、遗传性疾病;脑外伤后综合症、内脏损伤、中毒。 |
| ☐ | ☐ | 6. 身体残障情况:<br>有无智能障碍;有无失明、聋哑、跛行或小儿麻痹后遗症;有无语言、咀嚼、视力、听力、嗅觉、四肢及中枢神经系统机能障碍;有无脊柱、胸廓、四肢、五官、手指、足趾缺损或畸形? |
| ☐ | ☐ | 7. 您或您的配偶是否曾接受验血而得知为艾滋病毒阳性反应? |
| ☐ | ☐ | 8. 妇女栏(女性请填写)<br>① 目前是否怀孕,若有,怀孕____周?<br>② 目前是否有乳房肿块、疼痛、血性溢乳等不适感觉及异常发现?<br>③ 目前是否有阴道不规则流血、白带异常、下腹痛等不适感觉及异常发现?<br>④ 过去曾否患乳房、子宫、子宫内膜移位、卵巢等的疾病而接受医师的诊察、治疗、用药和住院手术?<br>⑤ 过去曾否因异常妊娠、分娩而住院治疗或手术(包括剖腹生产)? |
| ☐ | ☐ | 9. 少儿栏(2周岁以下填写)<br>① 出生时体重____千克,有无难产、窒息、先天性疾病或畸形?<br>② 有无体重不增或增长缓慢?有无肺炎、抽搐、腹泻等疾病? |
| ☐ | ☐ | 10. 不良嗜好及过敏史:<br>过去有无使用镇静安眠剂、迷幻药及其他违禁药物或吸食有机溶剂、毒品、或有酒精中毒、药物中毒?有无对某物过敏的历史? |
| ☐ | ☐ | 11. 有无职业病,如尘肺、慢性铅中毒等? |
| ☐ | ☐ | 12. 有无参加飞行、潜水、拳击、赛车等危险运动或嗜好? |
| ☐ | ☐ | 13. 被保险人有无吸烟习惯?每天__支,约有__年历史。 |
| ☐ | ☐ | 14. 被保险人有无饮酒习惯?(若有,请在说明栏内说明酒的品种、酒精度数、每周饮酒数量及历史)? |
| ☐ | ☐ | 15. 被保险人有无机动车驾驶执照? |
| ☐ | ☐ | 16. 家族史:<br>被保险人的双亲、子女、兄弟姐妹是否患有心脏病、中风、高血压、肾脏疾病、癌症、血友病、糖尿病、甲状腺疾病、高脂血症、风湿性疾病、精神疾患、肺结核、哮喘、病毒性肝炎、性病、艾滋病等遗传性疾病? |
| ☐ | ☐ | 17. 家庭栏:被保险人配偶及子女是否有以上1~12项情况?(附加家庭保单时,请告知) |

身高体重栏:被保险人身高 _172_ 厘米,体重 _61_ 千克。

**财务及其他告知**

| | | |
|---|---|---|
| ☐ | ☐ | 18. 有无负债? |
| ☐ | ☐ | 19. 每年固定收入约(单位:万元):投保人:10.00 被保险人:10.00 |
| ☐ | ☐ | 20. 主要收入来源(请填写:工薪、个体、私营、房屋出租、证券投资、银行利息,其他请说明)投保人:工薪 被保险人:工薪 |
| ☐ | ☐ | 21. 目前是否有人身保险单或已在申请本保险以外的人身保险? |
| ☐ | ☐ | 22. 过去两年内是否曾被保险公司解除合同或申请人身保险而未被承保、延期或附加条件承保? |
| ☐ | ☐ | 23. 过去有无人身保险金的索赔? |

附图 2-14(3) 录单(第3页)

## 十四、录单复核

录单完成后对个人投保信息进行复核。

## 十五、电脑核保

电脑核保见附图 2-15。

附图 2-15　电脑核保

## 十六、人工核保

人工核保，见附图 2-16。

附图 2-16 人工核保

## 十七、条件承保

条件承保,见附图 2-17。

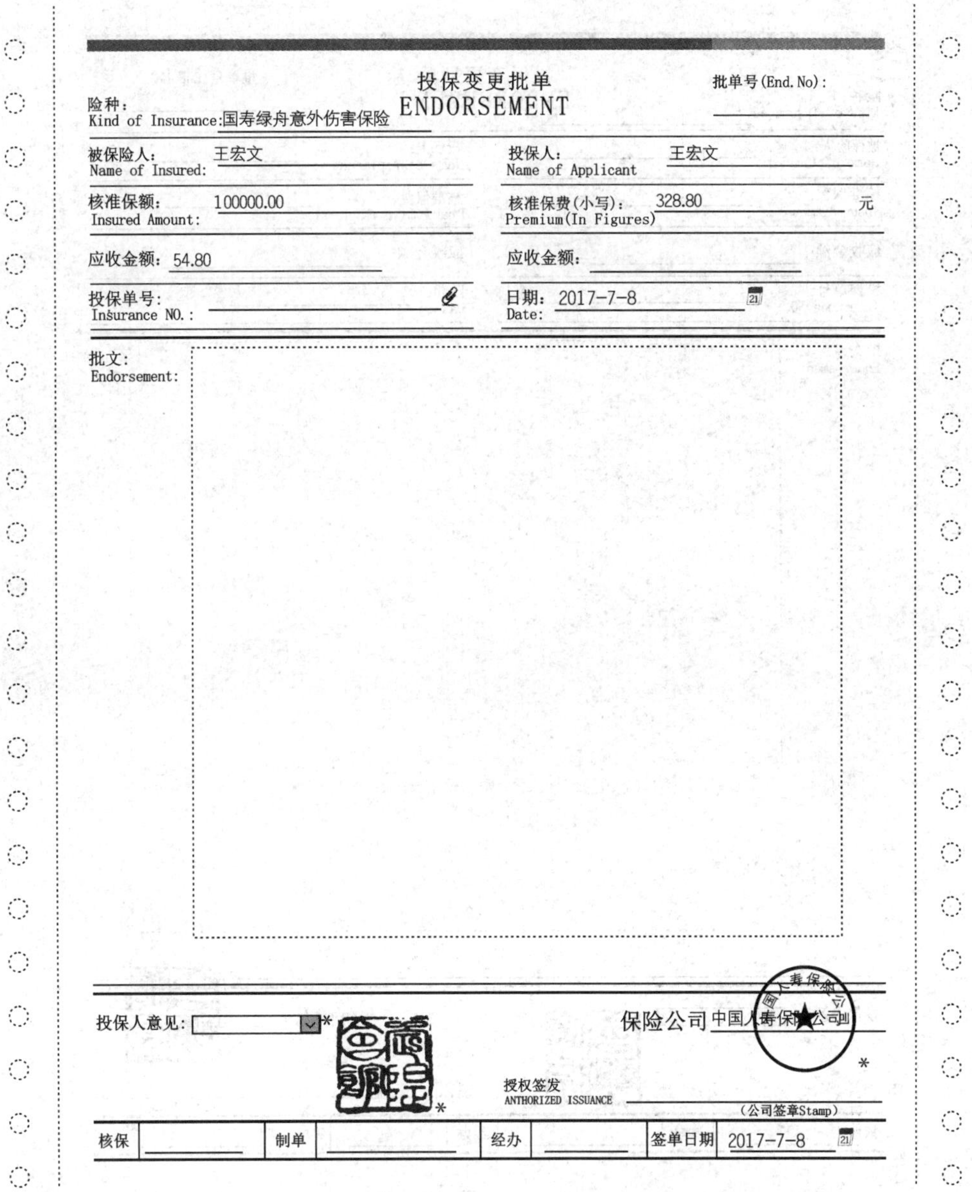

| | |
|---|---|
| 险种: Kind of Insurance:国寿绿舟意外伤害保险 | 投保变更批单 ENDORSEMENT 批单号(End.No): |
| 被保险人: 王宏文 Name of Insured: | 投保人: 王宏文 Name of Applicant |
| 核准保额: 100000.00 Insured Amount: | 核准保费(小写): 328.80 元 Premium(In Figures) |
| 应收金额: 54.80 | 应收金额: |
| 投保单号: Insurance NO.: | 日期: 2017-7-8 Date: |

批文:
Endorsement:

投保人意见:   保险公司 中国人寿保险公司
          授权签发
          ANTHORIZED ISSUANCE      (公司签章Stamp)
核保        制单        经办        签单日期 2017-7-8

附图 2-17  条件承保

## 十八、确认承保条件

确认承保条件,见附图 2-18。

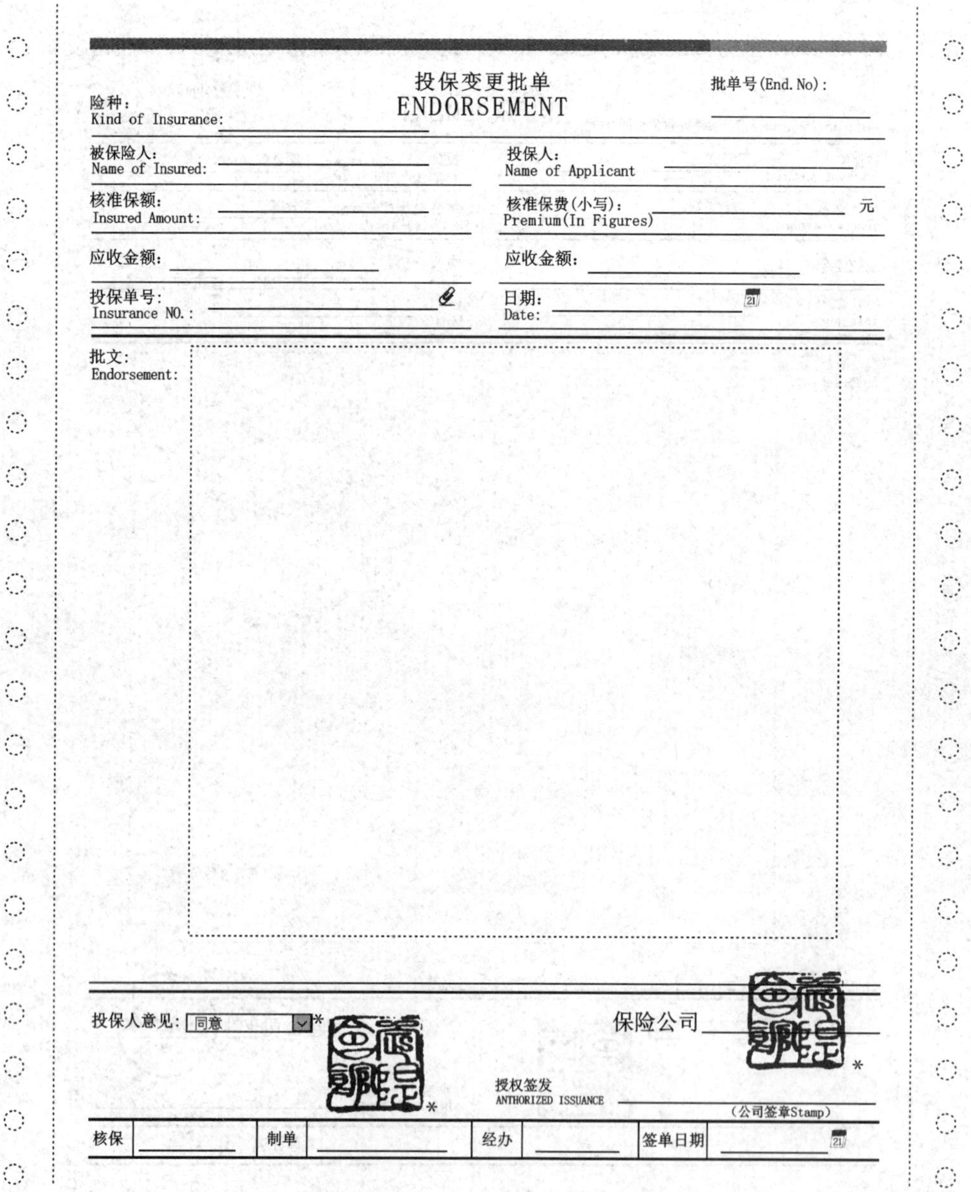

附图 2-18　确认承保条件

## 十九、现金支付

现金支付,见附图 2-19。

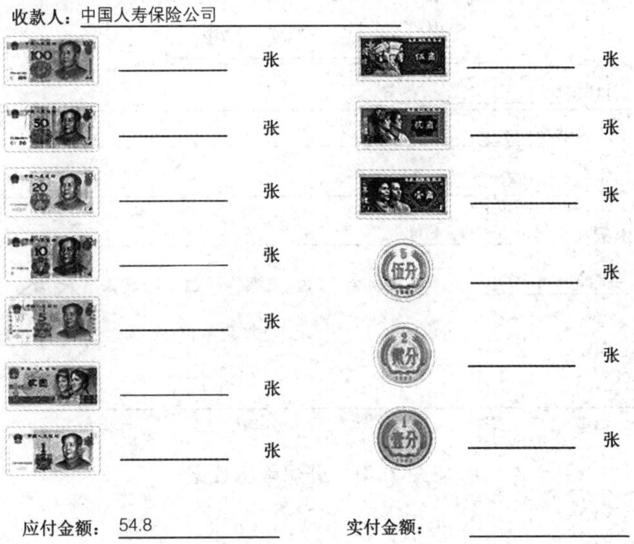

附图 2-19　现金支付

## 二十、确认收款

确认收款,见附图 2-20。

附图 2-20　确认收款

## 二十一、开保险费收据

开保险费收据,见附图 2-21。

**收 款 收 据**

日期：2017-7-8

今收到 王宏文

交来：条件承保加费

金额（大写）伍拾肆元捌角

¥ 54.80    ■现金  □支票  □银行转账

收款单位(盖章)

核准____ 会计____ 记账____ 出纳____ 经手人____

附图 2-21 开保险费收据

## 二十二、保险费收据确认

保险费收据确认,见附图 2-22。

附图 2-22 保险费收据确认

## 二十三、保险费单据留存

保险费单据留存，见附图 2-23。

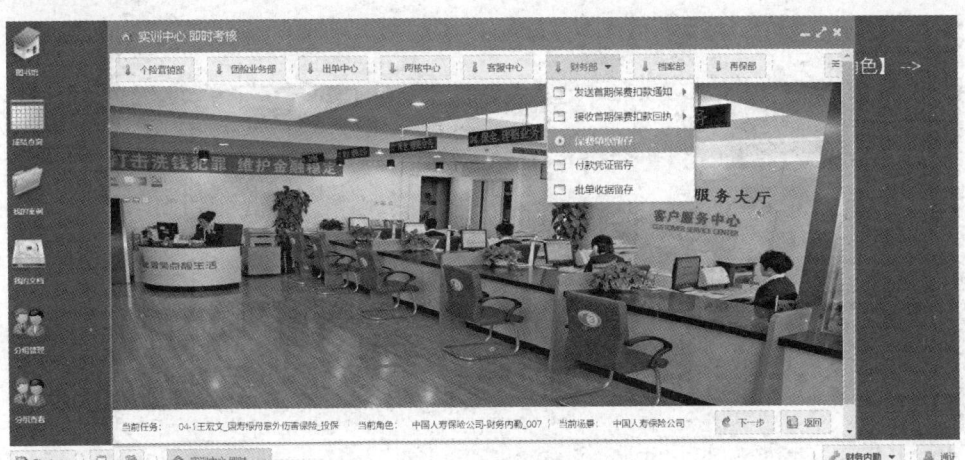

附图 2-23　保险费单据留存

## 二十四、保险单生效

保险单生效，见附图 2-24。

保险单号：　　国寿绿舟意外伤害保险　　保险单

投保单号：　　条款类型：主险 *

投保人：王宏文　　联系电话：13678987896

被保险人：王宏文 *　　身份证号：310322198605087886

受益人(若不填写则为法定)：　　被保险人签名：王宏文

保险金额：人民币（大写）拾万　（¥ 100000.00 *）

保险费：人民币（大写）叁佰贰拾捌元捌角　（¥ 328.80 *）

保险期间：○终身　◉定期（至 2018-7-8　或　岁）

特别约定：

明示告知

1、保险人已向投保人说明保险合同的条款内容，并就责任免除条款进行了明确说明，投保人已了解责任免除条款的真实含义和法律后果；
2、保险费未交清前，本保险合同不生效；
3、凡因公或因私短期出国或前往港、澳、台地区的个人，均可作为本保险的被保险人。

中国人寿保险公司　（签章）

下个应缴日：

代理单位：

经办人：　　签单日期：2017-7-8 *

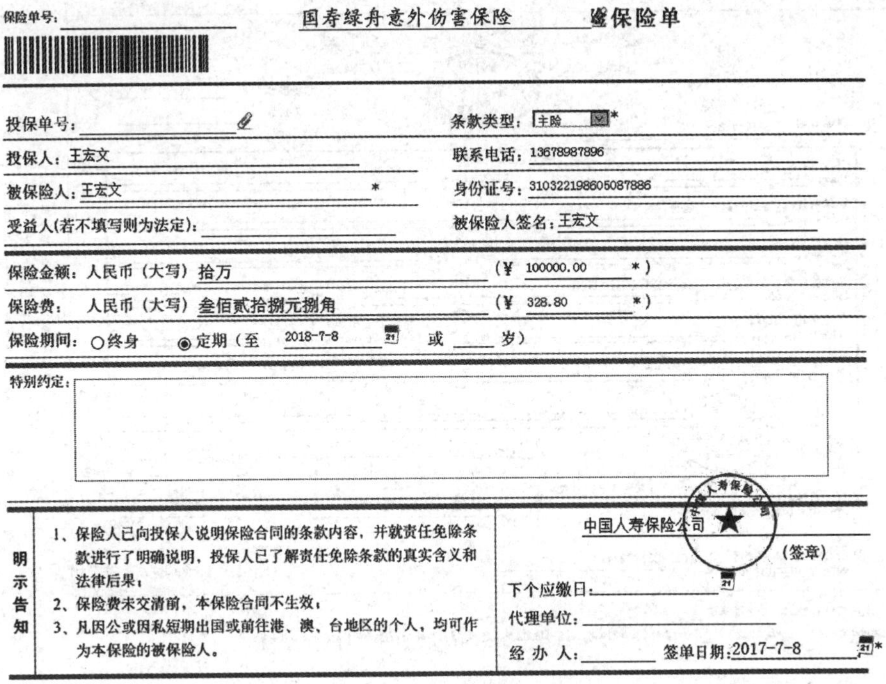

附图 2-24　保险单生效

## 二十五、出单

出单,见附图 2-25。

附图 2-25 出单

## 二十六、开具发票

开具发票,见附图 2-26。

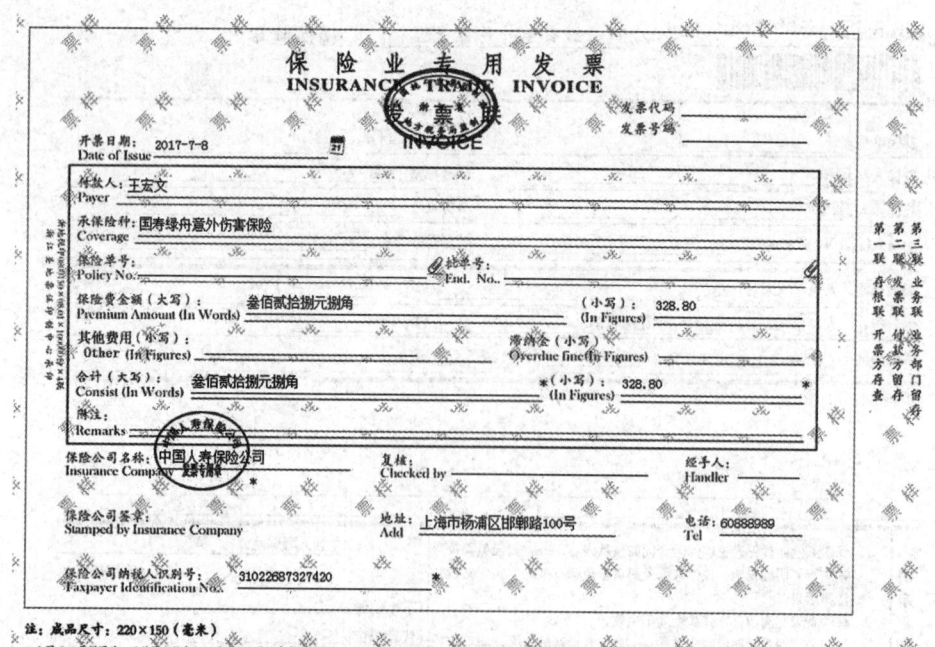

附图 2-26 开具发票

## 二十七、客户接收保险单

客户接收保险单,见附图 2-27。

附图 2-27　客户接收保险单

## 二十八、客户接收发票

客户接收发票,见附图 2-28。

附图 2-28　客户接收发票

## 二十九、提交档案

提交档案,见附图 2-29。

**承保相关单证清分表**

保险公司名称:中国人寿保险公司

| 单证名称 | 单证号 | 是否提交 | 是否归档 |
|---|---|---|---|
| 投保单 | | ☑ | ☐ |
| 电子投保单 | | ☑ | ☐ |
| 保费自动转账授权书 | | ☑ | ☐ |
| 收款凭证 | | ☑ | ☐ |
| 投保变更批单 | | ☑ | ☐ |
| 保险业专用发票 | | ☑ | ☐ |
| 保险单 | | ☑ | ☐ |

经办人:＿＿＿＿　　　　归档人:＿＿＿＿

附图 2-29　提交档案

## 三十、承保归档

承保归档,见附图 2-30。

**承保相关单证清分表**

保险公司名称:

| 单证名称 | 单证号 | 是否提交 | 是否归档 |
|---|---|---|---|
| 投保单 | | ☐ | ☑ |
| 电子投保单 | | ☐ | ☑ |
| 保费自动转账授权书 | | ☐ | ☑ |
| 收款凭证 | | ☐ | ☑ |
| 投保变更批单 | | ☐ | ☑ |
| 保险业专用发票 | | ☐ | ☑ |
| 保险单 | | ☐ | ☑ |

经办人:＿＿＿＿　　　　归档人:＿＿＿＿

附图 2-30　承保归档

# 附录3　张明明国寿康宁终身重大疾病保险承保流程操作手册

打开逸景人身保险实训系统，并用自己的登录名与密码登录。在桌面单击"实训中心 即时考核"图标，进入任务管理页面。在未开始任务中双击所要完成的任务图标，开启该任务。在进行中的任务中选定任务图标，点击右上角图标【查看任务进度】，查看任务的流程。查看任务进度后，可以了解到本任务需要完成的所有步骤，接下来，就可以按步骤开始操作了。

## 一、填写开户申请

填写开户申请，见附图3-1。

**个人结算帐户开户申请书**

| 客户必填 | 中文姓名 | 张明明 | | 拼音或英文姓名 | | * | |
|---|---|---|---|---|---|---|---|
| | 证件名称 | 身份证 | * | 证件号码 | 310033198408288792 | | * |
| | 发证机关 | 上海市公安局杨浦分局 | * | 证件有效期 | 2009.01.25—2029.01.25 | | * |
| | 国籍 | 中国 | * | 联系电话 | | * | |
| | 通讯地址 | 上海市杨浦区邯郸路5号 | * | 邮政编码 | 200433 | | * |
| 代理人 | 中文姓名 | | | 联系电话 | | | |
| | 证件名称 | | 证件号码 | | | | |
| | 代办理由 | | | | | | |
| 客户选填 | 民族 | | 性别 | 男□ 女□ | 婚姻状况 | 已婚□ 未婚□ | 第一联 开户行留存 |
| | 电子邮箱 | | 出生日期 | | 移动电话 | | |
| | 文化程度 | | 工作单位 | | 收入状况 | | |
| 银行工作人员填写 | 账号 | | | | | | |
| | 存款金额 | 100000.00 | | | | * | |
| | 是否寄送对账单：是□ 否□ | | 是否开通ATM自助转账：是□ 否□ | | | | |
| | 其他服务（另填写其他申请） | 电子银行□ 第三方存管□ | 短信服务□ 预存代缴□ | 代理基金□ | 代理保险□ | | |

本人（乙方）承诺所提供的开户资料真实、有效。如有伪造、欺诈，自愿承担法律责任。
如本人（乙方）申请开立个人结算帐户，已仔细阅读《中国工商银行　　个人结算帐户管理协议》，同意并遵守本协议，并确认机打记录正确无误。
如本人（乙方）申请领用中国工商银行任何银行卡，则自愿遵守《中国工商银行（借记卡）章程》及各项发卡规定。
客户签名：张明明
日期：2016-5-20

开户机构审核意见：
同意存款人开立个人结算账户和服务申请。
开户机构（签章）：（印章）
日期：

事后监督　　　经办　　　授权（复核）

附图3-1　填写开户申请

## 二、受理开户申请

受理开户申请,见附图 3-2。

### 个人结算帐户开户申请书

| 客户必填 | 中文姓名 | | * | 拼音或英文姓名 | | |
|---|---|---|---|---|---|---|
| | 证件名称 | | * | 证件号码 | | * |
| | 发证机关 | | * | 证件有效期 | | * |
| | 国籍 | | * | 联系电话 | | * |
| | 通讯地址 | | * | 邮政编码 | | * |
| 代理人 | 中文姓名 | | | 联系电话 | | |
| | 证件名称 | | | 证件号码 | | |
| | 代办理由 | | | | | |
| 客户选填 | 民族 | | 性别 | 男□ 女□ | 婚姻状况 | 已婚□ 未婚□ |
| | 电子邮箱 | | 出生日期 | | 移动电话 | |
| | 文化程度 | | 工作单位 | | 收入状况 | |
| 银行工作人员填写 | 账号 | | | | | |
| | 存款金额 | | | | | * |
| | 是否寄送对账单：是□ 否□ | | | 是否开通 ATM 自助转账：是□ 否□ | | |
| | 其他服务（另填写其他申请） | 电子银行□ 第三方存管□ | 短信服务□ 预代代缴□ | 代理基金□ | 代理保险□ | |

| 本人（乙方）承诺所提供的开户资料真实、有效。如有伪造、欺诈，自愿承担法律责任。<br><br>如本人（乙方）申请开立个人结算帐户，已仔细阅读《　　　　个人结算帐户管理协议》，同意并遵守本协议，并确认机打记录正确无误。<br><br>如本人（乙方）申请领用任何银行卡，则自愿遵守《　　　（借记卡）章程》及各项发卡规定。<br><br>客户签名：_____<br>日期： | 开户机构审核意见：<br><br>同意存款人开立个人结算账户和服务申请。<br><br>开户机构（签章）：<br><br>（中国工商银行 ★）*<br><br>日期：2016-5-20 |
|---|---|
| 事后监督　　　　　　经办 | 授权（复核） |

第一联 开户行留存

附图 3-2 受理开户申请

## 三、填写投保单

填写投保单,见附图 3-3。

# 人身保险个人投保单

| | | | | | | | | |
|---|---|---|---|---|---|---|---|---|
| 保险公司名称:中国人寿保险公司 | | | | | | 投保单号: | | |

<table>
<tr><td rowspan="8">投保人资料</td><td colspan="2">姓　名:张明明</td><td colspan="2">*有效证件类型:</td><td colspan="4">☑身份证 □军人证 □护照 □其他</td></tr>
<tr><td colspan="2">证件号码:310033198408288792</td><td colspan="2">*出生日期:1984-8-28</td><td colspan="2">周岁:32</td><td></td><td></td></tr>
<tr><td colspan="2">性　别:男</td><td colspan="2">婚姻状况:</td><td colspan="2">☑已婚 □未婚 □离婚 □丧偶 □其他</td><td colspan="2">与被保险人关系:本人</td></tr>
<tr><td colspan="2">住　址:上海市杨浦区邯郸路5号</td><td colspan="2">*邮编:200433</td><td colspan="4">电话:13698976591</td></tr>
<tr><td colspan="2">收费地址:上海市杨浦区邯郸路5号</td><td colspan="2">邮编:200433</td><td colspan="4">电话:13698976591</td></tr>
<tr><td colspan="2">工作单位:上海复明有限公司</td><td colspan="4"></td><td colspan="2">电话:60876767</td></tr>
<tr><td colspan="2">职业(工种):工厂、企业部门经</td><td colspan="2">兼职:</td><td colspan="2">职业代码:000202</td><td colspan="2">类别:00一般职业</td></tr>
</table>

<table>
<tr><td rowspan="7">被保险人资料</td><td colspan="2">姓　名:张明明</td><td colspan="2">有效证件类型:</td><td colspan="4">☑身份证 □军人证 □护照 □其他</td></tr>
<tr><td colspan="2">证件号码:310033198408288792</td><td colspan="2">出生日期:1984-8-28</td><td colspan="4">周岁:32</td></tr>
<tr><td colspan="2">性　别:男</td><td colspan="2">婚姻状况:</td><td colspan="4">☑已婚 □未婚 □离婚 □丧偶 □其他</td></tr>
<tr><td colspan="2">住　址:上海市杨浦区邯郸路5号</td><td colspan="2">邮编:200433</td><td colspan="4">电话:13698976591</td></tr>
<tr><td colspan="2">收费地址:上海市杨浦区邯郸路5号</td><td colspan="2">邮编:200433</td><td colspan="4">电话:13698976591</td></tr>
<tr><td colspan="2">工作单位:上海复明有限公司</td><td colspan="4"></td><td colspan="2">电话:60876767</td></tr>
<tr><td colspan="2">职业(工种):工厂、企业部门</td><td colspan="2">兼职:</td><td colspan="2">职业代码:000202</td><td colspan="2">类别:00一般职业</td></tr>
</table>

| 家庭保单请填写 | 配偶姓名 | | 性别 | | 出生日期 | |
|---|---|---|---|---|---|---|
| | 子女姓名 | | 性别 | | 出生日期 | |
| | 子女姓名 | | 性别 | | 出生日期 | |
| | 子女姓名 | | 性别 | | 出生日期 | |

| 受益人资料 | 姓名 | 出生日期 | 证件号码 | 证件类型 | 与被保险关系 | 比例 |
|---|---|---|---|---|---|---|
| | 张明明 | 1984-8-28 | 310033198408288792 | 身份证 | 本人 | |
| | | | | | | |
| | | | | | | |

除另指定分配方式外,本保单之利益由相对应的所有受益人平均分配。附加家庭保单时,被保险人之配偶及子女身故受益人为被保险人本人。

附图 3-3(1)　填写投保单(第 1 页)

| | | | | | |
|---|---|---|---|---|---|
| 投保事项 | **交别：** ◉年交 ○半年交 ○季交 ○月交 ○趸交 | | | | |
| | **保费交付方式：** ◉自动转帐 ○现金 ○转账支票 | | | | |
| | **开户银行：** 中国工商银行 **开户名：** 张明明 **帐号：** | | | | |
| | **利差返还方式**(本项仅适用于“利差返还”型险种)：<br>○抵交保费 ○储存生息 (本栏如未选择，本公司按“储存生息”方式处理) | | | | |
| | **保险期限：** ◉终身 ○定期(至 ____ 或 ____ 岁) **交费期：** 10 年 **约定领取年龄：** ____ 周岁 | | | | |
| | 主险 | **投保项目** | **保险金额(元)** | **标准保费(元)** | **额外/追加保费** |
| | | 国寿康宁终身重大疾病保险 | 500000.00 | 28500 | |
| | | | | | |
| | 附加险 | **投保项目** | **保险金额(元)** | **标准保费(元)** | **额外/追加保费** |
| | | | | | |
| | | | | | |
| | | | | | |
| | | | | | |
| | | | | | |
| | | | | | |
| | 保额合计：(大写) 伍拾万 * | | | ￥ 500000.00 * | |
| | 保费合计：(大写) 贰万捌仟伍佰元 * | | | ￥ 28500 * | |

业务员姓名：____ 业务员电话：____ 业务员代码：____

险　别：____ * 营　业　部：____ 暂收收据号：____

| |
|---|
| **特别约定：** |

| | |
|---|---|
| 投保声明栏 | 本人对投保须知及所投保险种的条款，特别是保险人责任免除条款均已了解并同意遵守。如有告知不实，保险人有权解除保险合同，对于合同解除前发生的保险事故，保险人不承担保险责任。<br>投保人签章：[张明印明] * 监护人签章： 被保险人签章：[张明印明]<br>日期：2017-6-21 日期： 日期：2017-6-21 |

附图 3-3(2) 填写投保单(第 2 页)

## 健康告知(如保险条款中涉及投保人保费豁免事项,投保人栏必须填写)

| 投保人 | 被保险人 | 询问事项(若有则勾选,若无则不勾选) |
|---|---|---|
| 有 无 | 有 无 | |
| ☐ ☐ | ☐ ☐ | 1. 近期体况:<br>最近6个月内是否有新发的或以往既有的任何身体不适症状或体征?如反复持续头痛、眩晕、胸痛、咯血、气喘、腹痛、便血、紫斑、消瘦(体重短期内下降超过5公斤)、视力下降。 |
| ☐ ☐ | ☐ ☐ | 2. 近期诊治:<br>最近6个月内是否接受过医师的诊察、治疗、用药,对其结果医师是否提出检查、治疗、住院或手术建议? |
| ☐ ☐ | ☐ ☐ | 3. 2年内健康检查:<br>过去2年内接受的健康检查(如血压、尿液、血液、肝功能、肾功能、心电图、X光、B超、CT、核磁共振、脑部等)检查结果有无异常情形或被医师建议接受其他检查? |
| ☐ ☐ | ☐ ☐ | 4. 住院史:过去5年内曾否住院? |
| ☐ ☐ | ☐ ☐ | 5. 过去曾否患有下列疾病?<br>霍乱、肺结核、骨髓灰质炎、肝炎病毒携带、癌症、肿瘤、何杰金氏病、囊肿、结石;甲状腺疾病、糖尿病、甲状旁腺疾病、肾上腺疾病、神经官能性疾患、儿童多动症;脑膜炎、脑炎、脊髓炎、神经麻痹、瘫痪、脑部疾病、脊髓疾病、白内障、青光眼、视网膜或视神经病变;风湿热、风湿性心脏病、高血压病、继发性高血压、冠心病、心肌炎、传导阻滞、心律失常、心肌病、心脏病、脑中风、血管疾病、下肢静脉曲张、肺炎、支气管炎、气胸、哮喘、支气管扩张、肺大泡、胸膜炎、气喘;慢性胃炎、肠炎、消化道溃疡或出血、疝、肠梗阻、肝炎、脂肪肝、肝肿大、肝硬化、肝功异常、胆石症、胰腺疾病;肾炎、肾病、肾衰竭、肾盂积水、多囊肾、性病、红斑狼疮、脊椎病、类风湿性关节炎、风湿病、肌肉、骨骼、关节疾病;结缔组织疾病;自体免疫性疾病;先天性疾病、遗传性疾病;脑外伤后综合症、内脏损伤、中暑。 |
| ☐ ☐ | ☐ ☐ | 6. 身体残障情况:<br>有无智能障碍;有无失明、聋哑、跛行或小儿麻痹后遗症;有无语言、咀嚼、视力、听力、嗅觉、四肢及中枢神经系统机能障碍;有无脊柱、胸廓、四肢、五官、手指、足趾缺损或畸形? |
| ☐ ☐ | ☐ ☐ | 7. 您或您的配偶是否曾接受验血而得知为艾滋病毒阳性反应? |
| ☐ ☐ | ☐ ☐ | 8. 妇女栏(女性请填写):<br>① 目前是否怀孕,若有,怀孕_____周?<br>② 目前是否有乳房肿块、疼痛、血性溢乳等不适感觉及异常发现?<br>③ 目前是否有阴道不规则流血、白带异常、下腹痛等不适感觉及异常发现?<br>④ 过去曾否患乳房、子宫、子宫内膜移位、卵巢等的疾病而接受医师的诊察、治疗、用药和住院手术?<br>⑤ 过去曾否因异常妊娠、分娩而住院治疗或手术(包括剖腹生产)? |
| ☐ ☐ | ☐ ☐ | 9. 少儿栏(2周岁以下填写):<br>① 出生时体重_____千克,有无难产、窒息、先天性疾病或畸形?<br>② 有无体重不增或增长缓慢?有无肺炎、抽搐、腹泻等疾病? |
| ☐ ☐ | ☐ ☐ | 10. 不良嗜好及过敏史:<br>过去有无使用镇静安眠剂、迷幻药及其他违禁药物或吸食有机溶剂、毒品、或有酒精中毒、药物中毒?有无对某物过敏的历史? |
| ☐ ☐ | ☐ ☐ | 11. 有无职业病,如尘肺、慢性铅中毒等? |
| ☐ ☐ | ☐ ☐ | 12. 有无参加飞行、潜水、拳击、赛车等危险运动或嗜好? |
| ☐ ☐ | ☐ ☐ | 13. 被保险人有无吸烟习惯?每天__支,约有_年历史。 |
| ☐ ☐ | ☐ ☐ | 14. 被保险人有无饮酒习惯?(若有,请在说明栏内说明酒的品种、酒精度数、每周饮酒数量及历史?) |
| ☐ ☐ | ☐ ☐ | 15. 被保险人有无机动车驾驶执照? |
| ☐ ☐ | ☐ ☐ | 16. 家族史:<br>被保险人的双亲、子女、兄弟姐妹是否患有心脏病、中风、高血压、肾脏疾病、癌症、血友病、糖尿病、甲状腺疾病、高脂血症、风湿性疾病、精神病患、肺结核、哮喘、病毒性肝炎、性病、艾滋病等遗传性疾病? |
| ☐ ☐ | ☐ ☐ | 17. 家庭栏:被保险人配偶及子女是否有以上1~12项情况?(附加家庭保单时,请告知) |

身高体重栏:被保险人身高_170_厘米,体重_60_千克。

## 财务及其他告知

| | | |
|---|---|---|
| ☐ | ☐ | 18. 有无负债? |
| | | 19. 每年固定收入约(单位:万元):投保人_12.00_ 被保险人_12.00_ |
| | | 20. 主要收入来源:(请填写:工薪、个体、私营、房屋出租、证券投资、银行利息,其他请说明)投保人_工薪_ 被保险人_工薪_ |
| ☐ | ☐ | 21. 目前是否有人身保险单或已在申请本保险以外的人身保险? |
| ☐ | ☐ | 22. 过去两年内是否曾被保险公司解除合同或申请人身保险而未被承保、延期或附加条件承保 |
| ☐ | ☐ | 23. 过去有无人身保险金的索赔? |

附图 3-3(3)  填写投保单(第3页)

## 四、填写业务员报告书

投保单位复核无误后,填写业务员报告书,见附图 3-4。

| 说明栏 | 关于健康、财务及其各项告知,若答复"有"或"是"时,请注明序号及对象(投保人或被保险人),并在说明栏中详细说明。如有诊治,请告知原因、日期、医院名称及诊治结果;如有负债请告知债务情况。对本投保书及告知内容,本公司承担保密义务。 ||||
|---|---|---|---|---|
| | 序号 | 说明对象 | 说 明 内 容 ||
| | | | ||
| | | | ||
| | | | ||

**(公司内部作业栏,客户无须填写)**

| 业务员报告书 | 1.投保人或被保险人有无身体缺陷或其他疾病?　☐有 ☒无 (不涉及投保人保费豁免的,只回答被保险人)若"有"请说明: |
|---|---|
| | 2.投保人、被保险人是否有危险嗜好或从事危险活动? ☐有 ☒无 若"有"请说明: |
| | 3.您估计投保人的年收入约为 12.00 万元,来源: 工薪 |
| | 4.投保人的家庭财产约 500.00 万元。 |
| | **业务员声明** 所投保险种的条款、投保单各栏及询问事项确经本人如实向投保人说明,由投保人、被保险人亲自告知并签章。如有不实之报告,本人愿负法律责任。 营业部经理签名:　　　　业务员代码:　　　　业务员签名:　　* |

附图 3-4　填写业务员报告书

## 五、填写首期保险费转账授权

填写首期保险费转账授权,具体文件见附图 3-5 和附图 3-6。

**自动转账（申请、取消、变更）协议书**

| 客户基本信息 | | | |
|---|---|---|---|
| 投保人姓名 | 张明明 | 身份证号码 | 310033198408288792 |
| 手机号码 | 13698976591 | E-Mail | zmm@qq.com |
| 家庭地址（邮编） | 上海市杨浦区邯郸路5号 | | |
| 单位地址（邮编） | 上海复明有限公司 | | |

投保单　　　　　　　　　　　　　　　　☑收费账号　　☑付费账号
保单号码

| 收费账户内容 | | | | |
|---|---|---|---|---|
| 账户所有人姓名（投保人） | 张明明 | | | |
| 协议银行名称 | 中国工商银行 | 协议账户类别 | ☐活期存折 | ☐借记卡 |
| 协议账户号码 | | | | |

注：如您的付费账户欲与收费账户保持一致，请在下面的☐中打✓。

♣ 同意付费账户内容一并予以变更：　☐是　　☐否

| 付费账户内容 | | | | |
|---|---|---|---|---|
| 账户所有人姓名 | 张明明 | | | |
| 协议银行名称 | 中国工商银行 | 协议账户类别 | ☐活期存折 | ☐借记卡 |
| 协议账户号码 | | | | |

申请人签章：[张明明印]　　　　　　　申请日期：2017-06-21

附图 3-5　填写自动转账协议书

## 委托银行实行保险费自动转账付款协议书

甲方(投保人): 张明明_____
乙方(保险人): 中国人寿保险公司_____

为提高保险费缴纳的安全性和时效性,维护双方的共同利益,现双方就委托银行以转账方式扣划有关款项一事达成如下协议:

一、甲方同意授权乙方从甲方的协议银行账户内扣取与乙方签订的保险合同中所约定的首期、续期各期到期保险费,及受理变更、理赔等应收补费项目。
二、甲方同意乙方为每期续期保险费入乙方账后寄发续期缴费银行转账成功通知单。
三、甲方因协议银行自动转账金额与应缴费金额不符或对保险费计算有异议时,应自行向乙方洽询。
四、甲方同意如账户内无足够资金余额支付保险费时,协议银行有权决定不予转账。
五、甲方应于公司规定的各期费用缴费期内,将足够的保险费存于自动转账付款账户内。
六、甲方欲终止使用续期自动转账付款账户时,应于当期保险费应缴日一个月前递交终止申请于乙方,同时告知新的自动转账账户,由乙方再转告授权银行,如未指定新的缴费账户时,投保人仍负有以其他方式缴付保险费的义务。
七、甲方同意每期保险费转账后,在账户中存有银行规定的最低存款额,否则该账户被银行注销,则本协议自动终止,投保人仍负有以其他方式缴付保险费的义务。
八、当该账户用于转账交付多份保险合同的首期、续期及其他应缴保险费时,本人同意按乙方规定的转账顺序转账。
九、本协议书将持续有效直至出现以下情况之一时终止效力:
1)投保人书面申请终止协议　　2)协议账户终止　　3)保险合同效力终止
十、目前乙方协议银行为工商银行北京市分行、招商银行北京市分行。
注：若协办为工商银行,甲方授权银行接收乙方电子银行指令指定的金额从指定账户扣划,无需每次划款前征求甲方意见,银行对甲方与乙方之间就应缴费金额产生的纠纷不承担任何责任。

## 委托银行实行保险费自动转账收款协议书

甲方(账户所有人): 张明明_____
乙方(保险人): 中国人寿保险公司_____

为提高保险费缴纳的安全性和时效性,维护双方的共同利益,现双方就委托银行以转账方式扣划有关款项一事达成如下协议:

一、甲方同意授权乙方向甲方的协议银行账户内支付与乙方签订的保险合同中所约定的各期到期领取金(受益人为投保人时)、分红、受理变更、理赔等项目产生的付费。
二、各项领取、变更事项必须按照公司的相关规定办理完手续后,乙方可通过已申请生效的收款账号进行支付。
三、收款账号若推迟使用,须到公司申请,否则自动处理给付项目将按提供的账户自动处理(如分红等)。
四、本协议书效力终止同《委托银行实行保险费自动转账付款协议书》第九条。

账户所有人声明:本人已全部了解以上协议内容并确认账户真实有效。
账户所有人签章:　　　　　*　　　授权日期：　　　　　　(21)
注:1、账户所有人(投保人)签章、身份证编号必须与银行账户所载持卡人信息一致。

特别说明:通过指定银行转账账户收款时,该账户必须是投保人。涉及付款时,为对应权益人的账户(如撤保、退保、退费、红利领取、合同内容变更的付费权益人为投保人,保险金领取的权益人为保险合同指定的受益人)。

附图 3-6　填写自动转账付款协议书

## 六、出单中心接收投保单

出单中心接收投保单,见附图 3-7。

附图 3-7　出单中心接收投保单

## 七、接收首期保险费转账授权

接收首期保险费转账授权见附图3-8。

### 委托银行实行保险费自动转账付款协议书

甲方(投保人)：_____
乙方(保险人)：中国人寿保险公司_____

  为提高保险费缴纳的安全性和时效性，维护双方的共同利益，现双方就委托银行以转账方式扣划有关款项一事达成如下协议：

  一、甲方同意授权乙方从甲方的协议银行账户内扣取与乙方签订的保险合同中所约定的首期、续期各期到期保险费，及受理变更、理赔等应收补费项目。

  二、甲方同意乙方于每期续期保险费入乙方账后寄发续费缴费银行转账成功通知单。

  三、甲方因协议银行自动转账金额与应缴费金额不符或对保险费计算有异议时，应自行向乙方洽询。

  四、甲方同意如账户内无足够资金余额支付保险费时，协议银行有权决定不予转账。

  五、甲方应于公司规定的各期费用缴费期内，将足够的保险费存于自动转账付款账户内。

  六、甲方欲终止使用续期自动转账付款账户时，应于当期保险费应缴日一个月前递交终止申请于乙方，同时告知新的自动转账账户，由乙方再转告授权银行，如未指定新的缴费账户时，投保人仍负有以其他方式缴付保险费的义务。

  七、甲方同意每期保险费转账后，在账户中存有银行规定的最低存款额，否则该账户被银行注销，则本协议自动终止，投保人仍负有以其他方式缴付保险费的义务。

  八、当该账户用于转账交付多份保险合同的首期、续期及其他应缴保险费时，本人同意按乙方规定的转账顺序转账。

  九、本协议书将持续有效直至出现以下情况之一时终止效力：

  1) 投保人书面申请终止协议　　2) 协议账户终止　　3) 保险合同效力终止

  十、目前乙方协议银行为工商银行北京市分行、招商银行北京市分行。

  注：若协办行为工商银行，甲方授权银行接收乙方电子银行指令指定的金额从指定账户扣划，无需每次划款前征求甲方意见，银行对甲方与乙方之间就应缴费金额产生的纠纷不承担任何责任。

### 委托银行实行保险费自动转账收款协议书

甲方(账户所有人)：_____
乙方(保险人)：　中国人寿保险公司_____

  为提高保险费缴纳的安全性和时效性，维护双方的共同利益，现双方就委托银行以转账方式扣划有关款项一事达成如下协议：

  一、甲方同意授权乙方向甲方的协议银行账户内支付与乙方签订的保险合同中所约定的各期到期领取金(受益人为投保人时)、分红、受理变更、理赔等项目产生的付费。

  二、各项领取、变更事项必须按照公司的相关规定办理完手续后，乙方可通过已申请生效的收款账号进行支付。

  三、收款账号若推迟使用，须到公司申请，否则自动处理给付项目将按提供的账户自动处理(如分红等)。

  四、本协议书效力终止同《委托银行实行保险费自动转账付款协议书》第九条。

账户所有人声明：本人已仔细阅读以上协议内容并确认账户真实有效。
账户所有人签章：　　　　　　　　*　授权日期：_____

注：1、账户所有人(投保人)签章、身份证编号必须与银行账户所载持卡人信息一致。

特别说明：通过指定银行转账账户收款时，该账户必须是投保人。涉及付款时，为对应权益人的账户(如撤保、退保、退费、红利领取、合同内容变更的付费权益人为投保人，保险金领取的权益人为保险合同指定的受益人)。

附图3-8　接收首期保险费转账授权

## 八、发送首期保险费扣款通知

发送首期保险费扣款通知,见附图 3-9。

### 首期保险费扣款通知单

付款方信息:

| 投保人 | 张明明 | 投保单号 | |
|---|---|---|---|
| 保险金额 | 500000.00 | 保险费 | 28500 |
| 缴费银行 | 中国工商银行 | 缴费账户 | |
| 账户余额 | | 扣款状态 | |

收款方信息:

| 收款方户名 | 中国人寿保险公司 | 收款方账户 | |
|---|---|---|---|
| 收款银行 | 中国工商银行 | | |

银行经办人:_____    保险公司签章
扣款日期:_____    经办人签字:_____

附图 3-9　发送首期保险费扣款通知

## 九、银行扣款

银行扣款,见附图 3-10。

### 首期保险费扣款通知单

付款方信息:

| 投保人 | | 投保单号 | |
|---|---|---|---|
| 保险金额 | | 保险费 | |
| 缴费银行 | | 缴费账户 | |
| 账户余额 | | 扣款状态 | 扣款成功 |

收款方信息:

| 收款方户名 | | 收款方账户 | |
|---|---|---|---|
| 收款银行 | | | |

银行经办人:_____ 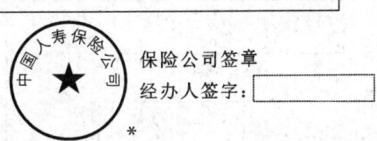   保险公司签章
扣款日期:2017/6/21    经办人签字:_____

附图 3-10　银行扣款

## 十、通知首期保险费扣款成功

通知首期保险费扣款成功,见附图 3-11。

**保险费扣款专用回执**

日期:2017-06-21

| 收款人 | 保险人名称 | 中国人寿保险公司 | 付款人 | 投保人名称 | 张明明 * |
| --- | --- | --- | --- | --- | --- |
| | 开户行 | 中国工商银行 | | 开户行 | 中国工商银行 |
| | 账　号 | | | 账　号 | |
| 金　额 | （大写）贰万捌仟伍佰元 | | * | （小写）28500 | |
| 备　注 | | | 银行盖章 | | |
| 投保单号:_____ 保险单号:_____ | | | （中国工商银行 ★） | | |
| 交易柜员:_____ | | | | | |

附图 3-11　通知首期保险费扣款成功

## 十一、查看扣款成功通知

查看扣款成功通知,见附图 3-12。

附图 3-12　查看扣款成功通知

附录 3　张明明国寿康宁终身重大疾病保险承保流程操作手册

## 十二、接收首期保险费扣款回执

接收首期保险费扣款回执，见附图 3-13。

附图 3-13　接收首期保险费扣款回执

## 十三、录单

录单，见附图 3-14。

附图 3-14(1)　录单(第 1 页)

## 投保项目

| 交别： | ☑年交 | □半年交 | □季交 | □月交 | □趸交 |
|---|---|---|---|---|---|

保费交付方式：☑自动转帐：_____ □现金 □转账支票

开户银行：中国工商银行_____ 帐号：_____

利差返还方式(本项仅适用于"利差返还"型险种)：
　　□抵交保费　　□储存生息　　(本栏如未选择，本公司按"储存生息"方式处理)

保险期限：☑终身 □定期(至 ____ 或 ____岁) 交费期：10 年 约定领取年龄：____周岁

### 主险

| 投保项目 | 保险金额(元) | 标准保费(元) | 额外/追加保费(元) |
|---|---|---|---|
| 国寿康宁终身重大疾病保险 | 500000.00 | 28500 | |
| | | | |

### 附加险

| 投保项目 | 保险金额(元) | 保险费(元) | 额外/追加保费(元) |
|---|---|---|---|
| | | | |
| | | | |
| | | | |
| | | | |
| | | | |
| | | | |

保额合计：(大写) 伍拾万　　　　　　　　　　　*￥500000.00 *元

保费合计：(大写) 贰万捌仟伍佰元　　　　　　*￥28500 *元

业务员姓名：_____ 业务员电话：_____ 业务员代码：_____

险　别：健康保险_____ 营　业　部：_____ 暂收收据号：_____

特别约定：_____

## 核保意见栏

### 待核保的保险项目

| 投保项目 | 优选等级 | 核准保额 | 核准保费 | 核保类型 |
|---|---|---|---|---|
| 国寿康宁终身重大疾病保险 | | | | *|
| | | | | |
| | | | | |
| | | | | |
| | | | | |

总核准保费 大写：_____ * 小写：_____ *

核保员签章：[印章] 日期：_____

核保审核员：_____ * 核保审核意见：_____ *

录单员：_____ * 是否退单：否

录单复核员：_____ * 录单复核意见：_____

保险公司：中国人寿保险公司_____

附图 3-14(2)　录单(第 2 页)

**健康告知**(如保险条款中涉及投保人保费豁免事项,投保人栏必须填写)

| 投保人 有 无 | 被保险人 有 无 | 询问事项(若有则勾选,若无则不勾选) |
|---|---|---|
| ☐ | ☐ | 1. 近期体况:<br>最近6个月内是否有新发的或以往既有的任何身体不适症状或体征?如反复持续头痛、眩晕、胸痛、咯血、气喘、腹痛、便血、紫斑、消瘦(体重短期内下降超过5公斤)、视力下降。 |
| ☐ | ☐ | 2. 近期诊治:<br>最近6个月内是否接受过医师的诊察、治疗、用药,对其结果医师是否提出检查、治疗、住院或手术建议? |
| ☐ | ☐ | 3. 2年内健康检查:<br>过去2年内接受的健康检查(如血压、尿液、血液、肝功能、肾功能、心电图、X光、B超、CT、核磁共振、脑部等)检查结果有无异常情形或被医师建议接受其他检查? |
| ☐ | ☐ | 4. 住院史:过去5年内曾否住院? |
| ☐ | ☐ | 5. 过去曾否患有下列疾病?<br>霍乱、肺结核、脊髓灰质炎、肝炎病毒携带;癌症、肿瘤、何杰金氏病、囊肿、结石;甲状腺疾病、糖尿病、甲状旁腺疾病、肾上腺疾病、高血压症、痛风、贫血、血友病、紫癜、脾脏病;精神疾患、抑郁症、神经官能性疾患、儿童多动症、脑膜炎、脑炎、脊髓炎、神经麻痹、癫痫、脑部疾病、脊髓疾病、白内障、青光眼、视网膜或视神经病变;风湿热、风湿性心脏病、高血压病、继发性高血压、冠心病、肺心病、心肌炎、传导阻滞、心律失常、心脏病、脑中风、血管疾病、下肢静脉曲张;肺炎、支气管炎、肺气肿、哮喘、支气管扩张、肺大泡、胸膜炎、气胸;慢性胃炎、肠炎、消化道溃疡或出血、疝、肠梗阻、肝炎、脂肪肝、肝大、肝硬化、肝功异常、胆石症、胰腺疾病;肾炎、肾病、肾衰竭、肾盂积水、多囊肾、性病;红斑狼疮、脊椎疾病、类风湿性关节炎、风湿病、肌肉、骨骼、关节疾病;结缔组织疾病;自体免疫性疾病;先天性疾病、遗传性疾病;脑外伤后综合症、内脏损伤、中毒。 |
| ☐ | ☐ | 6. 有身体残障情况:<br>有无智能障碍;有无失明、聋哑、跛行或小儿麻痹后遗症;有无语言、咀嚼、视力、听力、嗅觉、四肢及中枢神经系统机能障碍;有无脊柱、胸廓、四肢、五官、手指、足趾缺损或畸形? |
| ☐ | ☐ | 7. 您或您的配偶是否曾接受验血而得知为艾滋病毒阳性反应? |
| ☐ | ☐ | 8. 妇女栏(女性请填写):<br>① 目前是否怀孕,若有,怀孕_____周?<br>② 目前是否有乳房肿块、疼痛、血性溢乳等不适感觉及异常发现?<br>③ 目前是否有阴道不规则流血、白带异常、下腹痛等不适感觉及异常发现?<br>④ 过去曾否患乳房、子宫、子宫内膜移位、卵巢等的疾病而接受医师的诊察、治疗、用药和住院手术?<br>⑤ 过去曾否因异常妊娠、分娩而住院治疗或手术(包括剖腹生产)? |
| ☐ | ☐ | 9. 少儿栏(2周岁以下填写)<br>① 出生时体重_____千克,有无难产、窒息、先天性疾病或畸形?<br>② 有无体重不增或增长缓慢?有无肺炎、抽搐、腹泻等疾病? |
| ☐ | ☐ | 10. 不良嗜好及过敏史:<br>过去有无使用镇静安眠剂、迷幻药及其他违禁药物或吸食有机溶剂、毒品、或有酒精中毒、药物中毒?有无对某物过敏的历史? |
| ☐ | ☐ | 11. 有无职业病,如尘肺、慢性铅中毒等? |
| ☐ | ☐ | 12. 有无参加飞行、潜水、拳击、赛车等危险运动或嗜好? |
| ☐ | ☐ | 13. 被保险人有无吸烟习惯?每天__支,约有__年历史。 |
| ☐ | ☐ | 14. 被保险人有无饮酒习惯?(若有,请在说明栏中说明酒的品种、酒精度数、每周饮酒数量及历史?) |
| ☐ | ☐ | 15. 被保险人有无机动车驾驶执照? |
| ☐ | ☐ | 16. 家族史:<br>被保险人的双亲、子女、兄弟姐妹是否患有心脏病、中风、高血压、肾脏疾病、癌症、血友病、糖尿病、甲状腺疾病、高脂血症、风湿性疾病、精神疾患、肺结核、哮喘、病毒性肝炎、性病、艾滋病等遗传性疾病。 |
| ☐ | ☐ | 17. 家庭栏:被保险人配偶及子女是否有以上1~12项情况?(附加家庭保单时,请告知) |

身高体重栏:被保险人身高 __175__ 厘米,体重 __60__ 千克。

## 财务及其他告知

| | | |
|---|---|---|
| ☐ | ☐ | 18. 有无负债? |
| | | 19. 每年固定收入约(单位:万元):投保人:__12.00__ 被保险人:__12.00__ |
| | | 20. 主要收入来源(请填写:工薪、个体、私营、房屋出租、证券投资、银行利息,其他请说明)投保人:__工薪__ 被保险人:__工薪__ |
| ☐ | ☐ | 21. 目前是否有人身保险单或已在申请本保险以外的人身保险? |
| ☐ | ☐ | 22. 过去两年内是否曾被保险公司解除合同或申请人身保险而未被承保、延期或附加条件承保? |
| ☐ | ☐ | 23. 过去有无人身保险金的索赔? |

## 十四、录单复核

录单完成后对个人投保信息进行复核。

## 十五、电脑核保

电脑核保,见附图3-15。

附图 3-15　电脑核保

## 十六、人工核保

人工核保，见附图 3-16。

**投保项目**

| 交别： | □年交 | □半年交 | □季交 | □月交 | □趸交 |

保费交付方式：□自动转帐：_____ □现金 □转账支票

开户银行：_____ 帐号：_____

利差返还方式(本项仅适用于"利差返还"型险种)：
□抵交保费 □储存生息 （本栏如未选择，本公司按"储存生息"方式处理）

保险期限：□终身 □定期(至____或____岁) 交费期：____年 约定领取年龄：____周岁

| 主险 | 投保项目 | 保险金额（元） | 标准保费（元） | 额外/追加保费(元) |
|---|---|---|---|---|
| | | | | |
| | | | | |

| 附加险 | 投保项目 | 保险金额（元） | 保险费（元） | 额外/追加保费(元) |
|---|---|---|---|---|
| | | | | |
| | | | | |
| | | | | |
| | | | | |

保额合计：(大写)_____ ＊¥_____ ＊元
保费合计：(大写)_____ ＊¥_____ ＊元

业务员姓名：_____ 业务员电话：_____ 业务员代码：_____

险　别：_____ 营 业 部：_____ 暂收收据号：_____

特别约定：_____

**核保意见栏**

待核保的保险项目

| 投保项目 | 优选等级 | 核准保额 | 核准保费 | 核保类型 |
|---|---|---|---|---|
| 国寿康宁终身重大疾病保险 | 次标准体 | 500000.00 | 28500 | 非标准件 ＊|
| | | | | |
| | | | | |
| | | | | |

总核准保费 大写：贰万捌仟伍佰元_____ 小写：28500_____ ＊

核保员签章：[印章] 日期：2017-06-21

核保审核员：_____ ＊ 核保审核意见：_____ ＊

| 录 单 员： | _____ | ＊ | 是否退单： | _____ |
| 录单复核员： | _____ | ＊ | 录单复核意见： | _____ |

保险公司：_____

附图 3-16　人工核保

## 十七、核保审核

核保审核,见附图 3-17。

| | 投保项目 | 保险金额(元) | 标准保费(元) | 额外/追加保费(元) |
|---|---|---|---|---|
| 主险 | | | | |
| | 投保项目 | 保险金额(元) | 保险费(元) | 额外/追加保费(元) |
| 附加险 | | | | |

交别: □年交 □半年交 □季交 □月交 □趸交
保费交付方式: □自动转帐:_____ □现金 □转账支票
开户银行:_____ 帐号:_____
利差返还方式(本项仅适用于"利差返还"型险种):
□抵交保费 □储存生息 (本栏如未选择,本公司按"储存生息"方式处理)
保险期限: □终身 □定期(至_____ 或_____岁) 交费期:___年 约定领取年龄:___周岁

保额合计:(大写)_____ *¥_____ *元
保费合计:(大写)_____ *¥_____ *元

业务员姓名:_____ 业务员电话:_____ 业务员代码:_____
险 别:_____ 营 业 部:_____ 暂收收据号:_____

特别约定:

### 核保意见栏

待核保的保险项目

| 投保项目 | 优选等级 | 核准保额 | 核准保费 | 核保类型 |
|---|---|---|---|---|
| 国寿康宁终身重大疾病保险 | 次标准体 | 500000.00 | 28500 | 非标准件 * |
| | | | | |
| | | | | |
| | | | | |
| | | | | |

总核准保费 大写:贰万捌仟伍佰元_____ * 小写:28500 *
核保员签章:[印章] 日期:_____
核保审核员:_____ * 核保审核意见: 同意 *

录 单 员:_____ * 是否退单:_____
录单复核员:_____ * 录单复核意见:_____
保险公司:_____

附图 3-17 核保审核

## 十八、条件承保

条件承保,见附图 3-18。

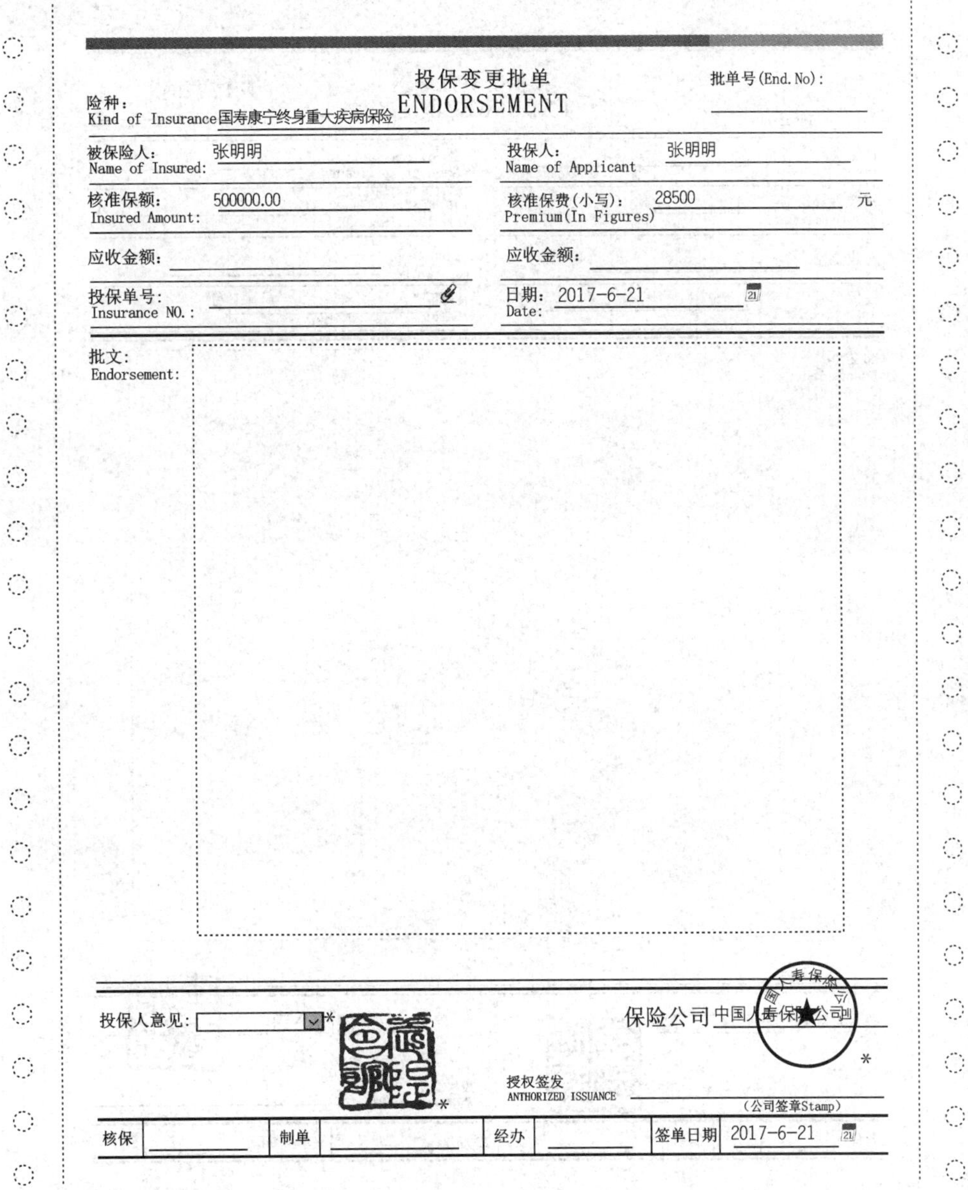

**投保变更批单 ENDORSEMENT**

批单号(End.No):

险种:
Kind of Insurance 国寿康宁终身重大疾病保险

被保险人:张明明
Name of Insured:

投保人:张明明
Name of Applicant:

核准保额:500000.00
Insured Amount:

核准保费(小写):28500　元
Premium(In Figures)

应收金额:

应收金额:

投保单号:
Insurance NO.:

日期:2017-6-21
Date:

批文:
Endorsement:

投保人意见:

授权签发
ANTHORIZED ISSUANCE

保险公司 中国人寿保险公司

(公司签章Stamp)

核保　　　制单　　　经办　　　签单日期 2017-6-21

附图 3-18　条件承保

## 十九、确认承保条件

确认承保条件,见附图 3-19。

附图 3-19 确认承保条件

## 二十、保险单生效

保险单生效,见附图 3-20。

| 保险单号: _____ | 国寿康宁终身重大疾病保险　鑫保险单 |
| --- | --- |

投保单号: _____　　　　　　　　　　条款类型: 主险 *

投保人: 张明明　　　　　　　　　　　联系电话: 13698976591

被保险人: 张明明　　　　　　　　*　　身份证号: 310033198408288792

受益人(若不填写则为法定): _____　被保险人签名: 张明明

保险金额: 人民币(大写) 伍拾万元　　　(¥ 500000.00 *)

保险费: 人民币(大写) 贰万捌仟伍佰元　(¥ 28500 *)

保险期间: ◉终身　○定期(至 _____ 或 _____ 岁)

特别约定: _____

明示告知:
1、保险人已向投保人说明保险合同的条款内容,并就责任免除条款进行了明确说明,投保人已了解责任免除条款的真实含义和法律后果。
2、保险费未交清前,本保险合同不生效。
3、凡因公或因私短期出国或前往港、澳、台地区的个人,均可作为本保险的被保险人。

中国人寿保险公司 ★　(签章)

下个应缴日: 2018-6-21

代理单位: _____

经办人: _____　签单日期: 2017-6-21 *

附图 3-20　保险单生效

## 二十一、出单

出单,见附图 3-21。

附图 3-21　出单

## 二十二、开具发票

开具发票,见附图3-22。

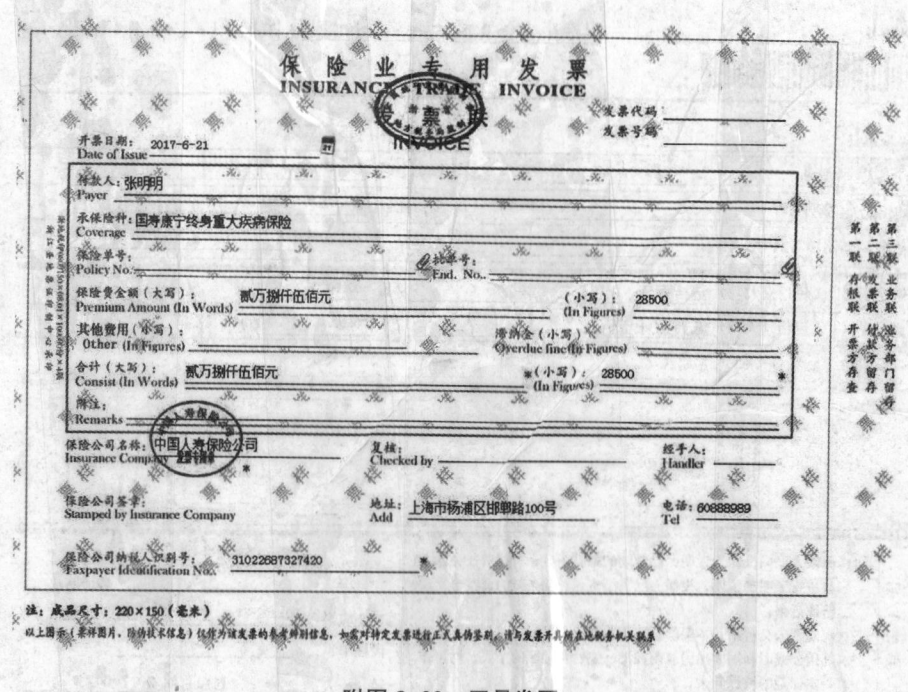

附图 3-22　开具发票

## 二十三、客户接收保险单

客户接收保险单,见附图3-23。

附图 3-23　客户接收保险单

## 二十四、客户接收发票

客户接收发票,见附图 3-24。

附图 3-24　客户接收发票

## 二十五、提交档案

提交档案,见附图 3-25。

**承保相关单证清分表**

保险公司名称：中国人寿保险公司

| 单证名称 | 单证号 | 是否提交 | 是否归档 |
|---|---|---|---|
| 投保单 |  | ☑ | ☐ |
| 电子投保单 |  | ☑ | ☐ |
| 保费自动转账授权书 |  | ☑ | ☐ |
| 收款凭证 |  | ☐ | ☐ |
| 投保变更批单 |  | ☑ | ☐ |
|  |  |  |  |
|  |  |  |  |
| 保险业专用发票 |  | ☑ | ☐ |
|  |  |  |  |
|  |  |  |  |
| 保险单 |  | ☑ | ☐ |
|  |  |  |  |
|  |  |  |  |

经办人：_____　　　归档人：_____

附图 3-25　提交档案

## 二十六、承保归档

承保归档,见附图 3-26。

**承保相关单证清分表**

保险公司名称:

| 单证名称 | 单证号 | | 是否提交 | 是否归档 |
|---|---|---|---|---|
| 投保单 | | 📎 | ☐ | ☑ |
| 电子投保单 | | 📎 | ☐ | ☑ |
| 保费自动转账授权书 | | 📎 | ☐ | ☑ |
| 收款凭证 | | 📎 | ☐ | ☐ |
| 投保变更批单 | | 📎 | | |
| | | 📎 | ☐ | ☑ |
| | | 📎 | | |
| | | 📎 | | |
| 保险业专用发票 | | 📎 | ☐ | ☑ |
| | | 📎 | | |
| | | 📎 | | |
| 保险单 | | 📎 | ☐ | ☑ |
| | | 📎 | | |
| | | 📎 | | |
| | | 📎 | | |

经办人:_____  归档人:_____

附图 3-26　承保归档

# 附录4 魏子林国寿康宁定期重大疾病保险续期收费操作手册

学生打开逸景人身保险实训系统,并用自己的登录名与密码登录。在桌面单击"实训中心 即时考核"图标,进入任务管理页面。在未开始任务中双击所要完成的任务图标,开启该任务。在进行中的任务中选定任务图标,点击右上角图标【查看任务进度】,查看任务的流程。查看任务进度后,学生可以了解到本任务需要完成的所有步骤。接下来,就可以按步骤开始操作了。

## 一、查询保险费到期保险单

查询保险费到期保险单,见附图4-1。

**续期保费到期查询系统**

请输入查询条件:应缴日时间区间 2018-2-1 至 2018-02-28 经办人:_____

| 投保人 | 保单号 | 保险金额 | 保险费 | 应缴日 | 付款账户开户行 | 付款账户 | 续费否 |
|--------|--------|----------|--------|--------|----------------|----------|--------|
| 魏子林 |        | 500000.00 | 5300  | 2018-2-2 |              |          | □ |
|        |        |          |        |        |                |          | □ |
|        |        |          |        |        |                |          | □ |
|        |        |          |        |        |                |          | □ |

保险公司名称:中国人寿保险公司_____ 经办人:_____ 经办日期:_____

附图4-1 查询保险费到期保险单

## 二、通知客户开立续期保险费账户

通知客户开立续期保险费账户,见附图4-2。

**续期保费缴费账户开户通知单**

尊敬的客户 魏子林_____:

您好,您的保单号为:_____,保额为:_____元的保险单,应缴日:_____。续费期限即将到期,请及时到 中国工商银行 办理续期缴费账户的开户手续,并存入保费_____元。若过了宽限期仍未缴清保费,我们将按照保险单约定做失效处理。

若有任何问题,请拨打 4008123123 垂询。顺祝全家身体健康,生活幸福。

经办人:_____  保险公司签章
经办日期:2018-02-21

附图4-2 通知客户开立续期保险费账户

## 三、接收续期保险费账户开户通知

接收续期保险费账户开户通知，见附图 4-3。

**续期保险费缴费账户开户通知单**

尊敬的客户　　　　　　　　：

您好，您的保单号为：　　　　　　　　　，保额为：　　　　　元的保险单，应缴日：　　　　。续费期限即将到期，请及时到 请输入开户银行的名称 办理续期缴费账户的开户手续，并存入保费　　　　　元。若过了宽限期仍未缴清保费，我们将按照保险单约定做失效处理。

若有任何问题，请拨打 4008123123 垂询。顺祝全家身体健康，生活幸福。

经办人：　　　　　　　　　　　　　　　保险公司签章
经办日期：

附图 4-3　接收续期保险费账户开户通知

## 四、申请续期缴费开户

申请续期缴费开户，见附图 4-4。

**个人结算帐户开户申请书**

| | 项目 | 内容 | 项目 | 内容 |
|---|---|---|---|---|
| 客户必填 | 中文姓名 | 魏子林 | 拼音或英文姓名 | |
| | 证件名称 | 身份证 | 证件号码 | 310346198604267894 |
| | 发证机关 | 上海市公安局虹口分局 | 证件有效期 | 20年 |
| | 国籍 | 中国 | 联系电话 | 13071527478 |
| | 通讯地址 | 上海市虹口区四川北路10号 | 邮政编码 | 200421 |
| 代理人 | 中文姓名 | | 联系电话 | |
| | 证件名称 | | 证件号码 | |
| | 代办理由 | | | |
| 客户选填 | 民族 | | 性别 | 男□ 女□ 婚姻状况 已婚□ 未婚□ |
| | 电子邮箱 | | 出生日期 | 移动电话 |
| | 文化程度 | | 工作单位 | 收入状况 |
| 银行工作人员填写 | 账号 | | | |
| | 存款金额 | | | |
| | 是否寄送对账单：是□ 否□ | | 是否开通 ATM 自助转账：是□ 否□ | |
| | 其他服务（另填写其他申请） | 电子银行□ 第三方存管□ | 短信服务□ 预存代缴□ | 代理基金□ 代理保险□ |

本人（乙方）承诺所提供的开户资料真实、有效。如有伪造、欺诈，自愿承担法律责任。

本人（乙方）申请开立个人结算帐户，已仔细阅读《中国工商银行　　　个人结算帐户管理协议》，同意并遵守本协议，并确认打记录正确无误。

如本人（乙方）申请领用中国工商银行任何银行卡，则自愿遵守《中国工商银行（借记卡）章程》及各项发卡规定。

客户签名：魏子林　　　日期：2018-2-21

开户机构审核意见：
同意存款人开立个人结算账户和服务申请。

开户机构（签章）：

日期：

事后监督　　　　经办　　　　授权（复核）

附图 4-4　申请续期缴费开户

## 五、受理续期缴费开户

受理续期缴费开户，见附图 4-5。

### 个人结算帐户开户申请书

| 客户必填 | 中文姓名 | | | * | 拼音或英文姓名 | | |
|---|---|---|---|---|---|---|---|
| | 证件名称 | | * | 证件号码 | | | * |
| | 发证机关 | | * | 证件有效期 | | | * |
| | 国籍 | | * | 联系电话 | | | * |
| | 通讯地址 | | | * | 邮政编码 | | * |
| 代理人 | 中文姓名 | | | 联系电话 | | | |
| | 证件名称 | | 证件号码 | | | | |
| | 代办理由 | | | | | | |
| 客户选填 | 民族 | | 性别 | 男□ 女□ | 婚姻状况 | 已婚□ 未婚□ | |
| | 电子邮箱 | | 出生日期 | | 移动电话 | | |
| | 文化程度 | | 工作单位 | | 收入状况 | | |
| 银行工作人员填写 | 账号 | | | | | | |
| | 存款金额 | | | | | * | |
| | 是否寄送对账单：是□ 否□ | | | 是否开通ATM自助转账：是□ 否□ | | | |
| | 其他服务 （另填写其他申请） | 电子银行□ 第三方存管□ | 短信服务□ 预存代缴□ | | 代理基金□ | 代理保险□ | |

本人（乙方）承诺所提供的开户资料真实、有效。如有伪造、欺诈，自愿承担法律责任。

如本人（乙方）申请开立个人结算帐户，已仔细阅读《　　　　个人结算帐户管理协议》，同意并遵守本协议，并确认机打记录正确无误。

如本人（乙方）申请领用任何银行卡，则自愿遵守《（借记卡）章程》及各项发卡规定。

客户签名：_____*

日期：

开户机构审核意见：

同意存款人开立个人结算账户和服务申请。

开户机构（签章）：

日期：2018-02-21

事后监督　　　经办　　　授权（复核）

第一联　开户行留存

附图 4-5　受理续期缴费开户

## 六、填写续期保险费转账授权

填写续期保险费转账授权,具体文件见附图 4-6 和附图 4-7。

**自动转账（申请、取消、变更）协议书**

| 客户基本信息 | | | |
|---|---|---|---|
| 投保人姓名 | 魏子林 | 身份证号码 | 310346198604267894 |
| 手机号码 | 13071527478 | E-Mail | wzl@qq.com |
| 家庭地址（邮编） | | | |
| 单位地址（邮编） | | | |

投保单 _____
保单号码 _____　　　　　　　　□收费账号　　□付费账号

| 收费账户内容 | | | | |
|---|---|---|---|---|
| 账户所有人姓名（投保人） | | | | |
| 协议银行名称 | | 协议账户类别 | □活期存折 | □借记卡 |
| 协议账户号码 | | | | |

注：如您的付费账户欲与收费账户保持一致,请在下面的□中打√。

♣ 同意付费账户内容一并予以变更：　□是　　□否

| 付费账户内容 | | | | |
|---|---|---|---|---|
| 账户所有人姓名 | | 魏子林 | | |
| 协议银行名称 | 中国工商银行 | 协议账户类别 | □活期存折 | □借记卡 |
| 协议账户号码 | | | | |

申请人签章：  [签章]*　　　　　　申请日期：2018-02-21

附图 4-6　填写自动转账协议书

## 委托银行实行保险费自动转账付款协议书

甲方(投保人):魏子林
乙方(保险人):中国人寿保险公司

为提高保险费缴纳的安全性和时效性,维护双方的共同利益,现双方就委托银行以转账方式扣划有关款项一事达成如下协议:

一、甲方同意授权乙方从甲方的协议银行账户内扣取与乙方签订的保险合同中所约定的首期、续期各期到期保险费,及受理变更、理赔等应收补费项目。
二、甲方同意乙方于每期续期保险费入乙方账后寄发续期缴费银行转账成功通知单。
三、甲方因协议银行自动转账金额与应缴费金额不符或对保险费计算有异议时,应自行向乙方洽询。
四、甲方同意如账户内无足够资金余额支付保险费时,协议银行有权决定不予转账。
五、甲方应于公司规定的各期费用缴费期内,将足够的保险费存于自动转账付款账户内。
六、甲方欲终止使用续期自动转账付款账户时,应于当期保险费应缴日一个月前递交终止申请于乙方,同时告知新的自动转账账户,由乙方再转告授权银行,如未指定新的缴费账户时,投保人仍负有以其他方式缴付保险费的义务。
七、甲方同意每期保险费转账后,在账户中存有银行规定的最低存款额,否则该账户被银行注销,则本协议自动终止,投保人仍负有以其他方式缴纳保险费的义务。
八、当该账户用于转账交付多份保险合同的首期、续期及其他应缴保险费时,本人同意按乙方规定的转账顺序转账。
九、本协议书将持续有效直至出现以下情况之一时终止效力:
1) 投保人书面申请终止协议　　2) 协议账户终止　　3) 保险合同效力终止
十、目前乙方协议银行为工商银行北京市分行、招商银行北京市分行。
注:若协办行为工商银行,甲方授权银行接收乙方电子银行指令指定的金额从指定账户扣划,无需每次划款前征求甲方意见,银行对甲方与乙方之间就应缴费金额产生的纠纷不承担任何责任。

## 委托银行实行保险费自动转账收款协议书

甲方(账户所有人):_____
乙方(保险人):_____

为提高保险费缴纳的安全性和时效性,维护双方的共同利益,现双方就委托银行以转账方式扣划有关款项一事达成如下协议:

一、甲方同意授权乙方向甲方的协议银行账户内支付与乙方签订的保险合同中所约定的各期到期领取金(受益人为投保人时)、分红、受理变更、理赔等项目产生的付费。
二、各项领取、变更事项必须按照公司的相关规定办理完手续后,乙方可通过已申请生效的收款账号进行支付。
三、收款账号若推迟使用,须到公司申请,否则自动处理给付项目将按提供的账户自动处理(如分红等)。
四、本协议书效力终止同《委托银行实行保险费自动转账付款协议书》第九条。

账户所有人声明:本人已了解以上协议内容并确认账户真实有效。
账户所有人签章:　　魏子林(印)　　＊　　授权日期:2018-02-21

注:1、账户所有人(投保人)签章、身份证编号必须与银行账户所载持卡人信息一致。

特别说明:通过指定银行转账账户收款时,该账户必须是投保人。涉及付款时,为对应权益人的账户(如撤保、退保、退费、红利领取、合同内容变更的付费权益人为投保人,保险金领取的权益人为保险合同指定的受益人)。

附图 4-7　填写自动转账付款协议书

## 七、接收续期保险费转账授权

接收续期保险费转账授权,见附图4-8。

附图4-8　接收续期保险费转账授权

## 八、发送续期保险费扣款通知

发送续期保险费扣款通知,见附图4-9。

### 续期保险费扣款通知单

付款方信息:

| 投保人 | 魏子林 | 保单号 | |
|---|---|---|---|
| 保险金额 | | 保险费 | 5300 |
| 缴费银行 | 中国工商银行 | 缴费账户 | |
| 应缴日 | 2018-2-21 | 账户余额 | |
| 扣款状态 | | | |

收款方信息:

| 收款方户名 | 中国人寿保险公司 | 收款方账户 | |
|---|---|---|---|
| 收款银行 | 中国工商银行 | | |

银行经办人:_____

扣款日期:_____

保险公司签章

经办人签字:_____

附图4-9　发送续期保险费扣款通知

## 九、银行扣款

银行扣款,见附图4-10。

### 续期保险费扣款通知单

付款方信息:

| 投保人 | | 保单号 | |
|---|---|---|---|
| 保险金额 | | 保险费 | |
| 缴费银行 | | 缴费账户 | |
| 应缴日 | | 账户余额 | |
| 扣款状态 | 扣款成功 | | |

收款方信息:

| 收款方户名 | | 收款方账户 | |
|---|---|---|---|
| 收款银行 | | | |

银行经办人:_____
扣款日期: 2018-02-21

保险公司签章
经办人签字:_____

附图4-10 银行扣款

## 十、通知续期保险费扣款成功

通知续期保险费扣款成功,见附图4-11。

### 保险费扣款专用回执

日期: 2017-02-21

| 收款人 | 保险人名称 | 中国人寿保险公司 | 付款人 | 投保人名称 | 魏子林 * |
|---|---|---|---|---|---|
| | 开户行 | 中国工商银行 | | 开户行 | 中国工商银行 |
| | 账号 | | | 账号 | |

| 金额 | (大写)伍仟叁佰元 * (小写)5300 |
|---|---|

| 备注 | 银行盖章 |
|---|---|
| 投保单号:_____ 保险单号:_____ | (中国工商银行) |

交易柜员:_____

附图4-11 通知续期保险费扣款成功

## 十一、查看扣款成功通知

查看扣款成功通知,见附图 4-12。

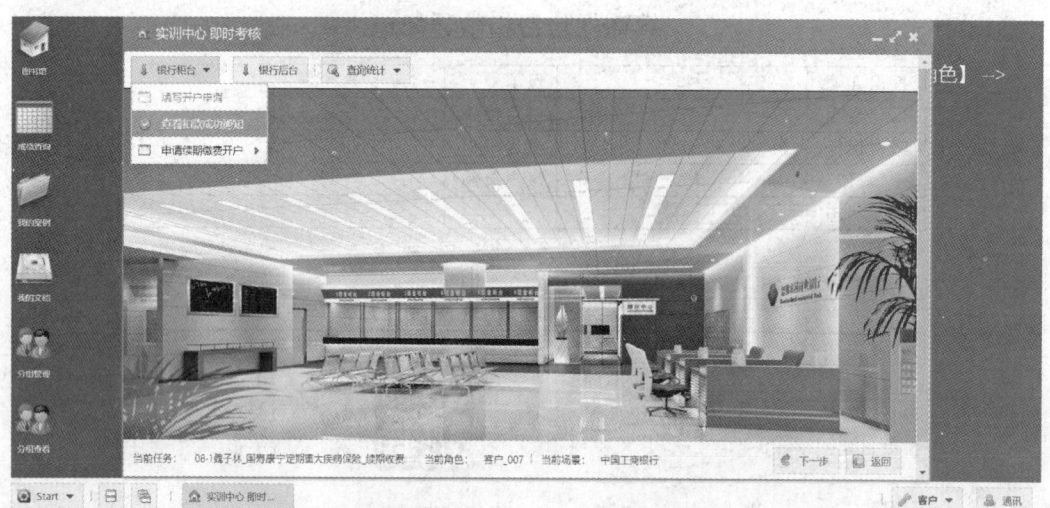

附图 4-12　查看扣款成功通知

## 十二、接收续期保险费扣款回执

接收续期保险费扣款回执,见附图 4-13。

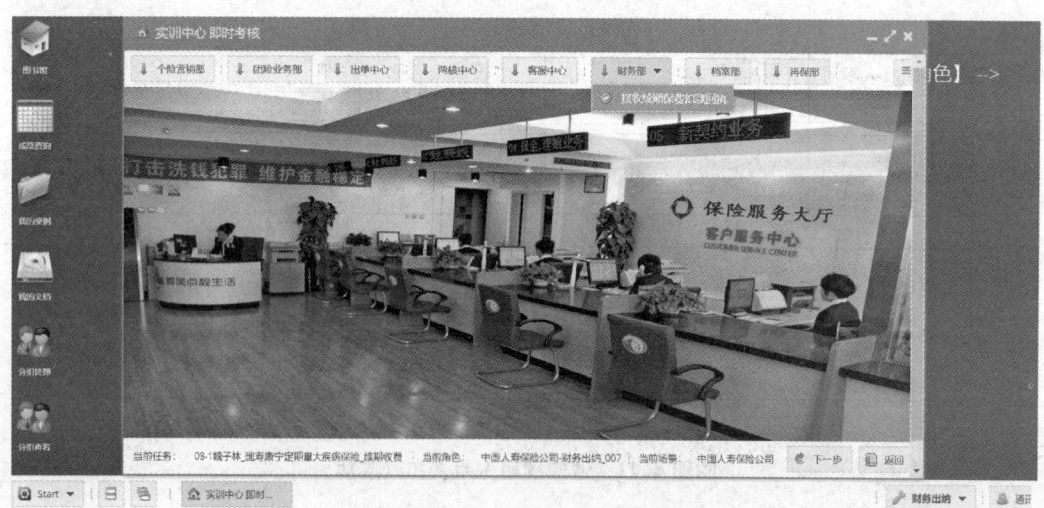

附图 4-13　接收续期保险费扣款回执

# 附录5　姜海山国寿福禄满堂养老年金保险续期收费操作手册

打开逸景人身保险实训系统,并用自己的登录名与密码登录。在桌面单击"实训中心 即时考核"图标,进入任务管理页面。在未开始任务中双击所要完成的任务图标,开启该任务。在进行中的任务中选定任务图标,点击右上角图标【查看任务进度】,查看任务的流程。查看任务进度后,可以了解到本任务需要完成的所有步骤。接下来,就可以按步骤开始操作了。

## 一、查询保险费到期保险单

查询保险费到期保险单,见附图5-1。

**续期保险费到期查询系统**

请输入查询条件:应缴日时间区间:2018-03-01 至 2018-03-01　经办人:_____

| 投保人 | 保单号 | 保险金额 | 保险费 | 应缴日 | 付款账户开户行 | 付款账户 | 续费否 |
|---|---|---|---|---|---|---|---|
| 姜海山 |  | 13010.00 | 10000.00 | 2018-3-1 | 中国农业银行 |  | ☑ |
|  |  |  |  |  |  |  | ☐ |
|  |  |  |  |  |  |  | ☐ |

保险公司名称:中国人寿保险公司_____　　　经办人:_____
　　　　　　　　　　　　　　　　　　　　　经办日期:_____

附图5-1　查询保险费到期保险单

## 二、发送续期保险费扣款通知

发送续期保险费扣款通知,见附图5-2。

**续期保险费扣款通知单**

付款方信息:

| 投保人 | 姜海山 | 保单号 |  |
|---|---|---|---|
| 保险金额 | 13010.00 | 保险费 | 10000.00 |
| 缴费银行 | 中国农业银行 | 缴费账户 |  |
| 应缴日 | 2018-3-10 | 账户余额 |  |
| 扣款状态 |  |  |  |

收款方信息:

| 收款方户名 | 中国人寿保险公司 | 收款方账户 |  |
|---|---|---|---|
| 收款银行 | 中国农业银行 |  |  |

银行经办人:_____　　　保险公司签章
扣款日期:_____　　　　经办人签字:_____

附图5-2　发送续期保险费扣款通知

## 三、银行扣款

银行扣款,见附图 5-3。

### 续期保险费扣款通知单

付款方信息:

| 投保人 | | 保单号 | |
|---|---|---|---|
| 保险金额 | | 保险费 | |
| 缴费银行 | | 缴费账户 | |
| 应缴日 | | 账户余额 | |
| 扣款状态 | 余额不足 | | |

收款方信息:

| 收款方户名 | | 收款方账户 | |
|---|---|---|---|
| 收款银行 | | | |

银行经办人:_____
扣款日期:_____

保险公司签章
经办人签字:_____

附图 5-3　银行扣款

## 四、查看扣款失败原因

查看扣款失败原因,见附图 5-4。

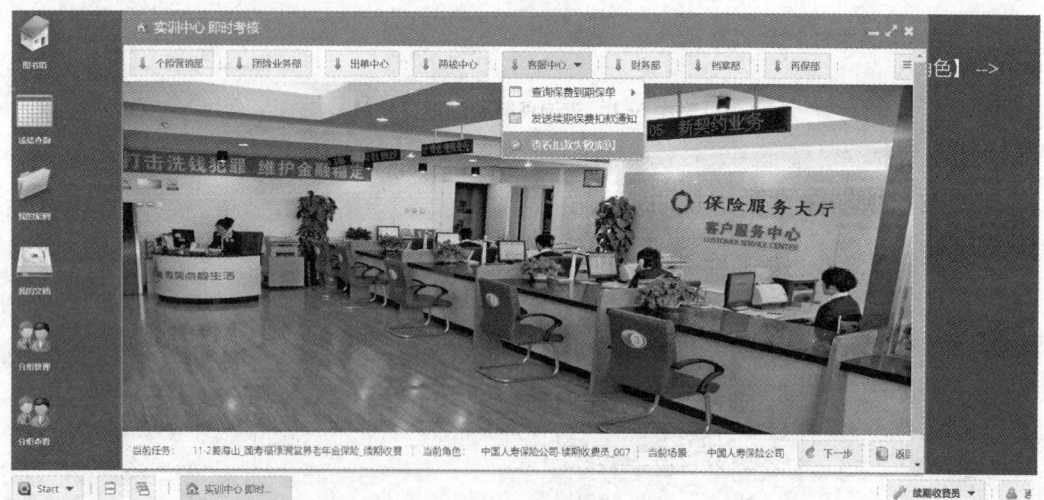

附图 5-4　查看扣款失败原因

## 五、通知存入续期保险费

通知存入续期保险费,见附图 5-5。

## 续期保险费存款通知单

尊敬的客户 姜海山            :

您好,您的保单号为:＿＿＿＿＿＿＿＿＿＿的保险单,应缴日:2018-3-10 。
续费期限即将到期,缴费银行: 中国农业银行      ,缴费账户:＿＿＿＿＿＿＿＿＿＿＿,
请及时到指定银行向指定账户存入保费 10000.00     元。若过了宽限期仍未缴清保费,我们将按照保单约定做失效处理。若有任何问题,请拨打 4008123123垂询。 顺祝全家身体健康,生活幸福。

经办人:＿＿＿＿＿＿

经办日期:＿＿＿＿＿

保险公司签章

附图 5-5 通知存入续期保险费

## 六、接收续期保险费存款通知

接收续期保险费存款通知,见附图 5-6。

## 续期保险费存款通知单

尊敬的客户               :

您好,您的保单号为:                的保险单,应缴日:         。
续费期限即将到期,缴费银行:            ,缴费账户:                ,
请及时到指定银行向指定账户存入保费         元。若过了宽限期仍未缴清保费,我们将按照保单约定做失效处理。若有任何问题,请拨打 4008123123垂询。 顺祝全家身体健康,生活幸福。

经办人:

经办日期:

保险公司签章

附图 5-6 接收续期保险费存款通知

## 七、存入续期保险费

存入续期保险费,见附图 5-7。

### 银行存款界面

| 银行名称: | 中国农业银行 |
|---|---|
| 银行账号: | * |
| 开户人: | 姜海山 * |
| 存款金额: | 10000.00 * |
| 存款时间: |  |

附图 5-7 存入续期保险费

## 八、银行扣款

银行扣款,见附图 5-8。

**续期保险费扣款通知单**

付款方信息:

| 投保人 | | 保单号 | |
|---|---|---|---|
| 保险金额 | | 保险费 | |
| 缴费银行 | | 缴费账户 | |
| 应缴日 | | 账户余额 | |
| 扣款状态 | 扣款成功 | | |

收款方信息:

| 收款方户名 | | 收款方账户 | |
|---|---|---|---|
| 收款银行 | | | |

银行经办人:_____

扣款日期:_____

保险公司签章

经办人签字:_____

**附图 5-8　银行扣款**

## 九、通知续期保险费扣款成功

通知续期保险费扣款成功,见附图 5-9。

**保险费扣款专用回执**

日期:_____

| 收款人 | 保险人名称 | 中国人寿保险公司 | 付款人 | 投保人名称 | 姜海山 * |
|---|---|---|---|---|---|
| | 开户行 | 中国农业银行 | | 开户行 | 中国农业银行 |
| | 账号 | | | 账号 | |
| 金额 | （大写）壹万 | | * | （小写）10000.00 | |
| 备注 | | | 银行盖章 | | |

投保单号:_____

保险单号:_____

（中国农业银行 ★）

交易柜员:_____

**附图 5-9　通知续期保险费扣款成功**

## 十、查看扣款成功通知

查看扣款成功通知,见附图 5-10。

附图 5-10　查看扣款成功通知

## 十一、接收续期保险费扣款回执

接收续期保险费扣款回执,见附图 5-11。

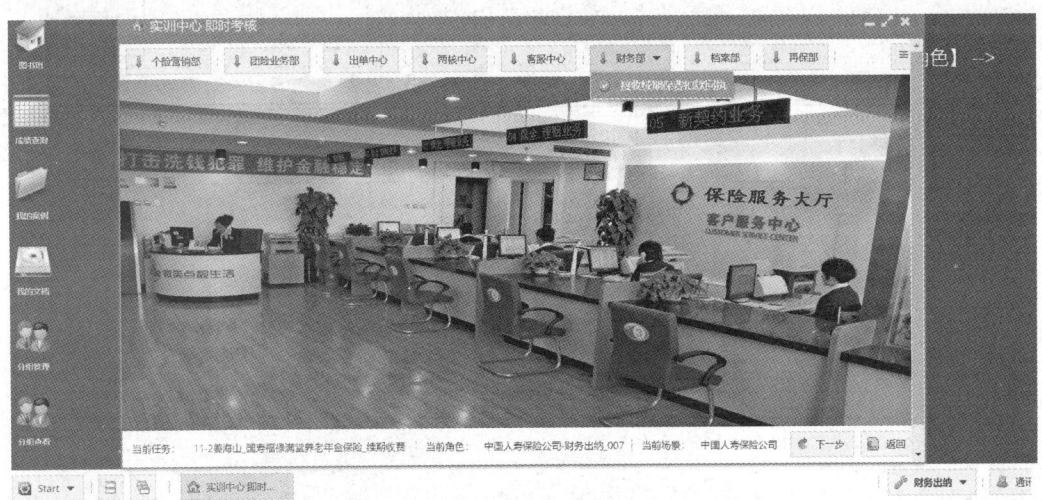

附图 5-11　接收续期保险费扣款回执

# 附录6　王军洪福定期两全保险变更基本信息操作手册

打开逸景人身保险实训系统,并用自己的登录名与密码登录。在桌面单击"实训中心即时考核"图标,进入任务管理页面。在未开始任务中双击所要完成的任务图标,开启该任务。在进行中的任务中选定任务图标,点击右上角图标【查看任务进度】,查看任务的流程。查看任务进度后,学生可以了解到本任务需要完成的所有步骤,接下来,就可以按步骤开始操作了。

## 一、保险单查询

保险单查询,见附图6-1。

**保险单查询系统**

请输入被保险人名称进行查询：张玲

| 投保人 | 保险单号 | 险种名称 | 保险金额 | 保险费 | 操作 |
|--------|----------|----------|----------|--------|------|
| 王军 |  | 洪福定期两全保险 | 150000.00 | 2460.00 | 基本信息变 |
|  |  |  |  |  |  |
|  |  |  |  |  |  |
|  |  |  |  |  |  |

保险公司名称：中国太平保险公司

附图6-1　保险单查询

## 二、填写保险单变更申请书

填写保险单变更申请书,见附图 6-2。

**人寿保险公司变更、复效及补发申请书**

| 保单号码 | | 投保人 | 王军 | 被保险人 | 张玲 |
|---|---|---|---|---|---|

下列保单变更事项如同意请在保单里予以批注（请在申请变更项目前□内打钩）

1、□变更（更正）投保人为：_____
　　身份证号码：_____
　　与被保险人关系：_____
2、☑变更收费地址为：广州市越秀区寺佑新马路200
　　电话号码：02053201889
3、□变更身故受益人为：_____
　　身份证号码：_____
　　与被保险人关系：_____
4、☑变更原缴别为 季_____缴。
5、□主寿险减保金额为_____元,有效保额为_____元
6、□取消附加险
7、□附加险减保金额为_____元,有效保额为_____元
8、□因原保单遗失（污损）特此声明作废并申请补发保单,后因遗失的保单所发生任何纠葛,由投保人或被保险人负全部责任。
9、☑其他：_____
申请以下变更事项须填写告知事项：
11、□主寿险加保金额为_____元,有效保额为_____元
12、□增加附加险_____,保额为_____元
13、□附加险加保_____,有效保额为_____元
14、□申请复效
15、□备注：_____

投保人（监护人）：王军_____ 身份证号码：440376197905086754
被保险人：张玲_____ 身份证号码：440456198306085634
代办人：_____ 身份证号码：_____

申请日期：2016-04-20

| 核保栏 | | | |
|---|---|---|---|
| | 核保主任签章 | 核保员签章 | 核保日期： |
| 客服部 | | | |
| | 审核：　　复核：　　经办：　　审核日期： | | |

附图 6-2　填写保险单变更申请书

## 三、保全意见

保全意见,见附图 6-3。

人寿保险公司变更、复效及补发申请书

| 保单号码 | | 投保人 | | 被保险人 | |
|---|---|---|---|---|---|

下列保单变更事项如同意请在保单里予以批注（请在申请变更项目前□内打钩）

1、□变更（更正）投保人为：_____
　　身份证号码：_____
　　与被保险人关系：_____
2、□变更收费地址为：_____
　　电话号码：_____
3、□变更身故受益人为：_____
　　身份证号码：_____
　　与被保险人关系：_____
4、□变更原缴别为_____缴。
5、□主寿险减保金额为_____元,有效保额为：_____元
6、□取消附加险
7、□附加险减保金额为_____元,有效保额为：_____元
8、□因原保单遗失（污损）特此声明作废并申请补发保单,后因遗失的保单所发生任何纠葛,由投保人或被保险人负全部责任。
9、□其他：_____

申请以下变更事项须填写告知事项：

11、□主寿险加保金额为_____元,有效保额为_____元
12、□增加附加险_____,保额为_____元
13、□附加险加保_____,有效保额为_____元
14、□申请复效
15、□备注：_____

投保人（监护人）：_____　　身份证号码：_____
被保险人：_____　　　　　身份证号码：_____
代办人：_____　　　　　　身份证号码：_____
　　　　　　　　　　　　　　　　申请日期：_____

| 核保栏 | 核保主任签章：　　核保员签章：　　核保日期：_____ |
|---|---|
| 客服部 | 审核：董彬　　复核：张雨　　经办：林洁　　审核日期：2016-04-20 |

附图 6-3 保全意见

## 四、出具批单

出具批单,见附图 6-4。

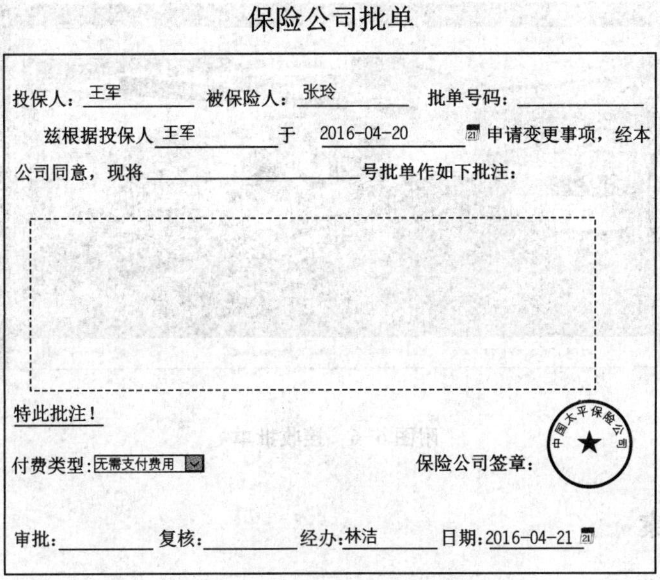

**保险公司批单**

投保人:王军　　被保险人:张玲　　批单号码:_____

兹根据投保人 王军 于 2016-04-20 申请变更事项,经本公司同意,现将_____号批单作如下批注:

特此批注!

付费类型:无需支付费用

保险公司签章:(中国太平保险公司印章)

审批:_____　复核:_____　经办:林洁　日期:2016-04-21

附图 6-4　出具批单

## 五、审核批单

审核批单,见附图 6-5。

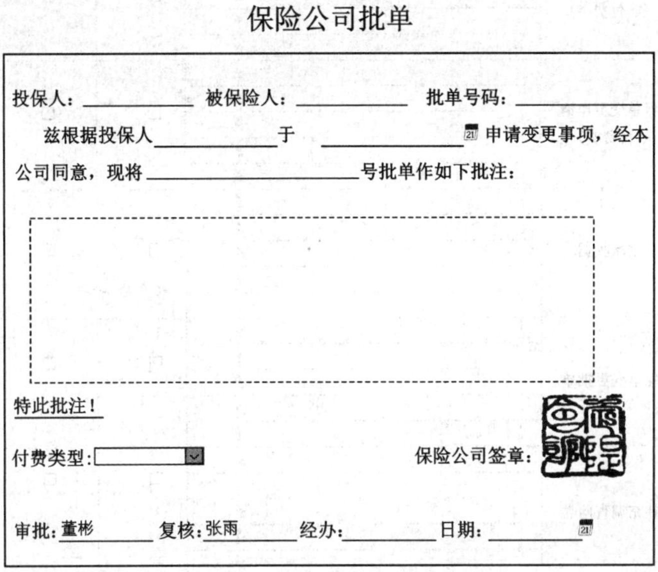

**保险公司批单**

投保人:_____　被保险人:_____　批单号码:_____

兹根据投保人_____于_____申请变更事项,经本公司同意,现将_____号批单作如下批注:

特此批注!

付费类型:_____

保险公司签章:(印章)

审批:董彬　复核:张雨　经办:_____　日期:_____

附图 6-5　审核批单

## 六、接收批单

接收批单,见附图 6-6。

附图 6-6 接收批单

## 七、提交档案

提交档案,见附图 6-7。

保全相关单证清分表

保险公司名称:中国太平保险公司

| 单证名称 | 单证号 | 是否提交 | 是否归档 |
| --- | --- | --- | --- |
| 保单变更申请<br>(非付费类) | | ☑ | ☐ |
| 保单变更申请<br>(付费类) | | ☐ | ☐ |
| 收款收据 | | ☐ | ☐ |
| 保单变更批单 | | ☑ | ☐ |
| 补充调查问卷 | | ☐ | ☐ |

经办人: _____    归档人: _____

附图 6-7 提交档案

## 八、保全归档

保全归档，见附图 6-8。

### 保全相关单证清分表

保险公司名称：_____

| 单证名称 | 单证号 | 是否提交 | 是否归档 |
|---|---|---|---|
| 保单变更申请<br>（非付费类） | | ☐ | ☑ |
| 保单变更申请<br>（付费类） | | ☐ | ☐ |
| 收款收据 | | ☐ | ☐ |
| 保单变更批单 | | ☐ | ☑ |
| 补充调查问卷 | | ☐ | ☐ |

经办人：_____　　　　归档人：欧阳菲菲_____

附图 6-8　保全归档

# 附录7　王军洪福定期两全保险变更受益人操作手册

打开逸景人身保险实训系统,并用自己的登录名与密码登录。在桌面单击"实训中心即时考核"图标,进入任务管理页面。在未开始任务中双击所要完成的任务图标,开启该任务。在进行中的任务中选定任务图标,点击右上角图标【查看任务进度】,查看任务的流程。查看任务进度后,学生可以了解到本任务需要完成的所有步骤。接下来,就可以按步骤开始操作了。

## 一、保险单查询

保险单查询,见附图 7-1。

**保险单查询系统**

请输入被保险人名称进行查询:张玲

| 投保人 | 保险单号 | 险种名称 | 保险金额 | 保险费 | 操作 |
|--------|----------|----------|----------|--------|------|
| 王军 |  | 洪福定期两全保险 | 150000.00 | 2460.00 | 合同关系人 |
|  |  |  |  |  |  |
|  |  |  |  |  |  |
|  |  |  |  |  |  |

保险公司名称:中国太平保险公司

附图 7-1　保险单查询

## 二、填写保险单变更申请书

填写保险单变更申请书，见附图 7-2。

**人寿保险公司变更、复效及补发申请书**

| 保单号码 |  | 投保人 | 王军 | 被保险人 | 张玲 |
|---|---|---|---|---|---|

下列保单变更事项如同意请在保单里予以批注（请在申请变更项目前□内打钩）

1、□变更（更正）投保人为：＿＿＿＿＿＿＿＿＿＿
　　　身份证号码：＿＿＿＿＿＿＿＿＿＿
　　　与被保险人关系：＿＿＿＿＿＿＿＿＿＿
2、□变更收费地址为：＿＿＿＿＿＿＿＿＿＿
　　　电话号码：＿＿＿＿＿＿＿＿＿＿
3、☑变更身故受益人为：张长海
　　　身份证号码：440512195609080051
　　　与被保险人关系：父女
4、□变更原缴别为＿＿＿＿＿缴。
5、□主寿险减保金额为＿＿＿＿＿元，有效保额为：＿＿＿＿＿元
6、□取消附加险
7、□附加险减保金额为＿＿＿＿＿元，有效保额为：＿＿＿＿＿元
8、□因原保单遗失（污损）特此声明作废并申请补发保单，后因遗失的保单所发生任何纠葛，由投保人或被保险人负全部责任。
9、□其他：＿＿＿＿＿
申请以下变更事项须填写告知事项：
11、□主寿险加保金额为＿＿＿＿＿元，有效保额为＿＿＿＿＿元
12、□增加附加险＿＿＿＿＿，保额为＿＿＿＿＿元
13、□附加险加保＿＿＿＿＿，有效保额为＿＿＿＿＿元
14、□申请复效
15、□备注：＿＿＿＿＿

投保人（监护人）：王军　　　　　　身份证号码：440376197905086754
被保险人：张玲　　　　　　　　　　身份证号码：440456198306085634
代办人：＿＿＿＿＿　　　　　　　　身份证号码：＿＿＿＿＿

申请日期：2016-05-10

核保栏

核保主任：　　核保员签章：　　核保日期：＿＿＿＿＿

客服部

审核：＿＿＿　复核：＿＿＿　经办：＿＿＿　审核日期：＿＿＿

附图 7-2　填写保险单变更申请书

## 三、保全意见

保全意见,见附图 7-3。

**人寿保险公司变更、复效及补发申请书**

| 保单号码 | | 投保人 | | 被保险人 | |

下列保单变更事项如同意请在保单里予以批注(请在申请变更项目前□内打钩)

1、□变更(更正)投保人为:＿＿＿＿＿＿＿
　　　身份证号码:＿＿＿＿＿＿＿
　　　与被保险人关系:＿＿＿＿＿＿＿
2、□变更收费地址为:＿＿＿＿＿＿＿
　　　电话号码:＿＿＿＿＿＿＿
3、□变更身故受益人为:＿＿＿＿＿＿＿
　　　身份证号码:＿＿＿＿＿＿＿
　　　与被保险人关系:＿＿＿＿＿＿＿
4、□变更原缴别为＿＿＿＿缴。
5、□主寿险减保金额为＿＿＿元,有效保额为:＿＿＿元
6、□取消附加险
7、□附加险减保金额为＿＿＿元,有效保额为:＿＿＿元
8、□因原保单遗失(污损)特此声明作废并申请补发保单,后因遗失的保单所发生任何纠葛,由投保人或被保险人负全部责任。
9、□其他:＿＿＿＿＿＿＿

申请以下变更事项须填写告知事项:

11、□主寿险加保金额为＿＿＿元,有效保额为＿＿＿元
12、□增加附加险＿＿＿＿,保额为＿＿＿元
13、□附加险加保＿＿＿＿,有效保额为＿＿＿元
14、□申请复效
15、□备注:＿＿＿＿＿＿＿

投保人(监护人):＿＿＿＿＿　　身份证号码:＿＿＿＿＿
被保险人:＿＿＿＿＿　　　　　身份证号码:＿＿＿＿＿
代办人:＿＿＿＿＿　　　　　　身份证号码:＿＿＿＿＿

　　　　　　　　　　　　　申请日期:＿＿＿＿＿

核保栏:
核保主任:　　　核保员签章:　　　核保日期:＿＿＿＿＿

客服部:
审核:董彬　　复核:张雨　　经办:林洁　　审核日期:2016-05-10

附图 7-3　保全意见

## 四、出具批单

出具批单,见附图 7-4。

**保险公司批单**

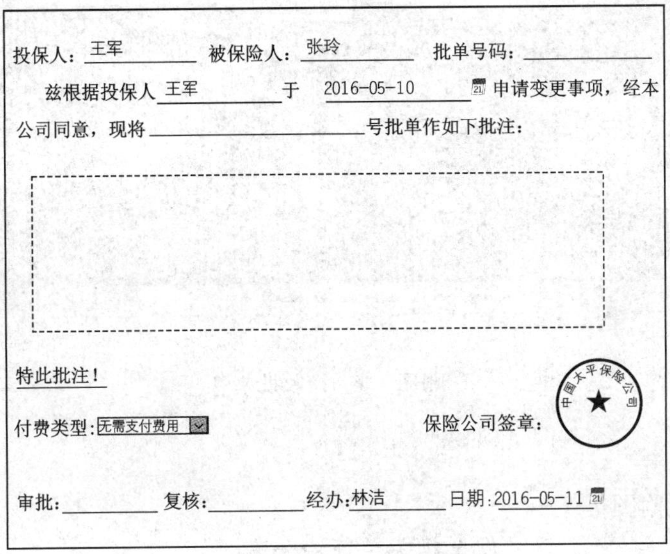

投保人:王军　　被保险人:张玲　　批单号码:_____

兹根据投保人 王军 于 2016-05-10 申请变更事项,经本公司同意,现将 _____ 号批单作如下批注:

特此批注!

付费类型:无需支付费用

保险公司签章:(中国太平保险公司印章)

审批:_____　复核:_____　经办:林洁　日期:2016-05-11

附图 7-4　出具批单

## 五、审核批单

审核批单,见附图 7-5。

**保险公司批单**

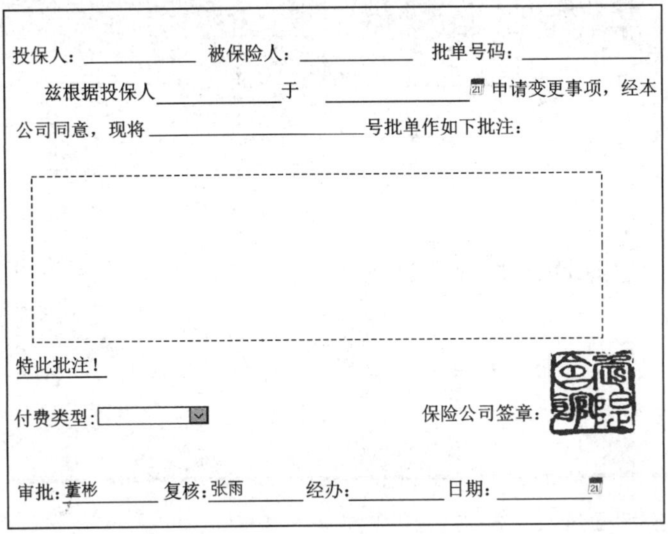

投保人:_____　被保险人:_____　批单号码:_____

兹根据投保人 _____ 于 _____ 申请变更事项,经本公司同意,现将 _____ 号批单作如下批注:

特此批注!

付费类型:_____

保险公司签章:(印章)

审批:董彬　复核:张雨　经办:_____　日期:_____

附图 7-5　审核批单

## 六、接收批单

接收批单,见附图7-6。

附图7-6　接收批单

## 七、提交档案

提交档案,见附图7-7。

### 保全相关单证清分表

保险公司名称:中国太平保险公司

| 单证名称 | 单证号 | 是否提交 | 是否归档 |
|---|---|---|---|
| 保单变更申请<br>(非付费类) | | ☐ | ☐ |
| 保单变更申请<br>(付费类) | | ☐ | ☐ |
| 收款收据 | | ☐ | ☐ |
| 保单变更批单 | | ☐ | ☐ |
| 补充调查问卷 | | ☐ | ☐ |

经办人:张小丽　　　　　　　　归档人:

附图7-7　提交档案

## 八、保全归档

保全归档,见附图 7-8。

### 保全相关单证清分表

保险公司名称:＿＿＿＿＿＿＿＿＿＿

| 单证名称 | 单证号 | 是否提交 | 是否归档 |
|---|---|---|---|
| 保单变更申请<br>(非付费类) | | ☐ | ☐ |
| 保单变更申请<br>(付费类) | | ☐ | ☐ |
| 收款收据 | | ☐ | ☐ |
| 保单变更批单 | | ☐ | ☐ |
| 补充调查问卷 | | ☐ | ☐ |

经办人:＿＿＿＿＿＿＿＿　　　归档人:欧阳菲菲

附图 7-8　保全归档

# 附录 8　王军洪福定期两全保险复效操作手册

打开逸景人身保险实训系统,并用自己的登录名与密码登录。在桌面单击"实训中心即时考核"图标,进入任务管理页面。在未开始任务中双击所要完成的任务图标,开启该任务。在进行中的任务中选定任务图标,点击右上角图标【查看任务进度】,查看任务的流程。查看任务进度后,学生可以了解到本任务需要完成的所有步骤。接下来,就可以按步骤开始操作了。

## 一、保险单查询

保险单查询,见附图 8-1。

### 保险单查询系统

请输入被保险人名称进行查询:张玲

| 投保人 | 保险单号 | 险种名称 | 保险金额 | 保险费 | 操作 |
|---|---|---|---|---|---|
| 王军 |  | 洪福定期两全保险 | 150000.00 | 2460.00 | 保单复效 |
|  |  |  |  |  |  |
|  |  |  |  |  |  |
|  |  |  |  |  |  |

保险公司名称:中国太平保险公司

附图 8-1　保险单查询

## 二、填写保险单变更申请书

填写保险单变更申请书，见附图 8-2。

**人寿保险公司变更、复效及补发申请书**

| 保单号码 | | 投保人 | 王军 | 被保险人 | 张玲 |
|---|---|---|---|---|---|

下列保单变更事项如同意请在保单里予以批注（请在申请变更项目前□内打钩）

1、□变更（更正）投保人为：＿＿＿＿＿＿＿
　　身份证号码：＿＿＿＿＿＿＿
　　与被保险人关系：＿＿＿＿＿＿＿
2、□变更收费地址为：＿＿＿＿＿＿＿
　　电话号码：＿＿＿＿＿＿＿
3、□变更身故受益人为：＿＿＿＿＿＿＿
　　身份证号码：＿＿＿＿＿＿＿
　　与被保险人关系：＿＿＿＿＿＿＿
4、□变更原缴别为＿＿＿＿＿＿＿缴。
5、□主寿险减保金额为＿＿＿＿元，有效保额为：＿＿＿＿元
6、□取消附加险
7、□附加险减保金额为＿＿＿＿元，有效保额为：＿＿＿＿元
8、□因原保单遗失（污损）特此声明作废并申请补发保单，后因遗失的保单所发生任何纠葛，由投保人或被保险人负全部责任。
9、□其他：＿＿＿＿＿＿＿

申请以下变更事项须填写告知事项：

11、□主寿险加保金额为＿＿＿＿元，有效保额为＿＿＿＿元
12、□增加附加险＿＿＿＿，保额为＿＿＿＿元
13、□附加险加保＿＿＿＿，有效保额为＿＿＿＿元
14、☑申请复效
15、□备注：＿＿＿＿＿＿＿

投保人（监护人）：王军＿＿＿＿＿＿　身份证号码：440376197905086754
被保险人：＿＿＿＿＿＿＿　身份证号码：＿＿＿＿＿＿＿
代办人：＿＿＿＿＿＿＿　身份证号码：＿＿＿＿＿＿＿

申请日期：2015-10-15

| 核保栏 | 核保主任： | 核保员签章： | 核保日期： |
|---|---|---|---|
| 客服部 | 审核：　　复核：　　经办：　　审核日期： | | |

附图 8-2　填写保险单变更申请书

## 三、填写健康告知书

填写健康告知书,见附图 8-3。

### 补充告知问卷

问卷编号:_____

| 公司提示: |
|---|
| 根据我国《保险法》规定,我公司有权就投保人、被保险人的有关情况进行询问,您应如实告知;如您未如实告知,我公司有权依照《保险法》的规定决定是否解除合同,并有权决定是否对保险合同解除前发生的保险事故承担保险责任。<br>请投保人/被保险人认真、如实填写以下问题,本公司将严守客户秘密。<br>若条款列明有"免缴未到期保险费责任"的险种,请同时填写"投保人"项下告知事项。 |

| 保险合同号 | 1. | 2. | 3. | | |
|---|---|---|---|---|---|
| 投 保 人 | 姓名:王军 | | 出生日期:1979-05-08 | | |
| 被保险人 | 姓名:张玲 | | 出生日期:1983-06-08 | | |
| 1. 身高体重:被保险人身高 163 厘米,体重 45 公斤,<br>　　　　　　投保人身高　　　厘米,体重　　　公斤。 | | | | 被保险人 | 投保人 |
| 2. 投保人职业:一般内勤人员　　　,过去三年平均年收入约为¥ 96000　　　元。 | | | | | |
| 3. 生活习惯<br>是否驾驶摩托车或其它机动车<br>是否参加潜水、拳击、攀岩、飞行、赛车等危险运动或嗜好<br>是否服食任何成瘾药物或吸毒<br>是否有饮酒或吸烟习惯?如"是",已饮酒____年,种类_____,每天数量_____,<br>于____年前因为_____停止饮酒;已吸烟____年,每天____支,<br>于____年前因为_____停止吸烟<br>是否计划两年内出国 | | | | ☐<br>☐<br>☐<br>☐<br><br><br>☐ | ☐<br>☐<br>☐<br>☐<br><br><br>☐ |
| 4. 身体残障<br>是否曾患听力、视力、语言、咀嚼障碍,智力障碍<br>是否曾患有脊柱、胸廓畸形,四肢、手、足、指残缺 | | | | ☐<br>☐ | ☐<br>☐ |
| 5. 症状体征:是否曾患有、或被告知有下列症状;或因下列症状接受治疗<br>慢性咳嗽、咯血、胸闷、心慌、气短、浮肿、声嘶哑、吞咽困难、呕血、黑便、腹痛、黄疸、贫血、肿块、血尿、蛋白尿、皮肤淤斑、不明原因皮下出血点、渐进性消瘦、持续性头痛、晕厥、抽搐、昏迷、长期发热、高度近视。 | | | | ☐ | ☐ |
| 6. 病史询问:是否曾患有或接受治疗过下列疾病<br>A. 高血压、先天性心脏病、风湿性心脏病、心内膜炎、冠心病、心肌梗塞、心律失常、心肌炎、脑血管意外<br>B. 帕金森氏综合征、癫痫、脑部疾病、脊髓疾病、精神病、<br>C. 哮喘、肺结核、肺气肿、支气管扩张、尘肺、矽肺、肺原性心脏病;<br>D. 消化性溃疡、萎缩性胃炎、胰腺炎、肝硬化、肝炎、肝炎病毒感染、胆道感染或结石;<br>E. 尿路结石或畸形、肾炎、肾病、肾功能不全、多囊肾、肾盂积水、前列腺疾病;<br>F. 肿瘤(包括恶性肿瘤及尚未确诊为良性或恶性之息肉、肿瘤、囊肿、结节、赘生物);<br>G. 糖尿病、痛风、垂体机能亢进或减退、甲状腺机能亢进或减退、肾上腺机能亢进或减退;<br>H. 系统性红斑狼疮、风湿或类风湿病、胶原性疾病及结缔组织疾病、椎间盘突出、疝、痔;<br>I. 贫血、血小板减少性紫癜、过敏性紫癜、血友病、白血病、被建议不宜献血;<br>J. 白内障、视网膜疾病、角膜疾病、青光眼、中耳炎及其它眼、耳、鼻、喉或口腔疾病;<br>K. 先天性疾病、遗传性疾病、地方病、职业病、药物过敏史;<br>L. 是否还有以上未列明的疾病? | | | | ☐<br>☐<br>☐<br>☐<br>☐<br>☐<br>☐<br>☐<br>☐<br>☐<br>☐<br>☐ | ☐<br>☐<br>☐<br>☐<br>☐<br>☐<br>☐<br>☐<br>☐<br>☐<br>☐<br>☐ |

附图 8-3(1)　填写健康告知书(第 1 页)

| | | |
|---|---|---|
| 7. 诊疗、检查经历：<br>过去3个月内是否接受过医生的诊断、检查和治疗；<br>过去5年内是否因疾病或受伤住院或手术；<br>过去5年内除健康普查外有否做过下列检查：X光（透视、摄片）、心电图、B超、CT或核磁共振、脑电图、血液化验、胃镜、肠镜等内窥镜检查、病理活检、眼底检查。 | □<br>□<br>□ | □<br>□<br>□ |
| 8. 你及你的配偶是否曾接受或试图接受与艾滋病有关的诊察或治疗？在过去6个月内是否曾持续超过一周以上有下列症状：体重下降、食欲不振、盗汗、腹泻；淋巴结肿大及皮肤溃疡。 | □ | □ |
| 9. 父母兄弟姐妹中是否有人曾患有遗传性疾病、结核病、肝炎、肝硬化、癌症、糖尿病、肾病、心脏病、中风、高血压、动脉硬化、精神病或曾是乙肝、丙肝病毒携带者或60周岁以前因病身故。 | □ | □ |
| 10. 妇女专项<br>A.是否正在怀孕？如是，孕期第＿＿＿＿周；<br>B.是否患有子宫肌瘤、子宫颈癌、卵巢囊肿、卵巢癌、异位妊娠、乳腺增生（包块、肿块）、乳腺癌、阴道不规律出血等疾病。 | □<br>□ | □<br>□ |
| 11. 投保记录：<br>A.目前是否有已参加或正在申请中的其它人身保险？如有，请告知承保公司、保险险种名称、保险金额、保单生效时间。<br>B.过去两年内是否曾被保险公司解除合同或申请人身保险而被延期、拒保或附加条件承保。<br>C.过去有无向保险公司索赔。 | □<br>□<br>□ | □<br>□<br>□ |
| 12. 团体投保告知事项<br>1.参加投保的被保险人是否有上述4－10项告知<br>2.过去三年有无向保险公司索赔（选"是"请在备注栏列明索赔险种、时间、原因、人数）<br>3.过去三年是否发生过死亡或伤残情况？若"是"请告知人数。<br>疾病死亡＿＿＿＿人；疾病伤残＿＿＿＿人；意外死亡＿＿＿＿人；意外伤残＿＿＿＿人<br>4.是否有长期病假、长期接受治疗或住院人员参加本次投保？若"是"有＿＿＿＿人<br>5.是否有残疾人员参加本次投保？若"是"有＿＿＿＿人<br>6.保险金额或保险费分配规则：□平均　□年收入　□职位　□综合了多种因素<br>说明：1.4.5项目若为"是"，请在《被保险人变更申请清单》中对应被保险人"备注"中说明 | □<br>□<br>□<br><br>□<br>□ | □<br>□<br>□<br><br>□<br>□ |
| 13. 说明：以上2－12项如"是"，请列明问题编号及有关需说明的内容，包括疾病诊治日期、诊治结果、诊治医院名称、债务情况等。对投保单及告知内容，本公司承担保密责任。 | | |

投保人声明与授权

　　本人谨此代表本人及被保险人声明及同意：以上所填各告知事项均属事实并确无欺瞒。如有不实告知，贵公司有权解除保险合同，并对解除合同前发生的事故不负保险责任。

　　本人谨此授权凡知道或拥有任何有关本人或被保险人健康及其它情况的任何医生、医院、保险公司、其它机构或人士，均可将所需的有关资料提供给中国人寿保险股份有限公司。此授权书的影印本也同样有效。

| 被保险人或其法定监护人签名：＿张玲＿＿ | 投保人签名：＿王军＿＿ |
|---|---|
| 日期：　2015-10-15　㉑ | 日期：　2015-10-15　㉑ |

附图8-3(2)　填写健康告知书(第2页)

## 四、核保会签

核保会签,见附图 8-4。

**人寿保险公司变更、复效及补发申请书**

| 保单号码 | | 投保人 | | 被保险人 | |
|---|---|---|---|---|---|

下列保单变更事项如同意请在保单里予以批注(请在申请变更项目前□内打钩)

1、□变更(更正)投保人为:_____
　　身份证号码:_____
　　与被保险人关系:_____
2、□变更收费地址为:_____
　　电话号码:_____
3、□变更身故受益人为:_____
　　身份证号码:_____
　　与被保险人关系:_____
4、□变更原缴别为_____缴。
5、□主寿险减保金额为_____元,有效保额为:_____元
6、□取消附加险
7、□附加险减保金额为_____元,有效保额为:_____元
8、□因原保单遗失(污损)特此声明作废并申请补发保单,后因遗失的保单所发生任何纠葛,由投保人或被保险人负全部责任。
9、□其他:_____

申请以下变更事项须填写告知事项:

11、□主寿险加保金额为_____元,有效保额为_____元
12、□增加附加险_____,保额为_____元
13、□附加险加保_____,有效保额为_____元
14、□申请复效
15、□备注:_____

投保人(监护人):_____　　身份证号码:_____
被保险人:_____　　　　　身份证号码:_____
代办人:_____　　　　　　身份证号码:_____

申请日期:_____

核保栏
核保主任签章:(张晓彬印)　核保员签章:(王琳之印)　核保日期:2015-10-16

客服部
审核:_____　复核:_____　经办:_____　审核日期:_____

附图 8-4　核保会签

## 五、保全意见

保全意见,见附图 8-5。

**人寿保险公司变更、复效及补发申请书**

| 保单号码 | | 投保人 | | 被保险人 | |
|---|---|---|---|---|---|

下列保单变更事项如同意请在保单里予以批注（请在申请变更项目前□内打钩）

1、□变更（更正）投保人为：_____
　　身份证号码：_____
　　与被保险人关系：_____
2、□变更收费地址为：_____
　　电话号码：_____
3、□变更身故受益人为：_____
　　身份证号码：_____
　　与被保险人关系：_____
4、□变更原缴别为_____缴。
5、□主寿险减保金额为_____元,有效保额为_____元
6、□取消附加险
7、□附加险减保金额为_____元,有效保额为_____元
8、□因原保单遗失（污损）特此声明作废并申请补发保单,后因遗失的保单所发生任何纠葛,由投保人或被保险人负全部责任。
9、□其他：_____
申请以下变更事项须填写告知事项：
11、□主寿险加保金额为_____元,有效保额为_____元
12、□增加附加险_____,保额为_____元
13、□附加险加保_____,有效保额为_____元
14、□申请复效
15、□备注：_____

投保人（监护人）：_____　　身份证号码：_____
被保险人：_____　　　　　身份证号码：_____
代办人：_____　　　　　　身份证号码：_____

申请日期：_____

核保栏：核保主任（签章）　核保员签章　核保日期：_____

客服部：审核：董彬　复核：张雨　经办：林洁　审核日期：2015-10-16

附图 8-5　保全意见

## 六、出具批单

出具批单,见附图 8-6。

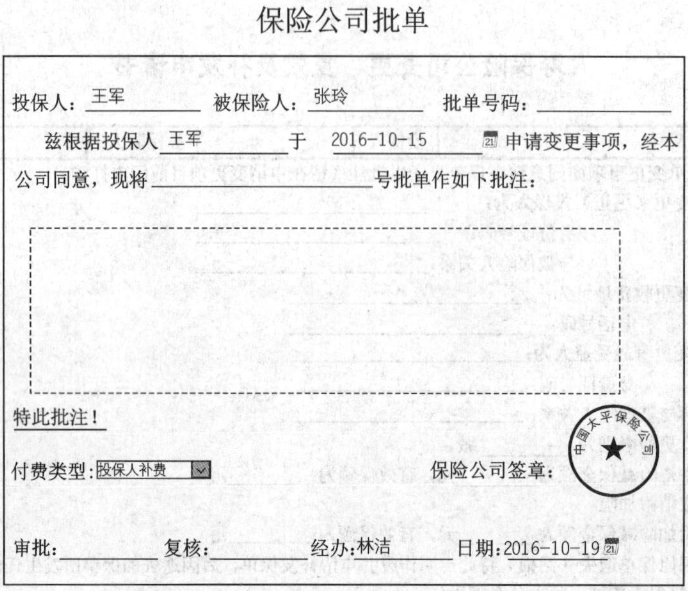

保险公司批单

投保人: 王军　　被保险人: 张玲　　批单号码: _____

兹根据投保人 王军 于 2016-10-15 📅 申请变更事项,经本公司同意,现将 _____ 号批单作如下批注:

特此批注!

付费类型: 投保人补费 ▽　　　　保险公司签章: (中国太平保险公司章)

审批: _____　复核: _____　经办: 林洁　日期: 2016-10-19 📅

附图 8-6　出具批单

## 七、审核批单

审核批单,见附图 8-7。

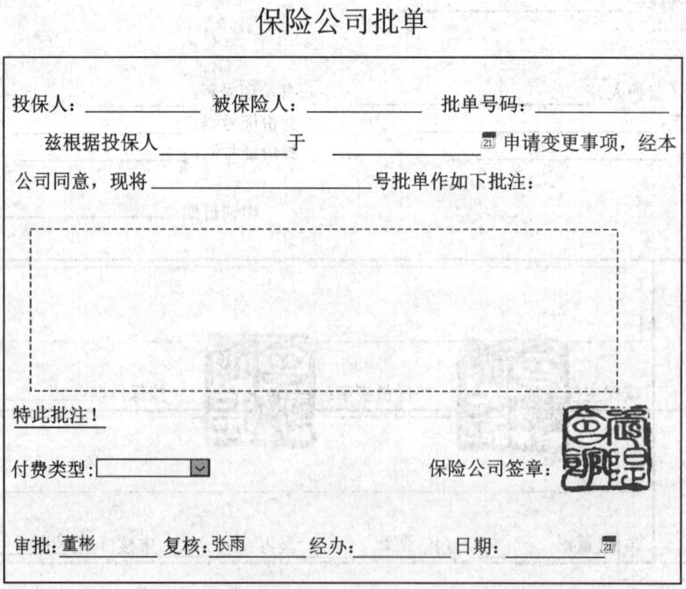

保险公司批单

投保人: _____　被保险人: _____　批单号码: _____

兹根据投保人 _____ 于 _____ 📅 申请变更事项,经本公司同意,现将 _____ 号批单作如下批注:

特此批注!

付费类型: _____ ▽　　　　保险公司签章: (印章)

审批: 董彬　复核: 张雨　经办: _____　日期: _____ 📅

附图 8-7　审核批单

## 八、接收批单

接收批单,见附图 8-8。

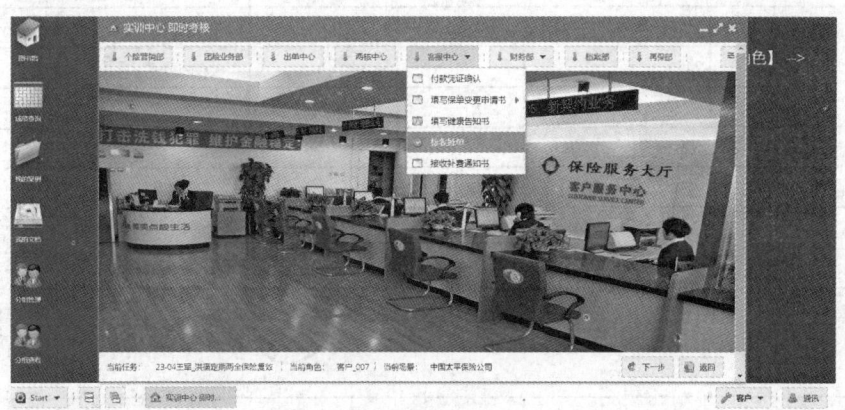

附图 8-8　接收批单

## 九、发送补费通知书

发送补费通知书和退补费明细表,见附图 8-9 和附图 8-10。

### 补费通知书

王军　　　　先生/女士

　　您好!

　　根据您申请办理的保全业务,您需要补缴 保险　　　　费用共计 2460　　　元,为保障你的权益,使本次保全及时生效,请您在 2015-10-30　　前到我公司柜台办理缴费,或通过银行转账方式进行费用补缴。我公司开户行及帐号信息如下:

开户行:中国农业银行天河北支行

户　名:中国太平保险公司

帐　号:420140057855688

　　如果您有任何疑问,请致电全国统一客服热线 4008-9999-666 咨询。

　　最后,感谢您的配合,并预祝您家庭幸福,工作顺利!

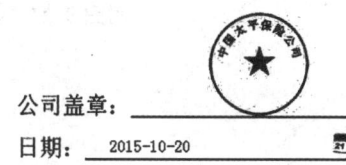

公司盖章:　　　　　　

日　　期: 2015-10-20

附图 8-9　发送补费通知书

## 退补费明细表

| 退补费明细表 | 补费栏 | | | | 退费栏 | |
|---|---|---|---|---|---|---|
| | 主险加保 | | | 工本费 | 主险减保 | |
| 复效 | 保费 | 2460 | | | 附约减保 | |
| | 利息 | | | | | |
| | 当期保费第 3 次 | 2460 | | 元 | | |
| 合计 ○应退费 ●应补费 | | 人民币：（大写） 贰仟肆佰陆拾元 | | | 小写：2460 | 元 |
| 领款人签章： | | | 身份证号码： | | | |
| 审批：董彬　　复核：张雨　　经办：林洁　　（保险公司签章） | | | | | | |

附图 8-10　发送退补费明细表

## 十、接收补费通知书

接收补费通知书，见附图 8-11。

附图 8-11　接收补费通知书

## 十一、投保人补费

投保人补费,见附图 8-12。

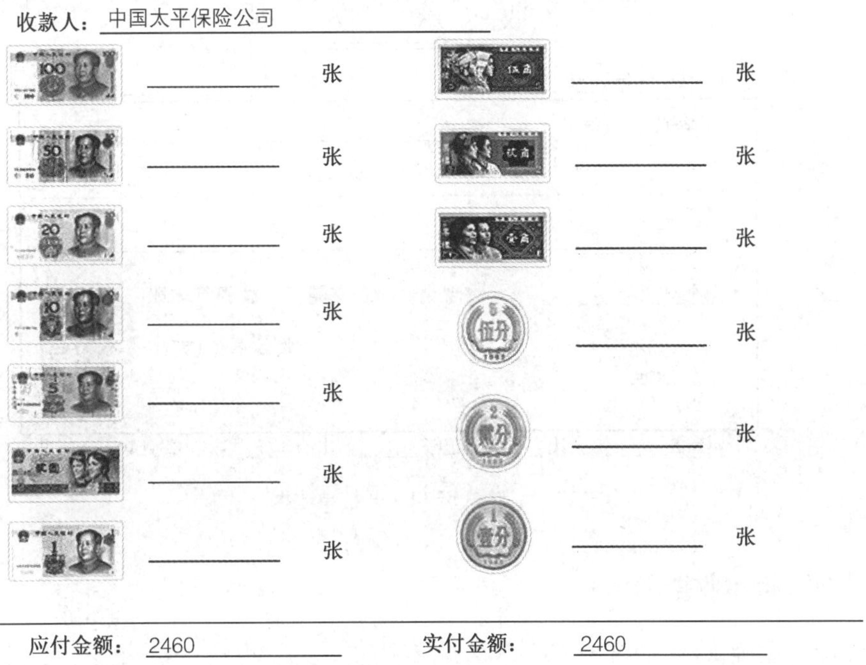

收款人: 中国太平保险公司

应付金额: 2460　　　　实付金额: 2460

附图 8-12　投保人补费

## 十二、收取补费

收取补费,见附图 8-13。

附图 8-13　收取补费

## 十三、开批单收据

开批单收据,见附图 8-14。

**收 款 收 据**

日期：2015-10-29

今收到 王军

交来：＿＿＿＿＿＿＿＿＿＿＿＿＿＿＿＿＿＿ *

金额（大写） 贰仟陆佰肆拾元

￥ 2640.00    ☑现金  □支票  □银行转账

收款单位(盖章)

核准＿＿＿ 会计＿＿＿ 记账＿＿＿ 出纳 李杨 经手人＿＿＿

附图 8-14　开批单收据

## 十四、批单收据确认

批单收据确认,见附图 8-15。

附图 8-15　批单收据确认

## 十五、批单收据留存

批单收据留存,见附图 8-16。

附录8 王军洪福定期两全保险复效操作手册

附图 8-16 批单收据留存

## 十六、提交档案

提交档案,见附图 8-17。

### 保全相关单证清分表

保险公司名称:中国太平保险公司

| 单证名称 | 单证号 | 是否提交 | 是否归档 |
| --- | --- | --- | --- |
| 保单变更申请<br>(非付费类) |  | ☐ | ☐ |
| 保单变更申请<br>(付费类) |  | ☐ | ☐ |
| 收款收据 |  | ☑ | ☐ |
| 保单变更批单 |  | ☑ | ☐ |
| 补充调查问卷 |  | ☑ | ☐ |

经办人:张小丽　　　　　　　　　归档人:

附图 8-17 提交档案

## 十七、保全归档

保全归档,见附图 8-18。

### 保全相关单证清分表

保险公司名称:_____

| 单证名称 | 单证号 | 是否提交 | 是否归档 |
|---|---|---|---|
| 保单变更申请（非付费类） |  | ☐ | ☐ |
| 保单变更申请（付费类） |  | ☐ | ☐ |
| 收款收据 |  | ☐ | ☑ |
| 保单变更批单 |  | ☐ | ☑ |
| 补充调查问卷 |  | ☐ | ☑ |

经办人:_____　　　　归档人:欧阳菲菲

附图 8-18　保全归档

# 附录9　王军洪福定期两全保险保单贷款操作手册

打开逸景人身保险实训系统,并用自己的登录名与密码登录。在桌面单击"实训中心即时考核"图标,进入任务管理页面。在未开始任务中双击所要完成的任务图标,开启该任务。在进行中的任务中选定任务图标,点击右上角图标【查看任务进度】,查看任务的流程。查看任务进度后,可以了解到本任务需要完成的所有步骤。接下来,就可以按步骤开始操作了。

## 一、保险单查询

保险单查询,见附图9-1。

保险单查询系统

请输入被保险人名称进行查询: 张玲

| 投保人 | 保险单号 | 险种名称 | 保险金额 | 保险费 | 操作 |
|---|---|---|---|---|---|
| 王军 | | 洪福定期两全保险 | 150000.00 | 2460.00 | 保单借款 |
| | | | | | |
| | | | | | |
| | | | | | |

保险公司名称:中国太平保险公司

附图9-1　保险单查询

## 二、提交保险单贷款申请书

提交保险单贷款申请书,见附图 9-2。

### 保险单借款申请书

保单号码:_____  投保人:王军_____  申请日期:2014-05-09

借款金额:人民币(大写):肆仟陆佰肆拾肆元____  (小写):4644  ¥ 元

---

保单借款约定事项

一、借款金额:
投保人以保险合同的现金价值为质,向我司申请保单借款。借款金额最大为保险合同现金价值扣除各项欠款后余额的80%(条款另有约定的,按条款约定)。

二、借款期限:
本次借款期限最长为 6 个月。借款本息应在借款期满之日还款。如果逾期还款,则借款利息将被并入借款金额中,并视同重新借款。借款起息日为资金到帐日。

三、借款利率:
现行借款利率为4%/年。借款期间,如果我公司的公布利率有所调整,则新借款利率从调整之日起实施。

四、提前还款:
本借款采用到期一次还本付息的方式。本人在借款期间如申请提前偿还借款,需要全额偿还实际产生的借款利息及本金。

五、还款方式:
借款到期,本人同意并授权贵公司从本人授权的保险费扣款账户中扣取借款本金及利息。如我公司未能成功扣款的,投保人需提交书面的还款申请,经我公司审核通过予以扣款。

六、到期未还款的处理:
1、当现金价值不足以偿还借款和利息时,本合同的效力立即中止。我公司对本合同效力中止期间发生的保险事故不承担保险金给付责任。
2、如果保险合同项下存在未偿还的借款,我公司可以在给付各项保险金、保单红利、退还现金价值或者返还保险费时,直接用上述项全部或部分偿还借款。

七、借款款项的发放
借款本金将直接转入我保险有限公司授权的保险费扣款账户中。如果因本人授权账户错误、账户注销或不符我公司对应付款项银行给付的账户要求而导致支付不成功,我公司将不承担此引起的责任。

八、保单变更:
在保单借款期间,我公司将不受理关于此份保险合同的部分退保、投保人变更、关爱保险金领取、教育保险金领取、其他生存金领取等申请。

第一联:保险公司业务联

附图 9-2(1)  提交保险单贷款申请书(第 1 页)

附录 9　王军洪福定期两全保险保单贷款操作手册

**九、保证条款：**
投保人保证借款所质押的保险合同不存在任何第三方权利，同时在保单借款期间，投保人不得将保单进行转让或再质押。

本人以本人上述保险合同的现金价值为质，向　中国太平保险公司　　公司申请上述借款款项，并同意遵守以上各项保单借款约定事项。

借款人（投保人）签名：　王军　　　　　　　　被保险人签名：　张玲　

1、本申请书请用黑色钢笔或黑色签字笔正楷填写相关内容。
2、为维护您的权益，请勿在空白申请书上签名。签名前，请慎重核对填写的资料。签名需与原留存于保险公司的签名样本一致。投保人及被保险人务必本人亲自签名，未成年人或限制民事行为能力人/无民事行为能力人，由其法定/指定监护人签名。
3、为保证您的借款及还款顺利，请确保您的保费扣款账户处于正常使用状态。
请务必将保险公司业务联交回，否则将影响此次申请的处理。

附图 9-2(2)　提交保险单贷款申请书（第 2 页）

## 三、接收保险单贷款申请书

接收保险单贷款申请书，见附图 9-3。

附图 9-3　接收保险单贷款申请书

## 四、出具批单

出具批单,见附图 9-4。

**保险公司批单**

投保人：<u>王军</u>　　被保险人：<u>张玲</u>　　批单号码：_____

兹根据投保人<u>王军</u>于<u>2014-05-12</u>📅申请变更事项,经本公司同意,现将_____号批单作如下批注:

特此批注！

付费类型：保单贷款▽　　　　　保险公司签章：（中国太平保险公司章）

审批：_____　复核：_____　经办：_____　日期：_____📅

附图 9-4　出具批单

## 五、审核批单

审核批单,见附图 9-5。

**保险公司批单**

投保人：_____　　被保险人：_____　　批单号码：_____

兹根据投保人_____于_____📅申请变更事项,经本公司同意,现将_____号批单作如下批注:

特此批注！

付费类型：_____▽　　　　　保险公司签章：（印章）

审批：<u>董彬</u>　复核：<u>张雨</u>　经办：_____　日期：_____📅

附图 9-5　审核批单

## 六、接收批单

接收批单，见附图 9-6。

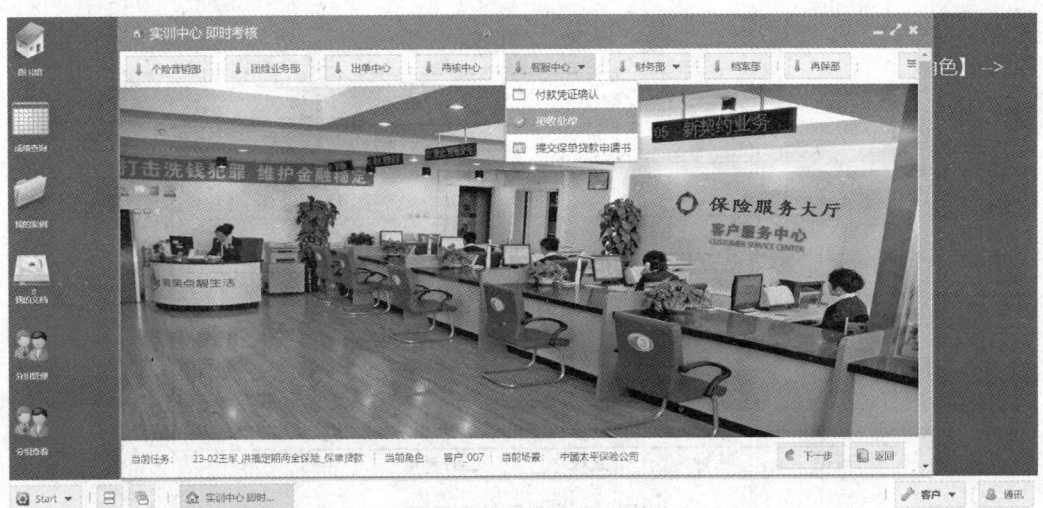

附图 9-6　接收批单

## 七、保险公司办理给付

保险公司办理给付，见附图 9-7。

转账交易成功

网银流水号:　　　　　交易日期:

| | | | | | |
|---|---|---|---|---|---|
| 付款方信息 | 账号 | 420140057855688 | 收款方信息 | 账号 | 420260057855697 |
| | 户名 | 中国太平保险公司 | | 户名 | |
| | 开户行 | | | 开户行 | |
| 用途 | * | | | | |
| 本次发生金额 | 转出金额（小写） | 4644 | 转出金额（大写） | 肆仟陆佰肆拾肆元 | |
| | 交易类型 | | 交易费 | | |
| | 合计（小写） | 4644 | 合计（大写） | 肆仟陆佰肆拾肆元 | |

上列款项已按委托办理，有何疑问或业务咨询，请致电话：95599或当地客服中心。

重要提示：本回单不作为收款方发货依据。

打印　返回

附图 9-7　保险公司办理给付

## 八、开具付款凭证

开具付款凭证见附图 9-8。

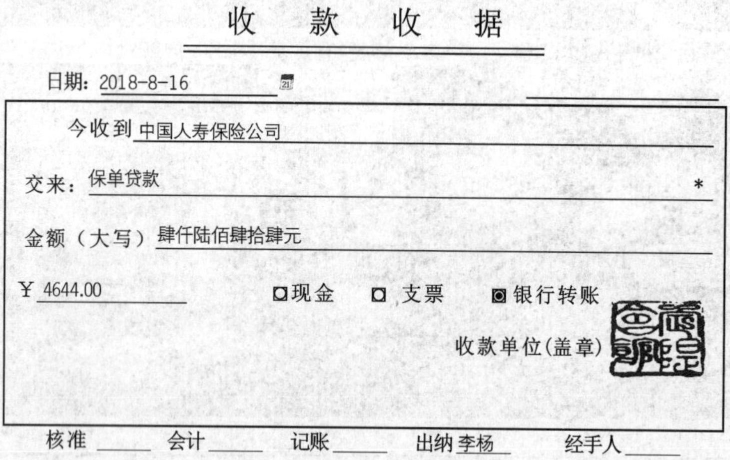

**收款收据**

日期：2018-8-16

今收到 中国人寿保险公司

交来：保单贷款　　　　　　　　　　　　　　　*

金额（大写）肆仟陆佰肆拾肆元

¥ 4644.00　　　□现金　□支票　☑银行转账

收款单位(盖章)

核准＿＿　会计＿＿　记账＿＿　出纳 李杨　经手人＿＿

附图 9-8　开具付款凭证

## 九、付款凭证确认

付款凭证确认，见附图 9-9。

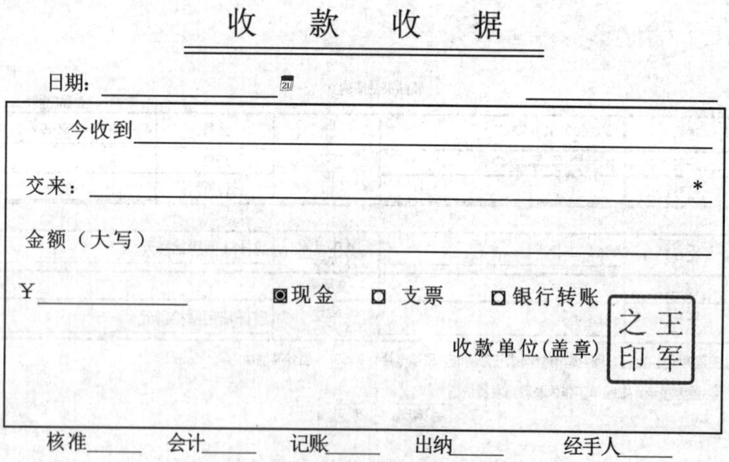

**收款收据**

日期：＿＿＿＿

今收到＿＿＿＿

交来：＿＿＿＿　　　　　　　　　　　　　　　*

金额（大写）＿＿＿＿

¥＿＿＿＿　　　☑现金　□支票　□银行转账

收款单位(盖章)　王军之印

核准＿＿　会计＿＿　记账＿＿　出纳＿＿　经手人＿＿

附图 9-9　付款凭证确认

## 十、付款凭证留存

付款凭证留存,见附图 9-10。

附图 9-10　付款凭证留存

## 十一、提交档案

提交档案,见附图 9-11。

**保全相关单证清分表**

保险公司名称：中国太平保险公司

| 单证名称 | 单证号 | 是否提交 | 是否归档 |
| --- | --- | --- | --- |
| 保单变更申请（非付费类） |  | □ | □ |
| 保单变更申请（付费类） |  | □ | □ |
| 收款收据 |  | ☑ | □ |
| 保单变更批单 |  | ☑ | □ |
| 补充调查问卷 |  | □ | □ |

经办人：＿＿＿＿＿＿　　　　归档人：＿＿＿＿＿＿

附图 9-11　提交档案

## 十二、保全归档

保全归档,见附图 9-12。

### 保全相关单证清分表

保险公司名称：_____

| 单证名称 | 单证号 | 是否提交 | 是否归档 |
|---|---|---|---|
| 保单变更申请<br>（非付费类） | | ☐ | ☐ |
| 保单变更申请<br>（付费类） | | ☐ | ☐ |
| 收款收据 | | ☐ | ☑ |
| 保单变更批单 | | ☐ | ☑ |
| 补充调查问卷 | | ☐ | ☐ |

经办人：_____　　归档人：_____

附图 9-12　保全归档

# 附录10　张明明国寿康宁终身重大疾病保险理赔操作手册

打开逸景人身保险实训系统,并用自己的登录名与密码登录。在桌面单击"实训中心即时考核"图标,进入任务管理页面。在未开始任务中双击所要完成的任务图标,开启该任务。在进行中的任务中选定任务图标,点击右上角图标【查看任务进度】,查看任务的流程。查看任务进度后,可以了解到本任务需要完成的所有步骤。接下来,就可以按步骤开始操作了。

## 一、报案信息登记

报案信息登记,见附图10-1。

### 报案登记表

报案号：　　　　*　　　　　　　　　　　中国人寿保险公司

| 项目 | 内容 |
|---|---|
| 报案人姓名 | 李梅 * |
| 报案人身份 | ○被保险人　○受益人　○投保人　⦿其他：配偶 |
| 报案时间 | 2032-10-27 |
| 联系方式 | 电话：　　　手机：15000485422　电子邮箱：lm@qq.com |
| 事故发生时间 | 2032-10-26 |
| 事故发生地点 | 上海市杨浦区邯郸路5号 |
| 被保险人基本信息 | 姓　名：张明明<br>身份证号码：310033198408288792<br>保单号码：　　　　* |
| 事故简单过程 | 急性心肌梗塞,送医院抢救后死亡 |
| | 本人认可上述登记事项准确无误。<br>报案人：李梅 |
| 接案人 | 姓名：　　　　　　工号：　　　　　 |

附图10-1　报案信息登记

## 二、查抄底档

查抄底档,见附图10-2。

附图10-2 查抄底档

## 三、接案登录

接案登录,见附图10-3。

### 接案登录表

| 报案号: | | | | |
|---|---|---|---|---|
| 一、客户信息确认 | | | | |
| 1、客户是否为本公司被保险人 | | ●是 | ○否 | |
| 2、客户保单是否有效 | | ●是 | ○否 | |
| 3、事故是否属于保险合同保障范围 | | ●是 | ○否 | |
| 二、出险信息录入 | | | | |
| 被保险人身份证号码 | | 310033198408288792 | | |
| 保单号码 | | | | |
| 出险人姓名 | 张明明 | 性别 | 男 | |
| 业务员工号 | | 业务员姓名 | | |
| 出险地点 | 上海市杨浦区邯郸路5号 | 出险时间 | 2032-10-26 | |
| 出险经过、结果 | 急性心肌梗塞,送医院抢救后死亡 | | | |
| 申请人身份证号 | 312881198403038567 | 申请人姓名 | 李梅 | |
| 联系地址 | 上海市杨浦区邯郸路5号 | | | |
| 联系电话 | 15000485422 | 邮政编码 | 200433 | |
| 申请人与被保险人关系 | 夫妻 | 受益人与被保险人关系 | | |
| 报案日期 | 2032-10-27 | 是否属重大案件 | ○是 ●否 | |
| 接案人 | 姓名: | | 工号: | |

附图10-3 接案登录

## 四、发放索赔单证

发放索赔单证,见附图 10-4。

---

请在需要提交的资料前打"√"

☑ 1、理赔申请书
☑ 2、保险单 _____ 🖉
☐ 3、被保险人身份证明 _____ 🖉
☐ 4、诊断证明 _____ 🖉
　　出院小结 _____ 🖉
☐ 5、住院费用原始发票 _____ 🖉
　　费用明细清单(津贴给付型医疗险无需此项) _____ 🖉
☐ 6、门/急诊病历/手册 _____ 🖉
　　门诊发票 _____ 🖉
　　费用清单或处方 _____ 🖉
☐ 7、病历及其他各项检查报告 _____ 🖉
☐ 8、伤残鉴定书 _____ 🖉
☐ 9、意外事故证明 _____ 🖉
　　若是交通事故,须提供交通管理部门出具的交通事故责任认定书: _____ 🖉
　　若是工伤事故,须提供相关单位的工伤证明: _____ 🖉
☑ 10、死亡证明书 _____ 🖉
　　户籍注销证明 _____ 🖉
☑ 11、用以确定申请人身份的相关证明(见注解) _____ 🖉
☑ 12、受益人(监护人)银行账户复印件 _____ 🖉
☐ 13、公共账户使用授权书
☐ 14、被保险人护照、境外急性病或意外相关证明资料、境外身故使领馆证明

---

附图 10-4　发放索赔单证

## 五、提交理赔材料

提交理赔材料,见附图10-5。

### 人身保险理赔申请书

立案号 _____

| 保单信息 | 保险单号 | | 业务员 | | 业务员电话 | |
|---|---|---|---|---|---|---|
| 被保险人信息 | 姓名 | 张明明 | 性别 | 男 | 年龄 | 48 |
| | 证件类型 | 身份证 | 证件有效期至 | 2029-01-25 | 证件号码 | 310033198408288792 |
| | 国籍 | 中国 | 职业 | 工厂、企业部门主管 | 联系方式 | 15026669110 |
| | 工作单位/就读学校/住所/经常居住地 | | | 上海市杨浦区邯郸路5号丨上海复明有限公司 | | |
| 申请人信息 | 姓名 | 李梅 | 性别 | 女 | 年龄 | 48 岁 |
| | 证件类型 | 身份证 | 证件有效期至 | 2030-03-07 | 证件号码 | 312881198403038567 |
| | 国籍 | 中国 | 职业 | 律师 | 联系方式 | 15000485422 |
| | 工作单位/就读学校/住所/经常居住地 | | | 上海市杨浦区邯郸路5号 | | |
| | 邮编 | 200433 | 地址 | 上海市杨浦区邯郸路5号 | | |
| | 申请人身份 | ○被保险人 ○指定受益人 ○被保险人的继承人 ○监护人 ●其他 配偶 | | | | |
| | 转账信息 | 开户行 | 中国工商银行 | 户名 | 李梅 | 账号 _____ |
| 索赔信息 | 索赔类别 | □健康医疗 □免交保费 | | ☑身故 □年金 | □残疾 □旅游救援 | □重大疾病 □其他 |
| | 您是否在社保、农合或其他保险公司投保? | ○是 ●否 | | 是否有索赔经历? | ○是 ●否 | 是否需要其他途径报销? | ○是 ●否 |
| | 您是否报案? | 是 | 报案人 | 李梅 | 报案时间 | 2032-10-27 | 报案方式 | 上门 |
| 出险概况 | 出险原因 | ○意外 ●疾病 | | 出险/住院时间 | 2032-10-26 | |
| | 疾病发生过程/意外事故经过 | 急性心肌梗塞,送医院抢救后死亡 | | | | |
| | 治疗医院 | 上海市第一人民医院 | | 就诊科室 | 心脏科 | |
| | 伤情及目前情况 | 死亡 | | | | |
| 补充说明 | | | | | | |

附图10-5(1) 提交理赔材料(第1页)

请在需要提交的资料前打"√"
- ☐ 1、理赔申请书
- ☐ 2、保险单 _____
- ☐ 3、被保险人身份证明 _____
- ☐ 4、诊断证明 _____
    出院小结 _____
- ☐ 5、住院费用原始发票 _____
    费用明细清单（津贴给付型医疗险无需此项）_____
- ☐ 6、门/急诊病历/手册 _____
    门诊发票 _____
    费用清单或处方 _____
- ☐ 7、病历及其他各项检查报告 _____
- ☐ 8、伤残鉴定书 _____
- ☐ 9、意外事故证明 _____
    若是交通事故，须提供交通管理部门出具的交通事故责任认定书：_____
    若是工伤事故，须提供相关单位的工伤证明：_____
- ☐ 10、死亡证明书  310033198408288792 _____
    户籍注销证明  张明明 _____
- ☐ 11、用以确定申请人身份的相关证明（见注解）312881198403038567 _____
- ☐ 12、受益人（监护人）银行账户复印件 _____
- ☐ 13、公共账户使用授权书
- ☐ 14、被保险人护照、境外急性病或意外相关证明资料、境外身故使领馆证明

附图 10-5(2)  提交理赔材料(第 2 页)

## 六、签收理赔材料

签收理赔材料，见附图 10-6。

### 理赔申请材料签收单

报案号：_____

| 被保险人姓名 | 张明明 | 性别 | 男 | 身份证号码 | 310033198408288792 |
| --- | --- | --- | --- | --- | --- |
| 申请人（受托人）姓名 | 李梅 | 与被保险人关系 | 夫妻 | 身份证号码 | 312881198403038567 |

已收到以下凭证

| 单证名称 | 原件 | 复印件 | 单证名称 | 原件 | 复印件 | 单证名称 | 原件 | 复印件 |
| --- | --- | --- | --- | --- | --- | --- | --- | --- |
| 人身保险理赔申请书 | | | 委托授权书 | | | 医疗诊断证明 | | |
| 保险单正本和保险凭证 | | | 申领证明 | | | 医疗检查报告 | | |
| 最后一次缴费凭证 | | | 意外事故证明 | | | 门诊病历 | | |
| 被保险人身份证明 | | | 死亡证明 | | | 手续证明 | | |
| 被保险人户口簿 | | | 殡葬证或火化证明 | | | 出院小结 | | |
| 申请人身份证明 | | | 户口注销证明 | | | 医疗费用原始单据 | | |
| 申请人户口簿 | | | 宣告死亡证明书 | | | 医疗费用结算清单 | | |
| 受益人身份证明 | | | 残疾鉴定书 | | | 交通事故责任认定书 | | |
| 继承人身份证明 | | | 公证书 | | | 驾驶证 | | |
| 单位证明 | | | 调解书 | | | 行驶证 | | |
| 授权转账存折复印件 | | | 判决书或仲裁书 | | | | | |

本案因保险事故性质、原因、伤害程度等在公司收到上述理赔申请材料后5日内不能核定，需要进一步核实。

申请人（受托人）签名：_____

日期：_____

受理人签名：_____

日期：2032-10-27

说明：
1. 本签收单仅作为本公司收取申请人理赔申请材料的交接凭证，并不代表本公司已做出任何赔付承诺。
2. 本公司可以根据保险合同的约定，要求申请人补充提供有关材料。
3. 申请人请妥善保管此单证，凭此单证办理退还保险单正本或其它有关证事宜。
4. 本签收单一式两份，本公司与申请人（受托人）各执一份。
5. 本签收单涂改无效。

保险股份盖章：_____

日期：2032-10-27

附图 10-6  签收理赔材料

## 七、客户确认材料签收

客户确认材料签收,见附图 10-7。

### 理赔申请材料签收单

报案号:_____

| 被保险人姓名 | | 性别 | | 身份证号码 | | * |
| --- | --- | --- | --- | --- | --- | --- |
| 申请人(受托人)姓名 | | 与被保险人关系 | | 身份证号码 | | |

已收到以下凭证

| 单证名称 | 原件 | 复印件 | 单证名称 | 原件 | 复印件 | 单证名称 | 原件 | 复印件 |
| --- | --- | --- | --- | --- | --- | --- | --- | --- |
| 人身保险理赔申请书 | | | 委托授权书 | | | 医疗诊断证明 | | |
| 保险单正本和保险凭证 | | | 申领证明 | | | 医疗检查报告 | | |
| 最后一次缴费凭证 | | | 意外事故证明 | | | 门诊病历 | | |
| 被保险人身份证明 | | | 死亡证明 | | | 手续证明 | | |
| 被保险人户口簿 | | | 殡葬证或火化证明 | | | 出院小结 | | |
| 申请人身份证明 | | | 户口注销证明 | | | 医疗费用原始单据 | | |
| 申请人户口簿 | | | 宣告死亡证明书 | | | 医疗费用结算清单 | | |
| 受益人身份证明 | | | 残疾鉴定书 | | | 交通事故责任认定书 | | |
| 继承人身份证明 | | | 公证书 | | | 驾驶证 | | |
| 单位证明 | | | 调解书 | | | 行驶证 | | |
| 授权转账存折复印件 | | | 判决书或仲裁书 | | | | | |

本案因保险事故性质、原因、伤害程度等在公司收到上述理赔申请材料后5日内不能确定,需要进一步核实。

申请人(受托人)签名:_____  受理人签名:_____

日期:2032-10-27   日期:_____

说明:
1、本签收单仅作为本公司收取申请人理赔申请材料的交接凭证,并不代表本公司已做出任何赔付承诺。
2、本公司可以根据保险合同的约定,要求申请人补充提供有关材料。
3、申请人请妥善保管此单证,凭此单证办理退还保险单正本或其它有关单证事宜。
4、本签收单一式两份,本公司与申请人(受托人)各执一份。
5、本签收单涂改无效。

保险股份盖章:_____

日期:_____

附图 10-7 客户确认材料签收

## 八、理赔资料审查

理赔资料审查,见附图 10-8。

### 理赔申请材料审查表

| 客户是否已经报案 | ☒是 | ☐否 |
|---|---|---|
| 客户申请的保险事故是否在保单期间内 | ☒是 | ☐否 |
| 客户申请的保险事故是否属于保障范围 | ☒是 | ☐否 |
| 客户申请的保险事故是否在申请时效内 | ☒是 | ☐否 |
| 是否受益人本人来申请或受益人授权的受托人 | ☒是 | ☐否 |
| 审查结论 | | |
| ☒予以受理　　☐不予受理　　☐暂缓受理 | | |

附图 10-8　理赔资料审查

## 九、立案

立案,见附图 10-9。

### 立案登记表

中国人寿保险公司

报案号：_____
立案号：_____

| 被保险人姓名： | 张明明 | 被保险人性别： | 男 |
|---|---|---|---|
| 被保险人身份证号： | 310033198408288792 | | |
| 出险地点： | 上海市杨浦区邯郸路5号 | 出险时间： | 2032-10-26 |
| 出险经过、结果 | 急性心肌梗塞,送医院抢救后死亡 | | |
| 申请人身份证号： | 312881198403038567 | | |
| 申请人姓名： | 李梅 | 联系电话： 15000485422 | 邮政编码： 200433 |
| 联系地址： | 上海市杨浦区邯郸路5号 | | |
| 与被保险人关系： | 夫妻 | 报案时间： | 2032-10-27 |
| 证明材料份数： | （　　）份 | 通知再保方： | ☐ |
| 理赔原因： | ☒1、死亡　☐2、残疾　☐3、医疗　☐4、重疾 | | |

| 拥有保单情况 | | | | | |
|---|---|---|---|---|---|
| 保单号码 | 险种名称 | 责任描述 | 保费缴至日期 | 保单状态 | 处理否 |
|  | 国寿康宁终身重 | | | | ☒ |
|  | | | | | ☐ |
|  | | | | | ☐ |
|  | | | | | ☐ |
|  | | | | | ☐ |

立案人：_____　　立案时间： 2032-10-27

附图 10-9　立案

## 十、理赔调查

理赔调查,见附图 10-10。

附图 10-10 理赔调查

## 十一、理赔结论

理赔结论,见附图 10-11。

附图 10-11 理赔结论

## 十二、理赔计算

理赔计算,见附图10-12。

### 理赔计算表

中国人寿保险公司

立案号:_____

| 被保险人姓名 | 张明明 | 性别 | 男 |
| --- | --- | --- | --- |
| 身份证号 | 310033198408288792 | 出险日期 | 2032-10-26 |
| 出险地点 | 上海市杨浦区邯郸路5号 | | |
| 出险经过、结果 | 急性心肌梗塞,送医院抢救后死亡 | | |

| 保单号 | 责任类型 | 险种名称 | 目前保额(元) | 给付率 | 给付金额(元) |
| --- | --- | --- | --- | --- | --- |
| | | 国寿康宁终身 | 500000.00 | 100%|1 | 500000.00 |
| | | | | | |
| | | | | | |

| 目前保额合计(元) | 500000.00 | 给付金额合计(元) | 500000.00 |
| --- | --- | --- | --- |
| 扣欠缴保费 | | 应退预收保费 | |
| 相关立案赔付总额 | | 扣保单贷款 | |
| 查勘费用 | | 核赔费用 | 500000.00 |
| 赔付金额合计 | 500000.00 | 通知再保方 | □ |

附图 10-12  理赔计算

## 十三、理赔复核

理赔复核,见附图10-13。

### 理赔复核表

立案号:_____

| 被保险人姓名 | 张明明 | 性别 | 男 |
| --- | --- | --- | --- |
| 身份证号 | 310033198408288792 | 出险日期 | 2032-10-26 |
| 申请人姓名 | 李梅 | 性别 | 女 |
| 身份证号码 | 312881198403038567 | 申请日期 | 2032-10-27 |
| 理赔结论 | ⊙正常给付  ○拒绝给付  ○通融给付<br>○解约退费  ○解约不退费  ○撤案 | | |
| 理赔给付金额 | 500000.00 | 支付方式 | ○现金  ○支票  ⊙银行转账 |
| 审核人 | | 复核意见 | 复核通过 |

附图 10-13  理赔复核

## 十四、赔款通知

赔款通知,见附图 10-14。

# 理赔领款通知书

尊敬的 李梅 先生/女士:

您好!您提交的被保险人 张明明 ,保单号 _____ 项下的保险理赔申请,经审核,已获得批准,我公司将根据保险合同的约定支付下列保险金:

单位:(元人民币)

| 保单号 | 给付项目 | 给付金额 | 备注 |
|---|---|---|---|
|  | 国寿康宁终身重大疾病保 | 500000.00 |  |
|  |  |  |  |
|  |  |  |  |

合计: 500000.00 元。

请您于 _____ 之前携带您的身份证及本通知书(本通知书由我公司保存)前来我公司办理领款手续。

领款金额(大写): 伍拾万 人民币。

客户意见: _____* 支付方式: ○支票 ●银行转账

户名: 张明明 开户行: 中国工商银行 *

银行账号: _____ *

如您有任何不详之处,敬请致电 12345 垂询。

顺致

最良好的祝愿!

收款人签章             付款人签章

日期: _____           日期: 2032-10-27

附图 10-14 赔款通知

## 十五、赔款确认

赔款确认，见附图 10-15。

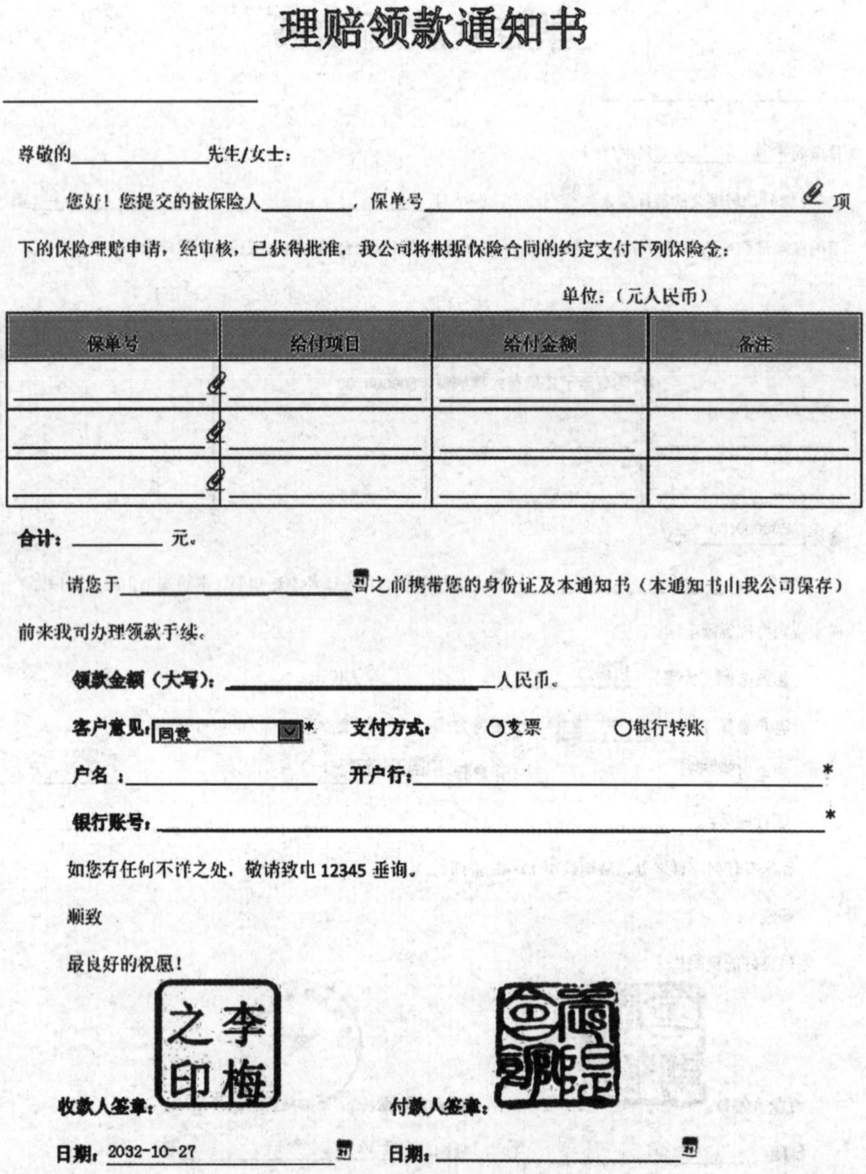

### 理赔领款通知书

尊敬的_____先生/女士：

您好！您提交的被保险人_____，保单号_____项下的保险理赔申请，经审核，已获得批准，我公司将根据保险合同的约定支付下列保险金：

单位：（元人民币）

| 保单号 | 给付项目 | 给付金额 | 备注 |
|---|---|---|---|
|  |  |  |  |
|  |  |  |  |
|  |  |  |  |

合计：_____元。

请您于_____之前携带您的身份证及本通知书（本通知书由我公司保存）前来我司办理领款手续。

领款金额（大写）：_____人民币。

客户意见：同意*     支付方式：○支票    ○银行转账

户名：_____     开户行：_____*

银行账号：_____*

如您有任何不详之处，敬请致电 12345 垂询。

顺致

最良好的祝愿！

收款人签章：李梅之印

付款人签章：（印章）

日期：2032-10-27          日期：

附图 10-15  赔款确认

## 十六、保险公司办理理赔

保险公司办理理赔,见附图 10-16。

| 转账交易成功 | | | | | 交易日期:2032-10-27 |
|---|---|---|---|---|---|
| 付款方信息 | 账号 | * | 收款方信息 | 账号 | * |
| | 户名 | 中国人寿保险公司 | | 户名 | 李梅 |
| | 开户行 | 中国工商银行 | | 开户行 | 中国工商银行 |
| 用途 | 理赔支付 | * | | | |
| 本次发生金额 | 转出金额(小写) | 500000.00 | | 转出金额(大写) | 伍拾万 |
| | 交易类型 | | | 交易费 | |
| | 合计(小写) | 500000.00 | * | 合计(大写) | 伍拾万 |

上列款项已按委托办理,有何疑问或业务咨询,请致电话:95599或当地客服中心。

⚠ 重要提示:本回单不作为收款方发货依据。

[打印] [返回]

附图 10-16　保险公司办理理赔

## 十七、开具付款凭证

开具付款凭证,见附图 10-17。

<u>收　款　收　据</u>

日期:2032-10-27

今收到　中国人寿保险公司_____

交来:　理赔支付_____*

金额(大写)　伍拾万

¥ 500000.00　　　□现金　□支票　☑银行转账

　　　　　　　　　　　　　收款单位(盖章)

核准____　会计____　记账____　出纳____　经手人____

附图 10-17　开具付款凭证

## 十八、付款凭证确认

付款凭证确认，见附图 10-18。

收 款 收 据

日期：_____

今收到_____

交来：_____ *

金额（大写）_____

¥_____ ■现金 □支票 □银行转账

收款单位(盖章)  〔李梅之印〕

核准____ 会计____ 记账____ 出纳____ 经手人____

附图 10-18 付款凭证确认

## 十九、付款凭证留存

付款凭证留存，见附图 10-19。

附图 10-19 付款凭证留存

## 二十、提交档案

提交档案,见附图 10-20。

**理赔相关单证清分表**

| 单证名称 | 单证号 | | 是否提交 | 是否归档 |
|---|---|---|---|---|
| 报案登记表 | | 📎 | ☑ | ☐ |
| 接案登录表 | | 📎 | ☑ | ☐ |
| 理赔申请书 | | 📎 | ☑ | ☐ |
| 理赔申请材料签收单 | | 📎 | ☑ | ☐ |
| 理赔申请材料审查表 | | 📎 | ☑ | ☐ |
| 立案登记表 | | 📎 | ☑ | ☐ |
| 理赔调查报告 | | 📎 | ☑ | ☐ |
| 理赔审核报告 | | 📎 | ☑ | ☐ |
| 理赔计算表 | | 📎 | ☑ | ☐ |
| 理赔复核表 | | 📎 | ☑ | ☐ |
| 理赔领款通知书 | | 📎 | ☑ | ☐ |
| 赔款支付凭证 | | 📎 | ☑ | ☐ |

经办人:_____   归档人:_____

附图 10-20　提交档案

## 二十一、理赔归档

理赔归档,见附图 10-21。

**理赔相关单证清分表**

| 单证名称 | 单证号 | | 是否提交 | 是否归档 |
|---|---|---|---|---|
| 报案登记表 | | 📎 | ☐ | ☑ |
| 接案登录表 | | 📎 | ☐ | ☑ |
| 理赔申请书 | | 📎 | ☐ | ☑ |
| 理赔申请材料签收单 | | 📎 | ☐ | ☑ |
| 理赔申请材料审查表 | | 📎 | ☐ | ☑ |
| 立案登记表 | | 📎 | ☐ | ☑ |
| 理赔调查报告 | | 📎 | ☐ | ☑ |
| 理赔审核报告 | | 📎 | ☐ | ☑ |
| 理赔计算表 | | 📎 | ☐ | ☑ |
| 理赔复核表 | | 📎 | ☐ | ☑ |
| 理赔领款通知书 | | 📎 | ☐ | ☑ |
| 赔款支付凭证 | | 📎 | ☐ | ☑ |

经办人:_____   归档人:_____

附图 10-21　理赔归档

# 附录11　王宏文国寿如E综合意外保险计划理赔操作手册

打开逸景人身保险实训系统,并用自己的登录名与密码登录。在桌面单击"实训中心即时考核"图标,进入任务管理页面。在未开始任务中双击所要完成的任务图标,开启该任务。在进行中的任务中选定任务图标,点击右上角图标【查看任务进度】,查看任务的流程。查看任务进度后,可以了解到本任务需要完成的所有步骤。接下来,就可以按步骤开始操作了。

## 一、报案信息登记

报案信息登记,见附图11-1。

**报案登记表**

中国人寿保险公司

| 项目 | 内容 |
|---|---|
| 报案号： | * |
| 报案人姓名 | 王宏文 |
| 报案人身份 | ○被保险人　○受益人　○投保人　○其他： |
| 报案时间 | 2019-3-12 |
| 联系方式 | 电话：　　　手机：13678987896　电子邮箱：whw@qq.com |
| 事故发生时间 | 2019-3-8 |
| 事故发生地点 | 上海市江洋大桥 |
| 被保险人基本信息 | 姓　名：王宏文<br>身份证号码：310322198605087886<br>保单号码： |
| 事故简单过程 | 桥梁坍塌导致双腿瘫痪 |
| 本人认可上述登记事项准确无误。 报案人：王宏文 |||
| 接案人 | 姓名：　　　　　工号： |

附图11-1　报案信息登记

## 二、查抄底档

查抄底档,见附图 11-2。

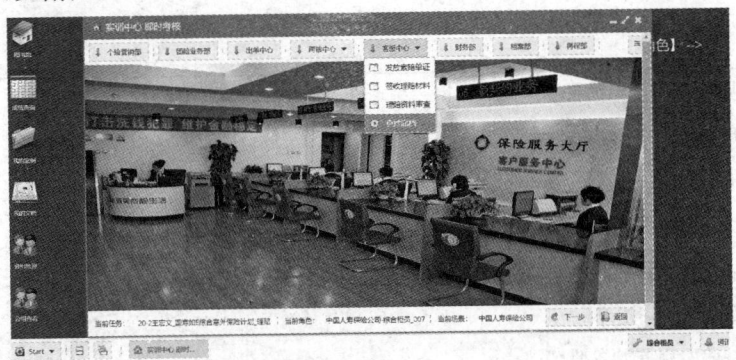

附图 11-2　查抄底档

## 三、接案登录

接案登录,见附图 11-3。

### 接案登录表

| 报案号: | * | | |
|---|---|---|---|
| 一、客户信息确认 | | | |
| 1、客户是否为本公司被保险人 | ⊙*是　○否 | | |
| 2、客户保单是否有效 | ⊙*是　○否 | | |
| 3、事故是否属于保险合同保障范围 | ⊙*是　○否 | | |
| 二、出险信息录入 | | | |
| 被保险人身份证号码 | 310322198605087886 | | * |
| 保单号码 | | | 📎* |
| 出险人姓名 | 王宏文 | *性别 | 男 |
| 业务员工号 | | 业务员姓名 | |
| 出险地点 | 上海市江洋大桥 | 出险时间 | 2019-3-8 |
| 出险经过、结果 | 桥梁坍塌导致双腿截肢 | | |
| 申请人身份证号 | 310322198605087886 | 申请人姓名 | 王宏文 |
| 联系地址 | 上海市黄浦区南京路10号 | | |
| 联系电话 | 13678987896 | 邮政编码 | 200433 |
| 申请人与被保险人关系 | 本人 | 受益人与被保险人关系 | 本人 |
| 报案日期 | 2019-3-12 | 是否属重大案件 | ○是　⊙否 |
| 接案人 | 姓名: | | 工号: |

附图 11-3　接案登录

## 四、发放索赔单证

发放索赔单证,见附图 11-4。

```
请在需要提交的资料前打"√"
☑ 1、理赔申请书
☑ 2、保险单 _____
☑ 3、被保险人身份证明 _____
☐ 4、诊断证明 _____
      出院小结 _____
☐ 5、住院费用原始发票 _____
      费用明细清单(津贴给付型医疗险无需此项)_____
☐ 6、门/急诊病历/手册 _____
      门诊发票 _____
      费用清单或处方 _____
☐ 7、病历及其他各项检查报告 _____
☑ 8、伤残鉴定书 _____
☑ 9、意外事故证明 _____
   若是交通事故,须提供交通管理部门出具的交通事故责任认定书:_____
   若是工伤事故,须提供相关单位的工伤证明:_____
☐ 10、死亡证明书 _____
      户籍注销证明 _____
☐ 11、用以确定申请人身份的相关证明(见注解)_____
☑ 12、受益人(监护人)银行账户复印件 _____
☐ 13、公共账户使用授权书
☐ 14、被保险人护照、境外急性病或意外相关证明资料、境外身故使领馆证明
```

附图 11-4 发放索赔单证

## 五、提交理赔材料

提交理赔材料,见附图 11-5。

### 人身保险理赔申请书

| 保单信息 | 立案号 | | | | | | |
|---|---|---|---|---|---|---|---|
| | 保险单号 | | 业务员 | | 业务员电话 | | |
| 被保险人信息 | 姓名 | 王宏文 | 性别 | 男 | 年龄 | 32 | |
| | 证件类型 | 身份证 | 证件有效期至 | 2025-07-02 | 证件号码 | 310322198605087886 | |
| | 国籍 | 中国 | 职业 | 土石方机械操作 | 联系方式 | 13678987896 | |
| | 工作单位/就读学校/住所/经常居住地 | | 上海市黄浦区南京路10号 上海新腾有限公司 | | | | |
| 申请人信息 | 姓名 | 王宏文 | 性别 | 男 | 年龄 | 32 | 岁 |
| | 证件类型 | 身份证 | 证件有效期至 | 2025-07-02 | 证件号码 | 310322198605087886 | |
| | 国籍 | 中国 | 职业 | 土石方机械操作 | 联系方式 | 13678987896 | |
| | 工作单位/就读学校/住所/经常居住地 | | 上海市黄浦区南京路10号 上海新腾有限公司 | | | | |
| | 邮编 | 200433 | 地址 | 上海市黄浦区南京路10号 | | | |
| | 申请人身份 | □被保险人 □指定受益人 □被保险人的继承人 □监护人 □其他_____ | | | | | |
| | 转账信息 | 开户行 | 中国建设银行 | 户名 | 王宏文 | 账号 | * |
| 索赔信息 | 索赔类别 | □健康医疗 □免交保费 | □身故 □年金 | ☑残疾 □旅游救援 | □重大疾病 □其他 | | |
| | 您是否在社保、农合或其他保险公司投保? | ○是 ●否 | 是否有索赔经历? | ○是 ●否 | 是否需要其他途径报销? | ○是 ●否 | |
| | 您是否报案? | 是 | 报案人 | 王宏文 | 报案时间 | 2019-3-12 | 报案方式 | 上门 |
| 出险概况 | 出险原因 | ●意外 □疾病 | | 出险/住院时间 | 2019-03-08 | | |
| | 疾病发生过程/意外事故经过 | 桥梁坍塌导致双腿截肢 | | | | | |
| | 治疗医院 | 上海市第一人民医院 | | 就诊科室 | 外科 | | |
| | 伤情及目前情况 | 双腿截肢 | | | | | |
| 补充说明 | | | | | | | |

附图 11-5(1) 提交理赔材料(第1页)

请在需要提交的资料前打"√"

☐ 1、理赔申请书
☐ 2、保险单 _____
☐ 3、被保险人身份证明 310322198605087886
☐ 4、诊断证明 _____
　　　出院小结 _____
☐ 5、住院费用原始发票 _____
　　　费用明细清单（津贴给付型医疗险无需此项）_____
☐ 6、门/急诊病历/手册 _____
　　　门诊发票 _____
　　　费用清单或处方 _____
☐ 7、病历及其他各项检查报告 _____
☐ 8、伤残鉴定书 三级伤残鉴定书
☐ 9、意外事故证明 2019-03-267号
　　若是交通事故，须提供交通管理部门出具的交通事故责任认定书：_____
　　若是工伤事故，须提供相关单位的工伤证明：_____
☐ 10、死亡证明书 _____
　　　户籍注销证明 _____
☐ 11、用以确定申请人身份的相关证明（见注解）_____
☐ 12、受益人（监护人）银行账户复印件 _____
☐ 13、公共账户使用授权书
☐ 14、被保险人护照、境外急性病或意外相关证明资料、境外身故使领馆证明

附图 11-5(2)　提交理赔材料（第 2 页）

## 六、签收理赔材料

签收理赔材料,见附图 11-6。

### 理赔申请材料签收单

报案号：_____

| 被保险人姓名 | 王宏文 | 性别 | 男 | 身份证号码 | 310322198605087886 |
|---|---|---|---|---|---|
| 申请人（受托人）姓名 | 王宏文 | 与被保险人关系 | 本人 | 身份证号码 | 310322198605087886 |

已收到以下凭证

| 单证名称 | 原件 | 复印件 | 单证名称 | 原件 | 复印件 | 单证名称 | 原件 | 复印件 |
|---|---|---|---|---|---|---|---|---|
| 人身保险理赔申请书 | | | 委托授权书 | | | 医疗诊断证明 | | |
| 保险单正本和保险凭证 | | | 申领证明 | | | 医疗检查报告 | | |
| 最后一次缴费凭证 | | | 意外事故证明 | | | 门诊病历 | | |
| 被保险人身份证明 | | | 死亡证明 | | | 手续证明 | | |
| 被保险人户口簿 | | | 殡葬证或火化证明 | | | 出院小结 | | |
| 申请人身份证明 | | | 户口注销证明 | | | 医疗费用原始单据 | | |
| 申请人户口簿 | | | 宣告死亡证明书 | | | 医疗费用结算清单 | | |
| 受益人身份证明 | | | 残疾鉴定书 | | | 交通事故责任认定书 | | |
| 继承人身份证明 | | | 公证书 | | | 驾驶证 | | |
| 单位证明 | | | 调解书 | | | 行驶证 | | |
| 授权转账存折复印件 | | | 判决书或仲裁书 | | | | | |

本案因保险事故性质、原因、伤害程度等在公司收到上述理赔申请材料后5日内无法确定，需要进一步核实。

申请人（受托人）签名：王宏文（印）

日期：_____

受理人签名：_____

日期：2019-03-12

说明：
1、本签收单仅作为本公司收取申请人理赔申请材料的交接凭证，并不代表本公司已做出任何赔付承诺。
2、本公司可以根据保险合同的约定，要求申请人补充提供有关材料。
3、申请人请妥善保管此单证，凭此单证办理退还保险单正本或其它有关单证事宜。
4、本签收单一式两份，本公司与申请人（受托人）各执一份。
5、本签收单涂改无效。

保险股份盖章：（中国人寿保险公司印章）

日期：2019-03-12

附图 11-6　签收理赔材料

## 七、客户确认材料签收

客户确认材料签收,见附图 11-7。

### 理赔申请材料签收单

报案号:_____

| 被保险人姓名 | | 性别 | | 身份证号码 | | * |
| --- | --- | --- | --- | --- | --- | --- |
| 申请人(受托人)姓名 | | 与被保险人关系 | | 身份证号码 | | |

已收到以下凭证

| 单证名称 | 原件 | 复印件 | 单证名称 | 原件 | 复印件 | 单证名称 | 原件 | 复印件 |
| --- | --- | --- | --- | --- | --- | --- | --- | --- |
| 人身保险理赔申请书 | | | 委托授权书 | | | 医疗诊断证明 | | |
| 保险单正本和保险凭证 | | | 申领证明 | | | 医疗检查报告 | | |
| 最后一次缴费凭证 | | | 意外事故证明 | | | 门诊病历 | | |
| 被保险人身份证明 | | | 死亡证明 | | | 手续证明 | | |
| 被保险人户口簿 | | | 殡葬证或火化证明 | | | 出院小结 | | |
| 申请人身份证明 | | | 户口注销证明 | | | 医疗费用原始单据 | | |
| 申请人户口簿 | | | 宣告死亡证明书 | | | 医疗费用结算清单 | | |
| 受益人身份证明 | | | 残疾鉴定书 | | | 交通事故责任认定书 | | |
| 继承人身份证明 | | | 公证书 | | | 驾驶证 | | |
| 单位证明 | | | 调解书 | | | 行驶证 | | |
| 授权转账存折复印件 | | | 判决书或仲裁书 | | | | | |

本案因保险事故性质、原因、伤害程度等在公司收到上述理赔申请材料后5日内不能确定,需要进一步核实。

申请人(受托人)签名:文王

日期:2019/3/12

受理人签名:

日期:_____

说明:
1、本签收单仅作为本公司收取申请人理赔申请材料的交接凭证,并不代表本公司已做出任何赔付承诺。
2、本公司可以根据保险合同的约定,要求申请人补充提供有关材料。
3、申请人请妥善保管此单证,凭此单证办理退还保险单正本或其它有关单证事宜。
4、本签收单一式两份,本公司与申请人(受托人)各执一份。
5、本签收单涂改无效。

保险股份盖章:

日期:_____

附图 11-7 客户确认材料签收

## 八、理赔资料审查

理赔资料审查,见附图 11-8。

**理赔申请材料审查表**

| 客户是否已经报案 | ☑是 | □否 |
|---|---|---|
| 客户申请的保险事故是否在保单期间内 | ☑是 | □否 |
| 客户申请的保险事故是否属于保障范围 | ☑是 | □否 |
| 客户申请的保险事故是否在申请时效内 | ☑是 | □否 |
| 是否受益人本人来申请或受益人授权的受托人 | ☑是 | □否 |
| 审查结论 | | |
| ☑予以受理　　□不予受理　　□暂缓受理 | | |

附图 11-8　理赔资料审查

## 九、立案

立案,见附图 11-9。

**立案登记表**
中国人寿保险公司

| 报案号: | | | | |
|---|---|---|---|---|
| 立案号: | | | | |
| 被保险人姓名: | 王宏文 | 被保险人性别: | 男 | |
| 被保险人身份证号: | 310322198605087886 | | | |
| 出险地点: | 上海市江洋大桥 | 出险时间: | 2019-03-08 | |
| 出险经过、结果 | 桥梁坍塌导致双腿截肢 | | | |
| 申请人身份证号: | 310322198605087886 | | | |
| 申请人姓名: | 王宏文 | 联系电话: | 13678987896 | 邮政编码: 200433 |
| 联系地址: | 上海市黄浦区南京路10号 | | | |
| 与被保险人关系: | 本人 | 报案时间: | 2019-3-12 | |
| 证明材料份数: | (　　)份 | 通知再保方 | □ | |
| 理赔原因: | □1、死亡　☑2、残疾　□3、医疗　□4、重疾 | | | |
| 拥有保单情况 | | | | |
| 保单号码 | 险种名称 | 责任描述 | 保费缴至日期 | 保单状态 | 处理否 |
| | 国寿绿舟意外伤 | | | | ☑ |
| | | | | | □ |
| | | | | | □ |
| | | | | | □ |
| | | | | | □ |
| 立案人: | | 立案时间: | 2019-03-12 | |

附图 11-9　立案

## 十、理赔调查

理赔调查，见附图 11-10。

附图 11-10 理赔调查

## 十一、理赔结论

理赔结论，见附图 11-11。

附图 11-11 理赔结论

## 十二、理赔计算

理赔计算,见附图11-12。

### 理赔计算表

| 立案号: | | | | 中国人寿保险公司 | |
|---|---|---|---|---|---|
| 被保险人姓名 | 王宏文 | | 性别 | 男 | |
| 身份证号 | 310322198605087886 | | 出险日期 | 2019-03-08 | |
| 出险地点 | 上海市江洋大桥 | | | | |
| 出险经过、结果 | 桥梁坍塌导致双腿截肢 | | | | |

| 保单号 | 责任类型 | 险种名称 | 目前保额(元) | 给付率 | 给付金额(元) |
|---|---|---|---|---|---|
| | | 国寿绿舟意外 | 100000 | 1\|100% | 100000 |
| | | | | | |
| | | | | | |

| 目前保额合计(元) | 100000 | 给付金额合计(元) | 100000 |
|---|---|---|---|
| 扣欠缴保费 | | 应退预收保费 | |
| 相关立案赔付总额 | | 扣保单贷款 | |
| 查勘费用 | | 核赔费用 | 100000 |
| 赔付金额合计 | 100000 | 通知再保方 | □ |

附图 11-12　理赔计算

## 十三、理赔复核

理赔复核,见附图11-13。

### 理赔复核表

| 立案号: | | | | | |
|---|---|---|---|---|---|
| 被保险人姓名 | 王宏文 | | 性别 | 男 | |
| 身份证号 | 310322198605087886 | * | 出险日期 | 2019-03-08 | |
| 申请人姓名 | 王宏文 | | 性别 | 男 | |
| 身份证号码 | 310322198605087886 | * | 申请日期 | 2019-03-12 | |
| 理赔结论 | ⊙正常给付　○拒绝给付　○通融给付<br>○解约退费　○解约不退费　○撤案 | | | | |
| 理赔给付金额 | 100000 | | 支付方式 | ○现金　○支票　⊙银行转账 | |
| 审核人 | | | 复核意见 | 复核通过 | |

附图 11-13　理赔复核

## 十四、赔款通知

赔款通知,见附图 11-14。

### 理赔领款通知书

尊敬的 王宏文 先生/女士：

您好！您提交的被保险人 王宏文 ，保单号 ＿＿＿＿＿＿＿＿＿＿ 项下的保险理赔申请,经审核,已获得批准,我公司将根据保险合同的约定支付下列保险金：

单位：（元人民币）

| 保单号 | 给付项目 | 给付金额 | 备注 |
|---|---|---|---|
|  |  | 100000 |  |
|  |  |  |  |
|  |  |  |  |

合计： 100000 元。

请您于 ＿＿＿＿＿＿＿＿＿＿ 之前携带您的身份证及本通知书（本通知书由我公司保存）前来我司办理领款手续。

领款金额（大写）： 拾万元 人民币。

客户意见： ＿＿＿＿＿ *    支付方式： ○支票  ●银行转账

户名： 王宏文      开户行： 中国建设银行 ＿＿＿＿＿＿＿ *

银行账号： ＿＿＿＿＿＿＿＿＿＿＿＿＿＿＿＿＿＿＿＿ *

如您有任何不详之处,敬请致电 12345 垂询。

顺致

最良好的祝愿！

收款人签章：            付款人签章：

日期：＿＿＿＿＿＿＿＿    日期：2019-03-12

附图 11-14  赔款通知

## 十五、赔款确认

赔款确认,见附图 11-15。

### 理赔领款通知书

尊敬的_____先生/女士:

您好!您提交的被保险人_____,保单号_____项下的保险理赔申请,经审核,已获得批准,我公司将根据保险合同的约定支付下列保险金:

单位:(元人民币)

| 保单号 | 给付项目 | 给付金额 | 备注 |
|--------|----------|----------|------|
|        |          |          |      |
|        |          |          |      |
|        |          |          |      |

合计:_____元。

请您于_____之前携带您的身份证及本通知书(本通知书由我公司保存)前来我司办理领款手续。

领款金额(大写):_____人民币。

客户意见:同意*  支付方式:○支票  ○银行转账

户名:_____  开户行:_____*

银行账号:_____*

如您有任何不详之处,敬请致电 12345 垂询。

顺致

最良好的祝愿!

收款人签章                    付款人签章

日期:2019-03-12              日期:

附图 11-15  赔款确认

## 十六、保险公司办理理赔

保险公司办理理赔,见附图 11-16。

| 网银流水号: | | | 转账交易成功 | | | 交易日期:2019-03-12 |
|---|---|---|---|---|---|---|
| 付款方信息 | 账号 | | * | 收款方信息 | 账号 | |
| | 户名 | 中国人寿保险公司 | | | 户名 | 王宏文 |
| | 开户行 | 中国建设银行 | | | 开户行 | 中国建设银行 |
| 用途 | 理赔支付 | | * | | | |
| 本次发生金额 | 转出金额(小写) | 100000 | | 转出金额(大写) | 拾万元 | |
| | 交易类型 | | | 交易费 | | |
| | 合计(小写) | 100000 | * | 合计(大写) | 拾万 | |

上列款项已按委托办理,有何疑问或业务咨询,请致电话:95599或当地客服中心。
⚠ 重要提示:本回单不作为收款方发货依据。

[打印] [返回]

附图 11-16　保险公司办理理赔

## 十七、开具付款凭证

开具付款凭证,见附图 11-17。

### 收　款　收　据

日期:2019-03-12

今收到　中国人寿保险公司

交　来:　理赔支付　　　　　　　　　　　　　　*

金额(大写)　拾万元

¥ 100000.00　　　□现金　□支票　☑银行转账

收款单位(盖章)

核准____　会计____　记账____　出纳____　经手人____

附图 11-17　开具付款凭证

## 十八、付款凭证确认

付款凭证确认,见附图 11-18。

```
           收  款  收  据
  日期: _____
     今收到 _____
     交来: _____ *
     金额(大写) _____
     ¥         ◉现金   ◉支票   ◉银行转账
                      收款单位(盖章)  [王宏文印]
     核准____ 会计____ 记账____ 出纳____ 经手人____
```

附图 11-18　付款凭证确认

## 十九、付款凭证留存

付款凭证留存,见附图 11-19。

附图 11-19　付款凭证留存

## 二十、提交档案

提交档案,见附图 11-20。

**理赔相关单证清分表**

| 单证名称 | 单证号 | 是否提交 | 是否归档 |
|---|---|---|---|
| 报案登记表 | 📎 | ☑ | ☐ |
| 接案登录表 | 📎 | ☑ | ☐ |
| 理赔申请书 | 📎 | ☑ | ☐ |
| 理赔申请材料签收单 | 📎 | ☑ | ☐ |
| 理赔申请材料审查表 | 📎 | ☑ | ☐ |
| 立案登记表 | 📎 | ☑ | ☐ |
| 理赔调查报告 | 📎 | ☑ | ☐ |
| 理赔审核报告 | 📎 | ☑ | ☐ |
| 理赔计算表 | 📎 | ☑ | ☐ |
| 理赔复核表 | 📎 | ☑ | ☐ |
| 理赔领款通知书 | 📎 | ☑ | ☐ |
| 赔款支付凭证 | 📎 | ☑ | ☐ |

经办人：_____　　　　　归档人：_____

附图 11-20　提交档案

## 二十一、理赔归档

理赔归档,见附图 11-21。

**理赔相关单证清分表**

| 单证名称 | 单证号 | 是否提交 | 是否归档 |
|---|---|---|---|
| 报案登记表 | 📎 | ☐ | ☑ |
| 接案登录表 | 📎 | ☐ | ☑ |
| 理赔申请书 | 📎 | ☐ | ☑ |
| 理赔申请材料签收单 | 📎 | ☐ | ☑ |
| 理赔申请材料审查表 | 📎 | ☐ | ☑ |
| 立案登记表 | 📎 | ☐ | ☑ |
| 理赔调查报告 | 📎 | ☐ | ☑ |
| 理赔审核报告 | 📎 | ☐ | ☑ |
| 理赔计算表 | 📎 | ☐ | ☑ |
| 理赔复核表 | 📎 | ☐ | ☑ |
| 理赔领款通知书 | 📎 | ☐ | ☑ |
| 赔款支付凭证 | 📎 | ☐ | ☑ |

经办人：_____　　　　　归档人：_____

附图 11-21　理赔归档

# 附录 12　李强国寿福禄宝宝两全保险（分红型）给付操作手册

打开逸景人身保险实训系统,并用自己的登录名与密码登录。在桌面单击"实训中心即时考核"图标,进入任务管理页面。在未开始任务中双击所要完成的任务图标,开启该任务。在进行中的任务中选定任务图标,点击右上角图标【查看任务进度】,查看任务的流程。查看任务进度后,可以了解到本任务需要完成的所有步骤。接下来,就可以按步骤开始操作了。

## 一、保险单查询

保险单查询,见附件 12-1。

**保险单查询系统**

请输入被保险人名称进行查询：李小海

| 投保人 | 保险单号 | 险种名称 | 保险金额 | 保险费 | 操作 |
|---|---|---|---|---|---|
| 李强 |  | 国寿福禄宝宝两全保险 | 300000.00 | 338676.90 | 保单给付 |
|  |  |  |  |  |  |
|  |  |  |  |  |  |
|  |  |  |  |  |  |

保险公司名称：中国人寿保险公司

附图 12-1　保险单查询

## 二、提交生存保险金给付申请书

提交生存保险金给付申请书，见附图 12-2。

**保险公司生存保险金给付申请书**

| 批单号码 | | 申请日期 | | 批注日期 | |
|---|---|---|---|---|---|

| | | | |
|---|---|---|---|
| 保单号码 | | | |
| 保险期限 | | | |
| 缴费状况 | | | |
| 被保险人 | 李小海 | 投保人 | 李强 |

受益人：（签章）李小海
身份证号码：310058201312232134
被保险人：（签章）李小海
身份证号码：310058201312232134
代办人：（签章）李强
身份证号码：310058198305268761

| 领取生存保险金第　次 | | | |
|---|---|---|---|
| 生存保险金 | | 12000.00 | 元 |
| 扣除部分 | 贷款本金 | | 元 |
| | 贷款利息 | | 元 |
| | 自垫本金 | | 元 |
| | 自垫利息 | | 元 |
| | 当期保费 | 第　次 | 元 |
| | | | |
| | | | |
| 实付金额 | | 12000.00 | 元 |

领款人签章：　　　　身份证号码：

续期生存年金给付方式：
○A 柜台领取：领取卡号码：
○B 邮政汇款：收款人姓名：
收款人地址：　　邮编：　　电话：
◉C 自动转账：姓名：李强　电话：13020115929
开户银行：中国工商银行　账号：

审批：　　复核：　　经办人：　　（保险公司签章）

附图 12-2　提交生存保险金给付申请书

## 三、接收生存保险金给付申请书

接收生存保险金给付申请书，见附图 12-3。

**保险公司生存保险金给付申请书**

| 批单号码 | | 申请日期 | | 批注日期 | |
|---|---|---|---|---|---|

| | | | |
|---|---|---|---|
| 保单号码 | | | |
| 保险期限 | | | |
| 缴费状况 | | | |
| 被保险人 | | 投保人 | |

受益人：（签章）
身份证号码：
被保险人：（签章）
身份证号码：
代办人：（签章）
身份证号码：

| 领取生存保险金第　次 | | | |
|---|---|---|---|
| 生存保险金 | | | 元 |
| 扣除部分 | 贷款本金 | | 元 |
| | 贷款利息 | | 元 |
| | 自垫本金 | | 元 |
| | 自垫利息 | | 元 |
| | 当期保费 | 第　次 | 元 |
| | | | |
| | | | |
| 实付金额 | | | 元 |

领款人签章：　　　　身份证号码：

续期生存年金给付方式：
○A 柜台领取：领取卡号码：
○B 邮政汇款：收款人姓名：
收款人地址：　　邮编：　　电话：
○C 自动转账：姓名：　电话：
开户银行：　账号：

审批：　　复核：　　经办人：　　（保险公司签章）

附图 12-3　接收生存保险金给付申请书

## 四、出具批单

出具批单,见附图 12-4。

保险公司批单

投保人:李强　　被保险人:李小海　　批单号码:_____

兹根据投保人_____于_____申请变更事项,经本公司同意,现将_____号批单作如下批注:

特此批注!

付费类型:生存给付　　　　　　　保险公司签章:

审批:_____　复核:_____　经办:_____　日期:2018-8-16

附图 12-4　出具批单

## 五、审核批单

审核批单,见附图 12-5。

附图 12-5　审核批单

## 六、接收批单

接收批单,见附图 12-6。

附图 12-6　接收批单

## 七、保险公司办理给付

保险公司办理给付,见附图 12-7。

| 网银流水号: | | | 转账交易成功 | | | 交易日期: 2018-08-16 |
|---|---|---|---|---|---|---|
| 付款方信息 | 账号 | | * | 收款方信息 | 账号 | |
| | 户名 | 中国人寿保险公司 | | | 户名 | 李强 |
| | 开户行 | 中国工商银行 | | | 开户行 | 中国工商银行 |
| 用途 | | | * | | | |
| 本次发生金额 | 转出金额(小写) | 12000.00 | | 转出金额(大写) | | 壹万贰仟元 |
| | 交易类型 | | | 交易费 | | |
| | 合计(小写) | 12000.00 | * | 合计(大写) | | 壹万贰仟元 |

上列款项已按委托办理,有何疑问或业务咨询,请致电话:95599或当地客服中心。

⚠重要提示:本回单不作为收款方发货依据。

[打印]　[返回]

附图 12-7　保险公司办理给付

## 八、开具付款凭证

开具付款凭证，见12-8。

**收 款 收 据**

日期：2018-8-16

今收到 中国人寿保险公司
交来： 生存给付 *
金额（大写） 壹万贰仟元
¥ 12000.00　　☐现金　☐支票　☑银行转账
　　　　　　　　　　　　收款单位(盖章)

核准____　会计____　记账____　出纳____　经手人____

附图 12-8　开具付款凭证

## 九、付款凭证确认

付款凭证确认，见附图12-9。

**收 款 收 据**

日期：_____

今收到_____
交来：_____ *
金额（大写）_____
¥_____　　☑现金　☐支票　☐银行转账
　　　　　　　　　　　　收款单位(盖章)　李强之印

核准____　会计____　记账____　出纳____　经手人____

附图 12-9　付款凭证确认

## 十、付款凭证留存

付款凭证留存，见附图 12-10。

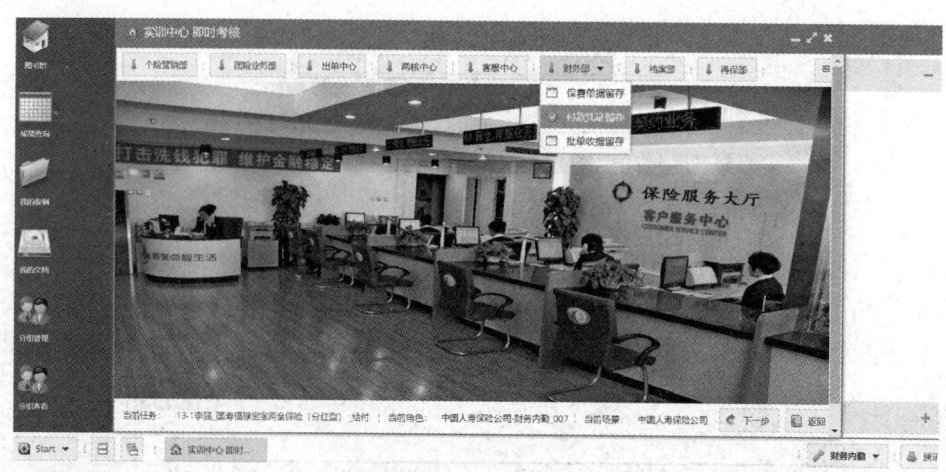

附图 12-10　付款凭证留存

## 十一、提交档案

提交档案，见附图 12-11。

**保全相关单证清分表**

保险公司名称：中国人寿保险公司

| 单证名称 | 单证号 | 是否提交 | 是否归档 |
|---|---|---|---|
| 保单变更申请<br>（非付费类） | | ☐ | ☐ |
| 保单变更申请<br>（付费类） | | ☐ | ☐ |
| 收款收据 | | ☑ | ☐ |
| 保单变更批单 | | ☑ | ☐ |
| 补充调查问卷 | | ☐ | ☐ |

经办人：_____　　　归档人：_____

附图 12-11　提交档案

## 十二、保全归档

保全归档,见附图 12-12。

**保全相关单证清分表**

保险公司名称:_____

| 单证名称 | 单证号 | 是否提交 | 是否归档 |
|---|---|---|---|
| 保单变更申请<br>(非付费类) | | ☐ | ☐ |
| 保单变更申请<br>(付费类) | | ☐ | ☐ |
| 收款收据 | | ☐ | ☑ |
| 保单变更批单 | | ☐ | ☑ |
| 补充调查问卷 | | ☐ | ☐ |

经办人:_____ 归档人:_____

附图 12-12 保全归档

# 参 考 文 献

[1] 黄素.人身保险实务[M].北京:中国金融出版社,2013.
[2] 徐爱荣,李鹏.保险学原理[M].上海:立信会计出版社,2017.
[3] 魏巧琴.新编人身保险学[M].上海:同济大学出版社,2005.
[4] 张洪涛,庄作瑾.人身保险[M].北京:中国人民大学出版社,2004.
[5] 魏巧琴.保险公司经营管理[M].第三版.上海:上海财经大学出版社,2010.
[6] 邹茵.人身保险实训教程[M].北京:北京大学出版社,2010.
[7] 吴岚,张遥.人身保险产品[M].第二版.北京:中国财政经济出版社,2011.
[8] 李伟群,言均君.保险典型案例评析[M].上海:上海人民出版社,2015.
[9] 许崇苗,李利.最新保险法适用与案例精解[M].北京:法律出版社,2009.
[10] 恒安标准人寿保险有限公司法律部.人身保险法律实务解析[M].北京:法律出版社,2012.